ハヤカワ文庫 NF
〈NF547〉

行動経済学の逆襲

〔上〕

リチャード・セイラー
遠藤真美訳

早川書房
8426

MISBEHAVING

The Making of Behavioral Economics

by

Richard H. Thaler

Translated by
Masami Endo
Published 2019 in Japan by
HAYAKAWA PUBLISHING, INC.
This book is published in Japan by
direct arrangement with
BROCKMAN, INC.

1年間考える時間を与えてくれたヴィクター・フュックス、
そして、とんでもないアイデアを支援してくれた
エリック・ワナーおよびラッセル・セージ財団へ

また、誤ったふるまいをする学生の先達である
コリン・キャメラー、ジョージ・ローウェンスタインへ

目次

まえがき――13

第1部 エコンの経済学に疑問を抱く 1970～78年 19

第1章 経済学にとって〝無関係〟なこと――20
第2章 観戦チケットと保有効果――33
第3章 黒板の「おかしな行動リスト」――46
第4章 カーネマンの「価値理論」という衝撃――55
第5章 〝神〟を追いかけて西海岸へ――71
第6章 大御所たちから受けた「棒打ち刑」――84

第2部 メンタル・アカウンティングで行動を読み解く 1979～85年 105

第7章 お得感とぼったくり感――108

第8章　サンクコストは無視できない――120
第9章　お金にラベルはつけられない？――136
第10章　勝っているときの心理、負けているときの心理――145
第3部　セルフコントロール問題に取り組む　1975～88年　155
第11章　いま消費するか、後で消費するか――159
第12章　自分の中にいる「計画者」と「実行者」――180
幕間――201
第13章　行動経済学とビジネス戦略――202
第4部　カーネマンの研究室に入り浸る　1984～85年　219
第14章　何を「公正」と感じるか――222

第15章　不公正な人は罰したい――244
第16章　マグカップの「インスタント保有効果」――256

第5部　経済学者と闘う　1986～94年　269

第17章　論争の幕開け――271
第18章　アノマリーを連載する――287

原　注――306
索　引――318

原文の脚注は側注として＊、†で示した。
訳者による注は文中に小さめの（　）で示した。

下巻目次

第5部　経済学者と闘う（承前）　1986～94年
第6部　効率的市場仮説に抗う　1983～2003年
第7部　シカゴ大学に赴任する　1995年～現在
第8部　意思決定をナッジする　2004年～現在

謝　辞
解説／根井雅弘
図表の出典
参考文献
原　注
索　引

「政治経済の基礎、そして社会科学全般の基礎は、まぎれもなく心理学にある。社会科学の法則を心理学の原理から演繹できるようになる日が、いつかきっと来るだろう」

ヴィルフレド・パレート（1906年）[1]

行動経済学の逆襲

〔上〕

まえがき

本論に入る前に、私の友人であり、メンターであるエイモス・トヴェルスキーとダニエル・カーネマンについて、少し話をさせてほしい。この2つのストーリーを読めば、本書でこれからどんなことが語られるのか、多少なりとも感じとることができるだろう。

エイモス・テスト

いつも鍵をどこに置いたか忘れてしまうような人にも、人生で忘れられない瞬間がある。その中には社会の出来事もある。私と同じくらいの歳の人であれば、ジョン・F・ケネディが暗殺された日がそうだろう（当時、私は大学1年生で、大学の体育館で友人とバスケットボールに興じていたときにそのニュースを知った）。この本を読むような年齢の人だったら、2001年9月11日の同時多発テロもそうだ（そのとき私は寝起きの頭で、公共ラジオ局NPRから流れてくるニュースを聞きながら、何が起きたのか把握しようとしていた）。

そしてまた、個人的な出来事もある。結婚もあれば、ホールインワンもあるが、私にとっては、ダニエル・カーネマンからかかってきた1本の電話がそうだ。私たちはことあるごとに話をしているし、電話はそれこそ何百回もしていて、もはや記憶の欠片《かけら》もないが、この電話に関しては、どこで受けたか、はっきりと覚えている。それは1996年初めのことだった。ダニエルから、彼の友人で、共同研究者であるエイモス・トヴェルスキーが末期がんを患《わずら》い、残された時間は約半年だと知らされた。私は愕然とし、受話器を妻に預けて、気持ちを落ち着かせた。親しい友が余命わずかであると知れば誰だってショックを受ける。だが、エイモス・トヴェルスキーは、59歳で死ぬような人間ではけっしてなかった。論文も発言も的確かつ完璧で、机の上には紙とエンピツだけが、きちんと並んで置かれていた。そんなエイモスは、最期までエイモスであり続けた。

エイモスは研究室に通えなくなるまで、病気のことは周囲に伏せたままにしていた。病状はごく一部の人にしか伝えられず、その中に私の親しい友人が2人いた。このことを配偶者以外に話すのは許されなかったため、エイモスの病状が公表されるまでの5カ月の間、事情を知る者同士で慰め合った。

エイモスが自分の病気のことを公表するのを望まなかったのは、残された月日を死にゆく者として生きたくなかったからだった。彼にはやるべきことがあった。エイモスとダニエルは、判断と意思決定の研究という、2人が切り拓いた心理学の分野に関する多くの著者の論考をまとめた論文集を、2人の共編著で刊行することを決めた。そして2人は、この本に『選択、価値、フレーム』というタイトルをつけた。[1] エイモスは残された時間を、自分の愛してやまないことに使おうとした。仕事をすること、家族と過ごすこと、そして、バスケットボールを観戦することだ。この間、エイモスは病気の見舞いは断ったが、「仕事」での訪問は受け入れたので、エイモスが亡くなる6週間前、私は、共同執筆していた論文を完成させたい、と見え透いた理由をつけて、彼に会いに行った。しばらく論文の話をした後、NBA（北米プロバスケットボールリーグ）のプレーオフを観た。

エイモスは、人生のほとんどすべての側面において賢明であり、病気との向き合い方でもそうだった。＊自分の予後についてスタンフォード大学の専門家と話し合った後、意味のない治療を続けても、ひどい副作用に苦しむばかりで、寿命がせいぜい数週間長くなるだけであり、残された時間を治療に費やすのはもったいないと考えた。エイモスの鋭いウィットは最期まで健在だった。主治医であるがん専門医には、がんはゼロサムゲームではないと説いている。「がんにとって悪いことが、私にとっていいことだとは限りません」。ある日、私はエイモスに電話をかけて、体の具合はどうですかと尋ねた。するとこんな答えが返ってきた。「じつにおもしろいよ。インフルエンザになったときはいまにも死にそうに感じるのに、もうすぐ死ぬとなると、とても元気に感じるんだ」

エイモスは6月に帰らぬ人となり、家族とともに暮らしていたカリフォルニア州パロアルト

＊　エイモスの存命中には、エイモスがいるとたった1問だけでIQテストが成立するという、心理学者の間で有名なジョークがあった。いわく「エイモスが自分よりも頭がいいと気づくのが早ければ早いほど、あなたは頭がいい」。

トで葬儀が営まれた。エイモスの息子のオーレンは参列者に短い挨拶の言葉を述べ、エイモスが最後に記した言葉を紹介した。

この何日かで、子どもたちに逸話や物語を伝えられたのではないか。少なくともしばらくの間は、それを記憶に刻んでおいてほしい。歴史や知恵を次の世代に伝えるときには、講義や歴史書を通じてではなく、逸話や笑い話、気の利いたジョークを通じて伝えるというのが、長く息づくユダヤの伝統だろうから。

葬儀が終わると、残された家族はユダヤの伝統にのっとって「シヴァ」と呼ばれる7日間の喪に服し、自宅に弔問客を招き入れて、故人の想い出を語り合った。それは日曜日の午後のことだった。やがて何人かがテレビのある部屋に移動していった。NBAプレーオフの結果を確認するためだ。私たちは少し後ろめたさを感じたのだが、エイモスの息子のタルがこう言ってくれた。「もし父がここにいたら、葬式は録画でいいから試合を観ようってけしかけていたでしょう」

1977年にエイモスに初めて会ってから、私は論文を書くたびに、こんなテストを自分に課していた。「エイモスはこれを認めるだろうか」。私の友人で、本書にも登場するエリック・ジョンソンがその証人だ。私たちはある論文を共同執筆したのだが、学術誌への掲載を受理されてから出版されるまでに3年もかかっている。学術誌の編集委員も、査読者も、エリックも、その論文に満足していたが、エイモスがある1つの点に反論したため、私はそれを修正しようとしたのだ。私がいつまでも論文を書き直していたものだから、エリックは研究業績にその論文を載せられないまま、昇進審査を受けるはめになってしまった。幸い、エリックは他にも強力な論文をたくさん書いていたので、終身在職権を得ることができた。その後、エイモスは修正に納得した。

本書を書くにあたっては、エイモスがオーレンに宛てて残した言葉を胸に刻んだ。この本は、およそ経済学の教授らしからぬ本である。学術論文でもなければ、学術論争でもない。もちろん研究の議論はあるが、逸話もあれば、（たぶん）笑い話もあるし、たまにジョークまで登場する。

ダニエルの最高のほめ言葉

2001年初めのある日、私はバークレーにあるダニエル・カーネマンの自宅を訪れていた。私たちはよく長話をするのだが、その日も居間であれこれおしゃべりしていた。するとダニエルが突然、予定が入っていたことを思い出した。ジャーナリストのロジャー・ローウェンスタインから電話がかかってくるのだという。『最強ヘッジファンドLTCMの興亡[2]』などの著作で知られるロジャーは、ニューヨーク・タイムズ・マガジン誌向けに私の研究に関する記事を書いており[3]、その流れで私の古くからの友人であるダニエルに話を聞きたいと思ったのだった。私は迷った。席を外すべきか、このまま残るべきか。「ここにいなさい」。

ダニエルは言った。「これは楽しくなりそうだぞ」

かくしてインタビューが始まった。友人が自分の昔話をしているのを聞いたところで何もわくわくしないし、誰かが自分をほめるのを聞くというのは、居心地が悪いものだ。退屈しのぎにそこらにあるものを手に取って読んでいたところに、ダニエルの言葉が耳に飛び込んできた。「そうです、セイラーのいちばんよいところは、彼がぐうたらであることです。セイラーはほんとうにぐうたらなんです」

私は耳を疑った。自分がぐうたらであることを否定する気は毛頭なかったが、それが私のいちばんよいところだというのか？　私は手と首をぶんぶん振ったが、ダニエルは話をやめず、私がいかにものぐさであるか、口をきわめて褒めそやした。ダニエルはいまも、あれは最高のほめ言葉だったと言い張っている。何でも、私がぐうたらだというのは、生来の怠けグセを吹き飛ばすくらい強く好奇心をかきたてる疑問しか追求しないという意味なのだそうだ。私の怠けグセを長所だと言ってくれるのは、ダニエルくらいのものだろう。

そういうわけで、この本を読み進めるにあたっては、これはどうしようもなくぐうたらな男が書いた本だということを頭に入れておいたほうがいい。だからといって、悪いことばかりではない。ダニエルの言葉に従うなら、この本にはおもしろいこと、少なくとも私にとっておもしろいことしか書かれていないのだから。

第1部　エコンの経済学に疑問を抱く

１９７０～78年

第1章　経済学にとって〝無関係〟なこと

大学で教え始めた頃、私が受け持っていたミクロ経済学クラスで、大部分の学生の怒りをかってしまったことがある。このときばかりは、私が授業で話したこととはまったく関係がない。問題の原因は、中間試験にあった。

私は、学生を3つのグループに振り分けるように試験を作成していた。ミクロ経済学を完全に習得しているスター・グループ、基本的な概念は理解している中間グループ、そしてミクロ経済学がてんでわかっていない底辺グループである。このタスクを達成するには、トップの学生だけが解けるような問題を試験に組み込んでおかなければならなかった。要するに、試験は難しかったのだ。この試験で、私の目標は達成された。得点が広く分散したのである。しかし、試験の結果が返されると、学生たちは猛反発した。最大の不満は平均点だった。平均点が100点満点中72点というのは低すぎるというのだ。

この反応は何とも奇妙なものだった。試験の平均点は、成績の分布にまったく影響しないからだ。大学ではクラスの平均がBまたはB＋になるように成績を設定するきまりになっていて、C以下の学生はほんのわずかしかいない。平均点が低くなると混乱が起きるかもしれないと考えていた私は、成績をどうつけるか、評価基準をあらかじめ伝えておいた。80点を超える点数をとればA／A－。65点を超えればB＋／B／B－。50点未満しかとれないと成績がC以下になる危険がある。試験の成績分布は標準的なものだと発表してあったのだが、それでも学生の怒りは収まらず、不満の矛先は私個人に対しても向けられた。教授になったばかりだというのに職を失う危機にさらされた私は、何か手を打とうと考えた。しかし試験をやさしくしたくはない。いったいどうすればいいのか。

あれこれ考えをめぐらせていると、ついに妙案がひらめいた。次の試験では、満点を100点ではなく、137点にした。この試験は前回の試験よりも若干難しかったようで、正答率は7割しかなかったが、平均点は96点と、前回を上回った。学生たちはもうお祭り状態だ。こうして、実際の成績評価に影響がおよぶことなく、全員が満足したのだった。それ以降、私がこの講座を担当するときには、試験を137点満点にするようにした。この点数を選んだ理由は2つある。1つは、平均点が余裕で90点台に乗ること。100点超えをする人も現れるので、学生たちは歓喜の渦に包まれた。もう1つは、得点を137で割ろうとしても、暗算だとすぐにはできないことである。ほとんどの学生は、自分の点数をわざわざ100点満点に換算しなかったようだ。それは学生を騙していることになるんじゃないかと思われてはたまらないので、それからは私の講座のシラバスに、こう太字で書くようにした。「試験は通常の100点満点ではなく、137点満点とする。137点を満点としても成績評価の分布はまったく変わらないのだが、学生たちはこの方式のほうがいいようだ」。実際、13

7点満点にしてからは、試験が難しすぎるという苦情が来ることはいっさいなかった。経済学者として言うなら、私の学生たちは「誤ったふるまい」をしていた。私の言う「誤ったふるまい」とは、いわゆる「経済理論」の核心である理想化された行動モデルと矛盾したふるまいを意味する。経済学者にしてみれば、100点満点で72点をとったときよりも、137点満点で96点（100点満点に換算すると70点）をとったときのほうがうれしい人などいないはずなのだが、学生たちはそうだった。そしてこの事実に気づいたことで、私は自分の思うとおりに試験をつくりながら、学生たちの不満を封じ込められるようになった。

　このように人は、経済モデルが想定する人間像から大きくかけはなれたふるまいをする。私は大学院生時代から40年間、無数にあるこうしたストーリーのことだけをひたすら考えてきた。ただし、人々の行動はどこかがまちがっていると思っているわけではない。私たちはみんな、ただの人間、つまりホモサピエンスである。問題はむしろ、経済学者たちが使っているモデルのほうにある。そのモデルでは、ホモサピエンスの代わりに「ホモエコノミカス」と呼ばれる架空の人間が設定される。「ホモエコノミカス」というのは長ったらしいので、私は「エコン」と短く略して呼ぶようにしている。エコンのいる架空の世界と比べると、ヒューマンは誤ったふるまいをたくさんする。それはつまり、経済モデルが誤った予測をたくさんするということを意味する。経済モデルの予測が、学生たちを怒らせるどころではすまないような重大な結果を招くこともある。実際、2007〜08年の金融危機を予測した経済学者はほとんど誰もいなかった*。それどころか、クラッシュもその余波も起こるはずがないと、多くの者が考えていた。

経済モデルは人間の行動に関する誤った認識に基づいてつくられているが、皮肉にも、そうしたモデルがあるおかげで、経済学は最強の社会科学とされている。経済学が最強と言われる理由は2つある。1つ目の理由に議論の余地はない。公共政策への提言においては、経済学者はどの社会科学者よりも強い影響力を持っているからだ。なるほど政策提言は経済学者の独壇場だと言っていい。ごく最近まで、他の社会科学者が政策について議論する場に呼ばれることはめったになく、たとえ呼ばれたところで、親族が集まる場で子どもの席に座らせられるような扱いを受けた。

もう1つの理由は、経済学は知性の面でも最強の社会科学だと考えられているからである。経済学には核となる統一理論があり、それ以外のほとんどすべてのことがその理論から導かれる。それが最強とされるゆえんだ。あなたが「経済理論」という言葉を使うと、それが何を意味するのか、周りの人にはわかる。そのような土台を持っている社会科学は他にない。他の社会科学の場合はむしろ、理論の目的が特定の分野に限られる傾向がある。特定の環境下で何が起こるかを説明するためのものだ。実際、経済学者はよく、経済学を物理学になぞらえる。物理学と同じように、経済学はいくつかの核となる前提が設定され、その前提の下で理論が展開されている。

＊　住宅市場のクラッシュを予見していたのが、私と同じ行動経済学者のロバート・シラーである。

経済理論の核となる前提とは、人は自分にとって最適な行動を選択する、というものだ。家族で買い物をするときには、自分で買うことができるすべての財・サービスの中から最良のものを選ぶとされている。さらに、エコンが選択をするときの考え方にはバイアスがかかっていないと仮定される。つまり、私たちは経済学者の言う「**合理的期待**（rational expectations）」に基づいて選択をしているというのである。起業する人が自分の会社が成功する確率は平均で75％だと考えているのであれば、それは実際に成功する事業の割合にかなり近いはずである。なぜなら、エコンは過剰な自信を持たないからだ。

この**制約付き最適化**（constrained optimization＝限られた予算の下で最良のものを選ぶこと）の前提は、経済理論のもう1つの柱である**均衡**（equilibrium）と結びついている。価格が自由に変動する競争市場では、供給と需要が一致するように価格が調整される。これを少し単純化すると、「最適化＋均衡＝経済学」という式で表すことができる。この組み合わせは強力で、他の社会科学はとうてい太刀打ちできない。

ところがいくつか問題がある。経済理論が拠って立つ前提には欠陥があるのだ。まず、ふつうの人が直面する最適化問題はたいてい非常に難しいもので、解決するのはおろか、解決に近づくことすらできない。平均的な大きさの食料品店に買い物に行っても、家族の予算内で買える品物は何百万通りもある。みんなほんとうにすべての選択肢を吟味して最良のものを選択するのだろうか。さらに、買い物よりずっと難しい問題も、もちろんたくさんある。キャリアの選択がそうだし、住宅ローンの選択も、配偶者の選択もそうだ。私たちが実際に目にしているように、どれも失敗率が高い。そのため、これらの選択がすべて最適であるという主張を押し通すのは、無理があるだろう。

そして、人が選択をするときの思考にはバイアスがかかっている。「自信過剰」という言葉は経済学者の辞書にはないかもしれないが、人間はそもそも自信過剰な生き物であり、それ以外にも無数のバイアスが存在することを、心理学者が明らかにしている。

さらに、最適化モデルから抜け落ちている要因がたくさんある。それは前述した137点満点の試験の話が物語っているとおりだ。エコンの住む世界には、意思決定に影響を与えないとされる要因がずらりと並んだ長いリストがある。エコンなら、日曜日に買い物しているときにたまたまお腹がすいていたので、火曜日の夕食に出す予定の食材をとうてい食べきれないくらい大量に買い込んでしまう、といったことはしない。日曜日に空腹であることは、火曜日の食事の量の選択に影響するはずがない。すでにお金を払っていて、無駄遣いはしたくないというだけの理由で、もうお腹がいっぱいなのに、火曜日にものすごい量の食事をたいらげるようなことはない。エコンにとって、過去に食品に対して支払った対価と、いま、そのうちどれだけ食べるかを決める判断は無関係のものだ。また、エコンは記念日にプレゼントを期待することもない。それはたまたま結婚した日であり、たまたま生まれた日であって、何か特別な意味を持つわけではない。そもそも、エコンは贈り物をするという概念自体を理解できない。エコンにとっては、現金が最高のプレゼントだ。現金をくれれば、最適なものを買えるからである。しかし、あなたが経済学者と結婚していないなら、次の記念日に現金を贈ることはお勧めしない。まあ、あなたが経済学者と結婚しているとしても、そうしないほうがたぶんいいだろうが。

もちろん、私たちが住んでいるのはエコンの世界ではない。ヒューマンの世界だ。それはあなたもわかっているし、私もわかっている。そして、大半の経済学者も人間なので、自分たちが住んでいるのがエコンの世界ではないことを、経済学者もわかっている。現代経済思想の父、アダム・スミスは、そうはっきり述べている。名著『国富論』を書く前に、人間の〝情念〟だけを論じた本をスミスは書いているのだ。[1]「情念」という言葉は、どの経済学の教科書にも出ていない。エコンに情念はない。どこまでも物事を合理的に考え、冷徹に行動する。「スタートレック」に出てくるミスター・スポックのような存在だ。

にもかかわらず、エコンだけが住む世界を想定したこの経済的行動モデルは隆盛をきわめ、経済学は強い影響力を持つようになっている。最適化モデルについては、矛盾する実証的証拠が蓄積され、長年にわたって批判を受けているものの、言い訳めいた理論武装をして、これをはねつけてきた。だが、意思決定の研究に関わる利害の規模がだんだん大きくなるにつれて、最適化モデル批判の1つひとつに対して、反論が出されるようになっている。試験の成績評価の話なら、受け流してもかまわないだろう。ところが、老後の生活資金を貯める、住宅ローンを選ぶ、株式市場に投資するなど、大きな利害が関わる領域でまずい選択をする事例を取り上げた研究となると、そうもいかなくなる。そして、1987年10月19日の金融市場のクラッシュに次ぐ一連のブームやバブルとなれば、もう無視することはできない。この日、世界各国の株式市場が20％を超える下げ幅を記録した。大きな悪材料が出たわけではない。続いてハイテク株のバブルが弾けてクラッシュすると、それがすぐに住宅価格のバブルに転じ、それが弾けるとグローバル金融危機の引き金が引かれ、株価が暴落したのである。

言い訳をするのは、もうやめるべきだ。私たちに必要なのは、経済を研究するための豊かなアプローチである。それはヒューマンの存在を認めて、モデルに組み込むアプローチだ。だからといって、経済や市場はどう動いているかということについて、私たちが知っていることを全部捨てる必要はない。人間はすべてエコンだと考える理論を放棄してはいけない。これはより現実に近いモデルを構築する出発点として使うことができる。それに、解決しなければならない問題が単純であるとか、問題を解決するのに必要な高い専門能力を当事者が備えているとかいったような場合には、エコンのモデルは現実世界のよい近似になるだろう。しかし、後で見るように、このような状況は例外的なものである。

さらに、経済学者の仕事の大部分は、市場がどのように動いているか、ということに関するデータを集めて分析することだ。この作業は、細心の注意を払い、統計の専門知識を駆使して行なわれる。ここで重要なのは、そうした調査のほとんどが、人は最適な選択をするという前提に立っていないことだ。過去25年間に2つの調査ツールが生まれたことで、経済学者が世界の仕組みを知るための手段が大幅に増えた。1つは、ランダム化比較試験を使った実験である。この手法は医療などの科学分野で長く使われてきたもので、一部の人がある〝処置〟を受けると、どんなことが起きるかを調査するために使われることが多い。もう1

つは、あるプログラムに参加している人と参加していない人がいるなど、現実社会の中で比較可能なグループを見つけ出して分析する「自然実験」アプローチを使うか、実際に社会実験をしなくても、介入が与える影響を何らかの方法で計測する手法を使うことである。このような新しいツールが生み出されたことで、社会における重要な問題が幅広く研究されるようになっている。これまでに、教育を受ける機会を増やす、少人数で教えたり優秀な教師が教えたりする、経営コンサルティングサービスを提供する、職探しを支援する、懲役刑を与える、貧困度の低い地域に引っ越す、メディケイド（アメリカの低所得者向けの公的医療制度）に加入する、といった介入研究が行なわれている。こうした研究が示すように、最適化モデルを適用しなくても、世の中の仕組みについていろいろ知ることができる。それだけでなく、信頼できるエビデンス（科学的根拠）を使って最適化モデルをテストし、現実の人間の対応と合致するかどうかを検証することも可能になる。

経済理論の大部分にとっては、すべての経済主体が最適行動をとるという前提は決定的に重要なわけではない。調査対象の人が専門家でなくても、それは変わらない。たとえば、肥料の値段が下がると、農家は肥料の使用量を増やすという予測は、たとえ市況に応じて自分のやり方を変える農家があまりいないとしても、おおむね妥当だと言える。この予測が妥当なのは、それが漠然としているからだ。ここで予測されているのは、効果の方向性でしかない。リンゴの実が木から離れると、リンゴは上に昇っていかずに、下に落ちると予測するのと同じことである。予測としては正しいが、それは万有引力の法則だとは言えない。

全員が経済の原理を熟知しているという大前提に立って、非常に具体的な予測をすると、経済学者は問題にぶつかる。先の農家の例に戻ってみよう。科学者の研究によって、肥料の量を増やす、または減らすと、農家の暮らし向きはよくなることがわかったとする。正しい情報を与えられると、全員が正しい判断をすると想定できるのであれば、政策の処方箋は1つしかない。正しい情報を誰でも手に入れられるようにすることだ。この研究結果を公表し、それを農家が自由に入手できるようにして、後は市場の魔法に任せればいい。

しかし、すべての農家がエコンでない限り、この助言はいただけない。多国籍食品会社なら最新の研究結果にすばやく対応するだろうが、インドやアフリカの小作農はどう行動するだろう。[2]

同じように、あなたは誰もがエコンのように老後の生活資金をきちんと貯めると考えているとしよう。この分析に基づいて、年金制度をつくるなどして人々が貯蓄するのを手助けする必要はないと判断するとしたら、たくさんの人が豊かな老後を送れるようにするチャンスをみすみす逃していることになる。そして、あなたは中央銀行総裁で、金融バブルが発生することは理論上ありえないと考えていたら、とんでもないまちがいをしかねない。アラン・グリーンスパンがその証人であり、グリーンスパンは自分の理解がまちがっていたと潔く認めている。

エコンという架空の存在を想定して、その行動を記述する抽象的なモデルを開発するのをやめる必要はない。しかし、そうしたモデルが実際の人間の行動を正確に記述しているという前提に立つのはやめなければならない。そんなまちがった分析に基づいて政策を決めることもだ。そして、エコンのモデルでは意思決定とは**無関係とされている要因**（supposedly irrelevant factors）に目を向ける必要がある。こうした要因のことを、本書では頭文字を取って、ＳＩＦと呼ぶことにする。

朝食に食べるもの１つとっても、人の考えを変えさせるのは難しいのだから、まして生涯をかけて取り組んできた問題となればなおさらだ。人間の行動の特徴をもっと現実に近づけたモデルをつくることをずっと求められてきたが、多くの経済学者はそれを頑として受け入れなかった。だが、創意にあふれる大勢の若い経済学者が、リスクをものともせず、伝統的な経済学の手法を打ち破ろうとしてくれたおかげで、豊かな経済理論を構築するという夢が現実のものになろうとしている。この領域はいまでは「行動経済学」として知られるようになった。これは経済学とは別個の学問分野ではない。心理学をはじめとするすぐれた社会科学の知見を取り入れた経済学だ。

なぜヒューマンを経済理論に組み込むのか。そのいちばんの理由は、経済理論に基づく予測の精度を高めるためである。しかし、現実の人間を組み込むことで得られる効果がもう１つある。行動経済学は、通常の経済学よりおもしろくて楽しい。もう「陰鬱な科学」ではない。

行動経済学はいまや経済学の成長分野になっており、世界各国の有力大学のほとんどに研究者がいる。最近では、行動経済学者、もっと広く言えば行動科学者が、公共政策の立案にたずさわるようになりつつある。２０１０年にイギリス政府が行動洞察チームを設置したのをはじめ、さまざまな社会科学の知見を政策形成に取り入れることを目的とする組織が、世界各国で次々に立ち上げられている。企業も、人間の行動をより深く理解することは、事業を成功させるうえで、財務諸表や業務管理を理解するのとまったく同じように重要であると考えるようになっている。結局のところ、会社を経営するのはヒューマンであり、社員も顧客もヒューマンなのだから。

この本では、行動経済学がどのようにして生まれ、発展してきたのかを、私が見てきた範囲で回想していく。本書で取り上げる研究はすべて私がしたわけではない（ご承知のとおり、私はとてもぐうたらなので、そんなことはしない）。しかし私は、行動経済学の黎明期に立ち会い、新しい潮流を創り出す一翼を担ってきた。この先、エイモスが最後に残した言葉に従って、さまざまなストーリーを紹介していくが、私の最大の目標は、行動経済学がどのようにして生まれたのかを伝え、その中で私たちが何を学んだのかを説明することだ。当然ながら、従来の手法を擁護する伝統的な経済学者とは何度となく衝突した。そのときはけっして楽しいことばかりではなかったが、旅先でのアクシデントと同じで、いまとなってはよい想い出だし、伝統主義者との闘いを通じて、行動経済学はより強くなることができた。

どんな物語もそうだが、本書のストーリーは、１つのアイデアから次のアイデアへと、流れるように進んでいくわけではない。いくつものアイデアが、それぞれ異なる時間軸、異なるスピードで動いていた。そのためこの本は、年代順にトピックを取り上げる構成になっている。ここで本書の内容をざっと説明しておこう。まず、私の大学院生時代に時計の針を巻き戻し、授業で習っていたモデルと矛盾するおかしな行動を集めたリストをつくった原点に立ち戻る。第1部は、そうした孤独な闘いの時代を振り返り、この取り組みを評価しなかった多くの人から突きつけられた試練について述べる。次に、研究者の道を歩み始めてから15年間に私の関心の大半を占めた一連のトピック、すなわちメンタル・アカウンティング、セルフコントロール、公正性、ファイナンスに目を向ける。ここで私がめざすのは、私が同僚とともにその過程で何を学んだのかを説明し、そうした知見を使って読者が自分の仲間であるヒューマンへの理解を深められるようにすることである。しかし、人々の考え方をどうすれば変えられるか、なかでも現状を維持したい人たちの考えをどう変えるか、ということについても、役に立つ教訓が得られるだろう。その後、最近の研究を取り上げ、ニューヨーク市のタクシー運転手の行動やNFL（米プロアメリカンフットボールリーグ）のドラフト、高額の賞金が懸かったゲーム番組の出場者の行動について考えていく。そして最後に、ロンドンの首相官邸で胎動している刺激的なチャレンジとチャンスを紹介する。

本書を読むにあたっては、私から助言したいことが1つだけある。この本を読んで楽しく感じなくなったら、読むのをやめてほしい。楽しくないのに読み続けるというのは、それこそ〝誤ったふるまい〟になるだろう。

第2章　観戦チケットと保有効果

私が経済理論について正統的でない考えを抱くようになったのは、ニューヨーク州北部にあるロチェスター大学の大学院で経済学を研究していたときのことだ。授業で教えられることの一部にずっと疑問を感じてはいたが、理論に問題があるのか、それとも私の理解がまちがっているのか、確信を持てずにいた。私はけっして優秀な学生ではなかった。まえがきで触れたロジャー・ローウェンスタインが書いたニューヨーク・タイムズ・マガジン誌の記事で、私の博士論文を指導してくれたシャーウィン・ローゼン教授は、大学院時代の私のことを「われわれは彼にそんなに期待していなかった」と評している。

私は博士論文のテーマに「命の価値」というトピックを選んだ。言葉こそ挑発的に聞こえるが、アプローチはいたって標準的なものだった。この論題を概念としてどうとらえるのが正しいのかは、経済学者のトーマス・シェリングが「あなたが救う命は、あなた自身の命かもしれない」と題したすばらしい小論で示していた。この先、私の関心事はシェリングのそれと何度となく交差することになる。シェリングは、いま私たちが行動経済学と呼んでいるものの初期の支持者であり貢献者だ。以下にシェリングの小論の有名な一節を引用する。

栗色の髪をした6歳の女の子が、クリスマスまで命をつなぐための手術をするのに何千ドルも必要だとわかれば、女の子の命を救おうと、郵便局には善意の寄付が殺到するだろう。それなのに、売上税がないとマサチューセッツの病院設備が老朽化して、救えるはずの命がほんのわずかながら失われてしまうと報道されても、それを聞いて涙を流したり、小切手帳に手を伸ばしたりする人は、そんなに多くないはずだ。[1]

苦笑いしながら茶目っ気たっぷりのまなざしを向けるシェリングの姿が目に浮かぶようだ。シェリングはあなたをちょっと気まずくさせたいのである。* この病気の女の子のストーリーに、シェリングの小論がもたらした大きな貢献が凝縮されている。病院はシェリングが「統計上の命」と呼ぶ概念を表し、女の子は「顔の見える命」を体現している。現実世界では、顔の見える命が危険にさらされる例に遭遇することがある。落盤事故に見舞われた炭鉱作業員の救出劇がその例だ。シェリングが指摘するように、顔の見える命の場合は、お金がないというだけで命の火が消えることがあってはならないと、多くの人が考える。だが、蚊帳《かや》やワクチン、きれいな水といったささいなものがないために、毎日何千もの「顔の見えない」人々が死んでいることは、言を俟《ま》たない。

病気の女の子の場合とちがって、公共政策の意思決定はたいてい抽象的だ。情緒に訴えるインパクトに欠ける。1つの例として、新しい高速道路を建設しようとしているとしよう。

そして安全工学の専門家が、中央分離帯を3フィート（約90センチ）広くすると、建設コストは4200万ドル上がるが、今後30年間、年間1・4件の死亡事故を防ぐことができるとの見方を示しているとする。この場合、私たちはどうするべきか。もちろん、死亡事故の犠牲者の顔は私たちには見えない。〝ただの〟統計上の命だ。しかし、中央分離帯の幅を決めるには、そのための費用によって延びる命、もっと生々しい言葉を使うなら、「救われる」命の価値をお金に換算する必要がある。そしてエコンの世界では、顔の見える1人の命を救うために、統計上の20人の命を救う以上のお金を支払うようなことはしない。

シェリングが指摘したように、ここで問うべきなのは、その高速道路を使う人（そしておそらくはその友人や家族）が、高速道路を走る安全性をほんのわずかだけ高めるために、どれだけのお金を支払う意思があるか、ということだ。シェリングは正しい問いかけをしていたのだが、それに答えを出す方法をまだ誰も見つけていなかった。この問題を解き明かすには、お金と死のリスクのどちらかを選択しなければならないような状況を設定する必要がある。そうすれば、安全に対して人々が最大限支払ってもいいと考える額を推測できる。だが、そんな選択をどこで観察できるのだろう。

＊ シェリングの典型的な思考実験は次のようなものだ。それなりに効果はあるが、とにかく痛い医療処置があるとする。この処置に使う薬は、痛みを止める作用はないが、処置を受けた記憶をきれいに消してしまう。あなたはこの処置を受けたいですか。

シェリングの教え子である経済学者のリチャード・ゼックハウザーは、ロシアンルーレットがこの問題について考える1つの方法になるとする。ここではゼックハウザーの例に少し手を加えたものを使って考えてみたい。エイダンはマシンガンを使ったロシアンルーレットに参加しなければならない。マシンガンは1000連射できるタイプで、薬室には弾薬が4つ、ランダムに装塡されているとする。エイダンは引き金を1回引かなければいけない（幸いなことに、マシンガンは単発設定になっている）。エイダンは弾薬1つを抜くのに、いったいいくら支払おうとするだろう。*ゼックハウザーが示したロシアンルーレットの定式化は、問題を提示する手法としてはエレガントだが、何かしらの答えを導くのには役に立たない。被験者が弾の装塡された銃を自分の頭に向ける実験を行なうというのは、データを集めるやり方としては実際的ではない。

こうした問題についてあれこれ考えていると、あるアイデアが浮かんだ。いま、さまざまな職業の死亡率に関するデータを手に入れられたとしよう。職業の種類は、採掘、伐採、高層ビルの窓の清掃のような危険な仕事から、農業、小売業、低層ビルの窓の清掃といった比較的安全な仕事まで、広い範囲にわたる。エコンの世界では、リスクの高い仕事は報酬を多くしなければいけない。そうしなかったら、誰もその仕事をしないからだ。危険な仕事をする労働者に支払われる割増賃金は、仕事のリスク（およびそれ以外の属性）に見合うものでなければいけないはずである。だとすると、それぞれの職業の賃金に関するデータも手に入れられたら、シェリングの分析が含意する数値を推測できるのではないか。そうすれば誰にもロシアンルーレットをさせなくてすむ。私は職業別の死亡率がどこかにないか探してみたが、なかなか見つけられなかった。

そこに救いの手をさしのべてくれたのが、父のアランだ。父はアクチュアリー（保険数理士）だった。アクチュアリーとは、数理的手法を活用して、保険会社のリスク管理を行なう仕事である。職業別死亡率に関するデータを入手できないかと、父に頼んでみると、ほどなくして1冊の赤いハードカバーの薄い本を受け取った。アクチュアリー協会が発行したその本に、まさに私が求めていたデータが載っていた。職業別賃金に関するデータはすぐに手に入れられる。それを職業別の死亡率と突き合わせることで、死亡するリスクが高い仕事を引き受けてもらうには、いくら支払わなければいけないか、推計できた。

妙案がひらめき、データを入手できたのは幸先がよかったが、それを正しく統計処理しなければいけない。それには私の論文指導に関心を持ってくれそうな教官を見つける必要があった。そのとき、真っ先に頭に浮かんだのが、前に触れた気鋭の労働経済学者、シャーウィ

＊ゼックハウザーが興味を持った問題は次のようなものだ。エイダンの支払い意思額は銃に装填されている弾薬の数にどう左右されるのか。全薬室に弾が装填されている場合には、エイダンは1つの弾を抜くためでさえ、全財産を（場合によっては借金をして）支払うはずである。しかし、装填されている弾が2つだけならばどうだろう。そのうち1つを抜くために、エイダンはいくら支払うのか。その額は、残る1つの弾を抜くためにエイダンが支払うであろう額よりも高いだろうか、それとも低いだろうか。

ン・ローゼンだった。それまでローゼンと一緒に研究をしたことはなかったのだが、私の博士論文のテーマは、ローゼンが取り組んでいた理論研究と関連があったため、論文指導を引き受けてもらった。

その後、私の博士論文をベースにローゼンと論文を共同執筆することになった。タイトルはもちろん、「命を救う価値」だ。[2] その中で私たちが示した算定値は改訂を重ね、いまも政府の費用便益分析に使われている。現時点では、１人の命を救う価値はおよそ７００万ドルとされている。

私は論文に取り組みながら、お金と死ぬリスクのトレードオフに関する人々の選好を知るもう１つの方法として、仮定の質問をするのもおもしろいかもしれないと考えた。質問をつくるにあたっては、最初に決めなければならないことがあった。「支払い意思額」と「受け入れ意思額」のどちらを基準にするかだ。前者であれば、来年死ぬ確率を一定程度、たとえば１０００分の１低くするためにいくら支払うか、と質問することになり、後者の場合は、来年死ぬ確率が１０００分の１高くなるとしたら、いくら要求するか、と質問する。アメリカに住む50歳の人は年間１０００人当たり約４人が死亡していると言えば、イメージがつかめるだろう。

次に示すのは、私が教室で行なった質問の典型例である。学生は両方の質問に答えた。

質問A　この講義に出席しているあなたは、致死率の高いまれな病気に感染している可能性があります。この病気にかかると、来週のいずれかの時点で、突然、苦しむことなく死にます。病気にかかる確率は１０００分の１。この病気の治療薬が１人分だけあり、いちばん高い金額を提示した人に薬を売ります。薬を飲むと、この病気で死亡するリスクはゼロに下がります。この治療薬を手に入れるのに、いくらまでなら払いますか（お金がないなら、金利ゼロ、返済期間30年でお金を貸します）。

質問B　大学病院の研究員がこの病気について調査しており、ボランティアを求めています。ボランティアは、ある部屋に歩いて入って、５分間そこにいるだけです。部屋に入って病気にかかる確率は同じく１０００分の１。この病気にかかると、次の週に突然、苦しむことなく死にます。治療薬を手に入れることはできません。最低いくらもらえるなら、この調査研究に参加しますか。

この２つの質問に人々はどう答えるのだろう。経済理論の予測ははっきりしていて、２つの質問の答えはほぼ同じになるはずである。アメリカに住む50歳の男性がこの質問に答えるとして、お金と死亡リスクのトレードオフは、最初の質問のように死亡リスクが１０００分の５（０・５％）から０・４％に下がるときと、次の質問のように０・４％から０・５％に上がるときとで、大きく変わることはない。答えは回答者によって大きな差があったが、あるlつのパターンがくっきりと浮かび上がった。２つの質問に対する答えは同じにはならなかったのだ。典型的な答えは次のようなものだった。「質問Aでは2000ドル以上は出さないが、質問Bでは50万ドル以下なら参加しない」。さらに言うと、質問Bでは、たとえいくらもらっても研究には参加しないと答えた人が多かった。

こうした回答は、経済理論上おかしいだけでなく、論理的にも成り立たない。先ほどの50歳の男性の例をもう一度考えてみよう。この人が来年死亡する確率は、私に出会うまでは0・4%だった。この男性は、質問Aでは治療薬に2000ドル払う、質問Bでは50万ドルもらえるなら研究に参加すると答えるとしよう。質問Aの答えに基づくなら、死亡する確率が0・4%から0・5%に上がっても、最大2000ドルを失うだけになる。リスクが上がるのを避けるためにそれ以上は支払おうとしないからだ。だが質問Bでは、死亡リスクが0・4%から0・5%に上がるのは同じなのに、50万ドル以上もらえないなら、それを受け入れないと言っている。0・4%と0・5%のリスクの差が、最高で2000ドル、最低で50万ドルというのは、どう見たっておかしい。

ところが、誰もがこれをおかしいと思うわけではない。実際、ここがこうおかしいのだときちんと説明されても、多くの人はそれを受け入れない。まさにいま、あなたがそうであるように。しかし、このロジックは鉄壁だ。* 経済学者にしてみれば、この一連の発見は、不可解とも、荒唐無稽ともつかないものだった。この結果をローゼンに見せると、時間を無駄に使うんじゃない、早く博士論文に戻りなさいとたしなめられた。それでも私はこの疑問にのめり込んだ。いったい何が起きているのだろう。たしかに命を失うリスクにさらされるような状況はふつうならありえないことだが、いざ事例を探し始めてみると、不合理な行動がそこかしこに見つかった。

その1つが、経済学部長のリチャード・ロゼットの例だ。ロゼットは大のワイン好きで、長年かけてワインをコレクションしていた。ロゼットのセラーには、ずっと前に10ドルで買い、いまでは100ドルを超える価値を持つワインが並んでいるという。実際に、ウッディという地元のワイン商が、ロゼットのセラーにある年代物のボトルを時価で買い取りたいと申し出ていた。ロゼットの話だと、特別な日にそうしたワインから1本選んで飲むことがあるが、100ドル出して買おうとは思わない。それにウッディに1本もワインを売っていなかった。これは筋が通らない。100ドルで売れるワインを飲もうとするのであれば、そのワインを飲むことには100ドル以上の価値がなければいけない。しかし、そのワインが教授にとって100ドルの価値があるというなら、なぜそれを100ドル出して買おうとは思わないのだろう。そもそもの問題として、100ドル近い値段のするワインは買わないというのは、いったいどういうことなのか。経済学者であるロゼットは、こうした行動が合理的

＊専門的な話をすると、質問の答えは、経済学者が所得効果や富効果と呼ぶものの影響を受けうる。質問Bでは何もしなければ病気になることはないので、質問Bよりも質問Aのほうが不利な状況にある。だが、これだけでは私が観察した差異の大きさを説明できないし、他の調査で、質問Aでは彼らは（たとえば）5万ドルを与えられていたという設定にしても、差異は解消されなかった。

ではないことはわかっていたが、それをやめることができなかった。*

こうした例のすべてに関係しているのが、経済学で言う「**機会費用**（opportunity cost）」である。機会費用とは、ある活動を選択することで失われる利益のことだ。私が今日、家でアメフトの試合を観るのをやめて、ハイキングに出かけるとしよう。この場合、アメフトの試合を観ていたら得られたであろう喜びが、ハイキングに出かけることの機会費用になる。ロゼットが時価100ドルのワインを飲む場合は、ウッディがそのワインに対してロゼットに支払おうとしていた金額が機会費用になる。ロゼットが自分のワインを飲んでも、新しくワインを買っても、そのワインを飲むことの機会費用は変わらない。しかし、ロゼットの行動が物語るように、経済学者であっても、機会費用と実際に支出した費用を同じだと考えるのは難しい。あるものを買うとお金はその分減ってしまうが、売る機会を放棄しても、懐《ふところ》が痛むわけではない。実際に現金を手渡すことに比べると、機会費用は漠然としていてわかりにくい。

私の友人であるトム・ラッセルも、興味深い事例を提供してくれた。当時、クレジットカードが広く使われ始めるようになり、クレジットカード会社は、小売店が現金客とクレジットカード客で価格設定を変えることができるかどうか、という問題をめぐって、小売店側と法廷闘争を繰り広げていた。クレジットカードの場合、店側がカード会社に利用手数料を支払わなければならないので、一部の小売店、とくにガソリンスタンドが、カード客の価格に手数料を上乗せしたいと考えていた。もちろん、クレジット業界はこれを嫌った。カードで買い物しても手数料はかからないように見せたかったからだ。カード会社は現金客とカード客で価格設定を変えることを禁じるルールを取り入れたが、これを法的に無効とする法案が議会で可決されると、クレジット業界のロビーは両面作戦に転じ、名より実をとることに軸足を移した。小売店がどうしても現金客とカード客で価格に差をつけるというなら、手数料が上乗せされたカード価格を「通常価格」とし、現金客には「割り引き」するようにしろというのである。この方法をとらないのであれば、現金価格を通常価格として、カード客には「割り増し」を要求することになる。

エコンの目には、この2つの方法はまったく同じものに映る。クレジットカード価格が1・03ドルで、現金価格が1ドルだとすると、3セントの価格差を、割り引きと呼ぶか、割り増しと呼ぶかは、問題ではないはずだ。しかし、クレジット業界は当然、「割り引き」案を強く選好した。何年も後になって、カーネマンとトヴェルスキーはこの区別を「**フレーミング**(framing)」と名づけることになるのだが、クレジット業界はすでに、フレーミングは重要な意味を持つと、本能的に見抜いていたのである。割り増し分を支払うと実際に懐が痛むが、割り引きを受けられないことは、ただの機会費用にすぎない。

＊ロゼットはこのふるまいに思い悩んでいるようには見えなかった。後に、ロゼットを「R教授」としてこの逸話を取り入れた論文を書いた。論文が出版されてロゼットにコピーを送ったところ、こんな返事が来た。「私も有名になったものだ！」

私はこの現象に「**保有効果**（endowment effect）」という名前をつけた。人はすでに自分が保有しているものには、いつでも手に入れられる状態にあるがまだ保有していないものよりも高い価値を感じることを示唆する事例を、私は発見していたのである。

保有効果は、特別なコンサートやスポーツイベントに行くことを考えている人にとりわけ顕著に現れる。あるチケットが市場で正規料金よりはるかに高い値段で売られていることはよくある。すると、行列に並ぶか、ウェブ画面のクリック競争に勝って、チケットを運よく手に入れられた人は、決断を迫られる。イベントに行くか、それともチケットを売るか。いまではスタッブハブのようにチケットを合法的に売買するシンプルなマーケットプレイスが世界各地につくられているので、高い値段がついているものを転売して棚ぼたの利益を手にするために、会場の外に立って「チケットあります」と叫ぶ必要はもはやない。

この決断を正しく考えることができるのは、経済学者くらいのものだ。[3] 現在はエール大学で教鞭をとる経済学者のディーン・カーランが、それを見事なまでに実証している。カーランがシカゴ大学の経営学修士（MBA）コースで学んでいた当時、シカゴ・ブルズのマイケル・ジョーダンがプロバスケットプレーヤーの王者として君臨しており、チームを計6回の優勝に導いている。その年、ブルズはワシントン・ウィザーズとプレーオフ第1ラウンドを戦っていた。ブルズは勝ち抜くだろうといわれていたが、プレーオフは終盤になるとチケットの価格がさらに吊り上がることをファンがわかっていたこともあって、チケットの需要は高かった。

カーランの大学の友人がウィザーズにコネがあり、カーランはチケットを2枚もらった。この友人とは別に、ウィザーズに同じコネがある神学研究科の大学院生の友人もいて、この友人も無料チケットを2枚手に入れていた。2人とも貧乏院生だったが、将来の金銭面での見通しはカーランのほうが明るかった。MBAホルダーはたいてい、神学の院卒よりも稼ぎがいい。*

カーランも友人も、チケットを売るか、ゲームを観戦に行くかの意思決定は、やさしい部類のものだと考えていた。神学の院生は、知り合いを誘って試合を観に行った。カーランはというと、バスケットをこよなく愛し、かつ、コンサルティングの仕事で羽振りがいい教授を洗い出し、2枚のチケットを1枚数百ドルで売った。カーランも神学の院生も、あいつのふるまいは馬鹿げていると互いに思っていた。カーランは、いったいどうしたら試合を観に行く金銭的な余裕があると判断できるのか、理解に苦しんだ。友人のほうは、カーランはなぜ、チケットはタダだってことがわからないのか、理解できなかった。

それが保有効果である。ただ、保有効果が実際に存在することはわかっていたのだが、それをどうしたものか、私には見当もつかなかった。

＊　超長期的なスパンで見れば、神学の院卒生がこの差を埋めることも、もちろんありうる。

第3章　黒板の「おかしな行動リスト」

バスケットボールの試合のチケットを買う価格と売る価格に差ができるのはなぜか、どうにも合点がいかなかった。経済学者の合理的選択モデルと矛盾することは、他にもあるのだろうか。そう考えながら周囲に目を向けると、そんな事例がどんどん見つかり、私は研究室の黒板にリストをつくるようになった。以下に、私の友人たちが見せたおかしな行動のほんの一部を紹介しよう。

- ジェフリーと私は、バッファローで行なわれるNBAの試合の無料チケットを2枚、運よく手に入れる。私たちが住んでいるロチェスターからバッファローに行くには、ふつうは車で1時間半かかる。試合当日は猛吹雪。バッファロー行きはあきらめるが、もし（高い）チケットを自腹で買っていたなら、ブリザードの中を運転してなんとかたどり着こうとしていただろうなと、ジェフリーは言う。
- スタンレーは毎週末に庭の芝を刈るのだが、そのたびにひどい花粉症に苦しむ。なぜ芝刈りの学生アルバイトを雇わないのかとスタンレーに訊くと、バイト代の10ドルを払いたくないのだと言う。ならば隣の家の芝刈りを20ドルでするかと訊くと、こんな答えが返ってくる。「しない。するわけないだろ」

・リネアは時計つきラジオを買おうとしている。いろいろリサーチして、気に入ったモデルが見つかる。しかも価格は45ドルとお値打ちだ。それを買おうと店に行くと、店員が耳寄りな情報を教えてくれる。いま新しい支店でグランドオープン記念セールをやっていて、そこなら同じラジオが35ドルで売っているという。新しいお店はここから車で10分ほどのところにある。リネアはこの支店まで行くだろうか。

リネアはこれとは別に、テレビを買おうとして、495ドルというお値打ちのテレビを見つける。すると、また、店員が耳寄りな情報を教えてくれる。ここから車で10分ほどのところにある別の店では、485ドルのセール価格で売っているという。ここでリネアにラジオのときと同じ質問をしたら……答えはおそらくちがう。

・リーはクリスマスに奥さんから高価なカシミアセーターをプレゼントされる。リーはそのセーターを前に店で見ていたが、贅沢すぎるので買うのをやめていた。しかし、リーはプレゼントをもらって喜んだ。リー夫婦はお金を一緒に管理しているので、夫婦の財布は1つである。

・友人たちが夕食を食べにやってくる。まずは一杯やりながら、料理がオーブンで焼き上がるのを待っている。そこにつまみとして、カシューナッツが山盛りになった大きなボウルを出す。5分でナッツは半分に減り、お腹がふくれてくる。私はボウルを下げて、キッチンに隠す。それでみんなに感謝される。

どの例でも、経済理論と矛盾する行動がとられている。ジェフリーは、「**サンクコスト**(sunk cost)は無視しろ」という経済学者の金言を無視している。サンクコストとは、すでに支払ってしまって、取り戻すことのできないお金のことだ。チケットを手に入れるために支払った対価は、試合を観に行くか行かないかという選択に影響を与えるはずがない。スタンレーは、買う価格と売る価格は同じでなければいけないという経済学の教えを破っている。もしもリネアが小さな買い物で10ドル節約するためには10分を費やすが、大きな買い物ではそうしないというのであれば、時間の価値が状況によって変わるということだ。夫婦のリソースを高いセーターに費やす決定をしたのが奥さんだと、セーターが安くなったわけではないのに、リーの気持ちは楽になる。そして、カシューナッツを隠せば、「カシューナッツをもっと食べる」という選択肢がなくなってしまう。エコンにとっては、選択肢は減るよりも増えるほうがいいにきまっている。

私はかなり長い時間、リストをまじまじと眺めて過ごし、新しい項目を書き足していったが、このリストをどうしたらいいのか、どうにもわからなかった。「人間のおバカな行動」では、学術論文のタイトルにはならない。その後、私は休暇に入った。1976年夏、私はシャーウィン・ローゼンと一緒にカリフォルニア州モントレーの近くで開かれる会議に参加した。私たちはそこで命の価値について話すことになっていた。この会議は私にとって特別なものとなった。というのも、心理学者であるバルーク・フィッシュホフとポール・スロヴィックが出席していたからだ。2人とも、人がどのように意思決定するかという問題を研究していた。それは新しい人種を発見したような衝撃だった。そんなバックグラウンドを持つ研究者に出会ったのは、このときが初めてだった。

　会議が終わると、空港までフィッシュホフを車で送ることになった。空港に向かう車の中で話していて、フィッシュホフがイスラエルのヘブライ大学で心理学の博士号をとったことを知った。彼はそこで、私が名前を聞いたこともない2人の研究者の助手を務めていた。それがダニエル・カーネマンとエイモス・トヴェルスキーだった。フィッシュホフは自分が提唱する「**後知恵バイアス**[1](hindsight bias)」について話してくれた。この理論はいまでは有名になっている。人は、何かが起きた後で、それが当然の結果だとまでは思わないまでも、あたかも自分は前もってそうなるのではないかと予想していたかのように考えてしまう傾向がある、というものだ。ほとんど無名だったアフリカ系アメリカ人上院議員のバラク・オバマが、圧倒的優位を誇っていたヒラリー・クリントンを破って民主党の大統領候補指名を獲得した後では、大勢の人が「そうなると思っていた」と考えたが、そんなことはない。そう思い込んでしまっているだけのことだ。

私は、後知恵バイアスという考え方に興味をかきたてられ、企業の経営にとって非常に重要な概念だと感じた。最高経営責任者（CEO）が直面する大きな問題の1つとして、あるプロジェクトで十分に高い利益が見込めるのであればリスクをとるべきだと、管理職を説得するのが難しいということがある。もしもプロジェクトがうまくいかなかったら、リスクをとるという判断がよかったかどうかに関係なく、自分が責めを負うことになるのだから、管理職が躊躇するのも無理はない。そこに後知恵バイアスが入り込むと、ことはさらにやっかいになる。どんな理由で失敗したとしても、それは事前に予想できていたはずだと、CEOは思いちがいをしてしまうからだ。そして事後になってから、きまってこのプロジェクトはじつはリスクが高かったのだと考える。とくに問題なのは、私たちはみんな、他人が後知恵バイアスに影響されていることは認識できても、自分にこのバイアスがかかっていることはいっこうに自覚していないことである。

それならカーネマンとトヴェルスキーの研究を読んでみたらどうだと、フィッシュホフに勧められた。次の日、ロチェスターの研究室に戻ると、図書館に向かった。いままで経済学の書棚しか見たことがなかった私は、未知のエリアに足を踏み入れた。最初に、サイエンス誌に掲載された2人のサマリー論文「不確実性下における判断——ヒューリスティクスとバイアス」[2]を読んだ。当時、私はヒューリスティックとは何か、はっきりわかっていなかったが、いまでは「経験則」のかっこいい言い方であるとわかっている。論文を読み進めると、まるで大接戦の試合が最後の数分間を迎えたときのように、心臓がバクバクし始めた。論文は30分で読み終えたが、その30分が、私の人生を永遠に変えることになった。

論文の主張は、シンプルかつエレガントだった。人が意思決定に費やせる時間や知力には限界がある。そのため、何かを判断するときに、簡便な経験則、つまりヒューリスティクスに頼る。その1つの例が「利用可能性」だ。たとえば、ドラブというのはよくある名前かとあなたに質問するとしよう。世界の大半の国の人なら、答えはたぶん「ノー」だろう。ところが、じつはインドではドラブというのはとてもよくある名前で、インドの人口が多いことを考えるなら、ドラブはかなり多い名前だということになる。あるものの頻度を推測するときに、多くの人は、その種の例をどれくらい思い浮かべられるかを考える。それはすぐれた経験則であり、頭の中に、ある名前の人に会ったことをぱっと思い浮かべられるかどうかは、実際の頻度を見積もるよい手がかりになる。しかし、ある事象の例の数と、そうした例（ドラブという名前など）の思い出しやすさとの相関が高くない場合には、この経験則は通用しない。このように、ヒューリスティクスを使うと**「予測可能なエラー**（predictable errors）**」**が入り込みやすい。それがこの論文の大きなアイデアである。だから「ヒューリスティクスとバイアス」というタイトルがつけられているのだ。私はこの論文を読んで、手が震えた。予測可能なバイアスという概念は、それまでは混沌としていた私の考えを束ねるフレームワークとなった。

カーネマンとトヴェルスキーの研究の先駆者が、ハーバート・サイモンである。サイモンは2人より何十年も早く、人々が意思決定に費やせる時間や思考力には限界があるため、手っ取り早い方法を使い、経験則に従うと説いていた。博識の学者で、研究者としてのキャリアの大半をカーネギーメロン大学で過ごしたサイモンは、経済学、政治科学、人工知能、組織論など、社会科学のほぼすべての領域で広く知られていたが、この本と最も関連がある功績は、カーネマンとトヴェルスキーにずっと先駆けて、「**限定合理性**（bounded rationality）」という概念を提唱したことである。サイモンの言う限定合理性とは、複雑な問題を解決する人間の認知能力には限界があるということを意味するもので、これは誰もが認めるところである。だが、サイモンはノーベル経済学賞を受賞したものの、残念ながら、経済学者にはほとんどインパクトを与えなかったと言っていいだろう。* 思うに、多くの経済学者がサイモンを無視したのは、限定合理性は「事実だが、重要ではない」概念として片づけやすかったからではないか。経済学のモデルは正確ではない、こうしたモデルが生み出す予測にはエラーが含まれていると批判されても、経済学者にはどうってことはなかった。経済学者が使う統計モデルの数式に、〝誤差〟項と呼ばれるものを付け加えれば、簡単に対処できる。いま、両親の身長を予測量として使って、その子どもが大人になったときに身長がどれくらいになるか予測するとしよう。両親の背が高いと、子どもも背が高くなる傾向があるので、このモデルはそれなりの仕事をするだろうが、両者の関係を完全に式で表すことはできない。誤差項が存在するのだ。それに、エラーがランダムに発生するのであれば、つまり、高すぎる予測と低すぎる予測が同じ頻度で現れるのであれば、エラーが互いに打ち消し合うので、何の問題もない。だったら限定合理性が生み出すエラーは無視してもかまわない。さあ、完全合理性モデルに戻れ！　経済学者はそう考えたのだった。

カーネマンとトヴェルスキーは、こうしたエラーはランダムには発生しないと、強く警告していた。アメリカでの銃による死亡者数は、殺人と自殺ではどちらのほうが多いかと質問すると、ほとんどの人が殺人と答えるだろう。しかし実際は、銃による自殺死亡者数は銃による殺人死亡者数のほぼ2倍にのぼる。[3†] これは予測可能なエラーだ。このエラーは多人数で均《なら》してもゼロにはならない。当時はそれが何を意味するのかよくわかっていなかったが、カーネマンとトヴェルスキーの洞察を足がかりに、私は少しずつ前進し、リストの持つ重大な意味を理解するまで、あと一歩のところまできていた。リストに並んでいる項目は、系統的なバイアスの事例だったのである。

リストの項目にはもう1つ、注目すべき特徴があった。どの例でも、カシューナッツの存在や、バスケットボールの観戦チケットに支払った額といった鍵となる要因について、経済

＊　ノーベル経済学賞は、他の部門のノーベル賞と並んで授与されるが、アルフレッド・ノーベルの遺言状に記載されたものではない。正式名称はアルフレッド・ノーベル記念経済学スウェーデン国立銀行賞だが、本書ではノーベル経済学賞と略して呼ぶことにする。歴代の受賞者については以下を参照のこと。https://www.nobelprize.org/prizes/lists/all-prizes-in-economic-sciences/

†　しかも、家の中に銃があるというだけで、その家の住人が自殺する危険性は高くなる。

理論は非常に明確な予測をしており、それらは意思決定には影響を与えるはずがないとされていたことだ。どれも意思決定には無関係とされている要因、つまりＳＩＦだったのである。その後、行動経済学の研究は大きく進み、行動を予測するうえでどのＳＩＦが意思決定に関係があるか明らかにしており、そうした研究の多くが、トヴェルスキーとカーネマンが１９７４年の論文で示した系統的なバイアスを土台にしている。* いまでは、経済モデルと矛盾する行動を集めたリストは、その昔、私が黒板に書き連ねたものとは比べものにならないくらい長くなっている。

私は数時間かけて、カーネマンとトヴェルスキーが共同執筆した論文を、興奮しながらすべて読んだ。そして、頭の中で思考がぐるぐると渦を巻いたまま、図書館を後にした。

＊　２人が書いた論文の著者名の順番が気になっている人がいるかもしれない。エイモスとダニエルは当初、２人が対等のパートナーであることをそれとなく示すために、論文を書くたびにかわりばんこに名前を後先にするという、きわめて異例な戦略を使っていた。経済学では、アルファベット順に並べるのがデフォルト（規定）の選択肢だが、心理学では、その研究への貢献順に並べられているのがふつうである。２人はこの方法をとったおかげで、論文を書くごとにどちらの貢献度のほうが高いか判断しなくてすんだ。貢献度を評価するというのは、えてして難しいものだ（第28章参照）。

第4章 カーネマンの「価値理論」という衝撃

図書館で運命の出会いを果たした私は、バルーク・フィッシュホフに電話して、お礼を言った。するとフィッシュホフは、ダニエル・カーネマンとエイモス・トヴェルスキーが意思決定に関する新しい研究に取り組んでいる、きっと君の気に入るはずだと教えてくれた。ペンシルベニア大学ウォートンスクール教授のハワード・クンリューサーが論文の写しを持っているのではないかというので、クンリューサーに電話したところ、大当たりだった。クンリューサーは草稿を持っており、写しを送ってもらうことになった。

届いた論文には、クンリューサーのコメントが余白にびっしり走り書きしてあった。2002年にダニエルがノーベル賞を受賞することになる論文の初期の版で、当時は「価値理論」と題されていた(もしエイモスが存命だったら共同受賞していただろう)。その後、タイトルが「プロスペクト理論」[1]に変更された。[†]この論文は、ヒューリスティクスとバイアスに関する研究以上に、私のリストと密接に関連していた。その中の2つのことに、私の目はくぎ付けになった。ある組織化原理と単純なグラフだ。

2種類の理論

ダニエルの論文の組織化原理には、2種類の理論があった。規範的理論と記述的理論である。規範的理論は、ある問題に対する正しい考え方を示すものである。ここで私が「正しい」と言うときには、道徳的な意味で正しいということではない。経済学的思考の核である最適化モデル、いわゆる「合理的選択理論」が規定する意味で、論理的に一貫しているということだ。本書では「規範的」という言葉をこの意味でしか使わない。たとえばピタゴラスの定理は、直角三角形の3辺のうち、2辺の長さがわかっているときに、残りの1辺の長さを計算する方法を示す規範的理論である。それ以外の公式では、正解は出せない。

それでは、あなたがピタゴラスの定理を直感的に理解しているか、ひとつテストしてみよう。ここに鉄道のレールが2本ある。レールの長さはそれぞれ1マイル（約1・6キロ）で、少しの隙間もなく敷かれている（図1参照）。右端と左端は固定されているが、つなぎ目である真ん中の部分は固定されていない。いま、気温が上がって、レールが膨張し、それぞれ1インチ（約2・5センチ）ずつ伸びたとしよう。右端と左端は地面に固定されているので、レールは跳ね橋のようにせり上がってしまう。さらに、レールは非常に固いので、せり上がっても曲がらない（これは問題を簡単にするためであり、仮定が非現実的だという苦情は受け付けない）。では、次の問題を考えてみてほしい。

レールのどちらか一方を見てください。底辺が1マイル、斜辺が1マイル1インチの

図1
高さXはいくつになるでしょう

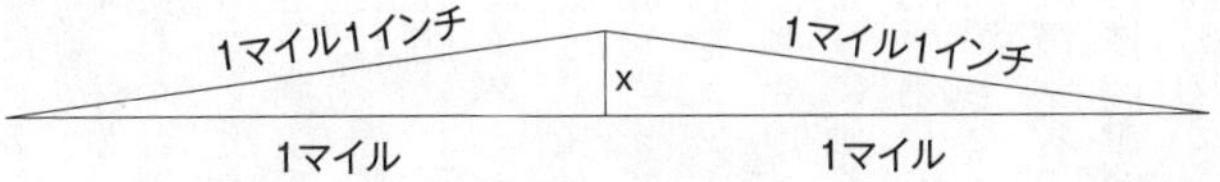

ヒント:図は正しい縮尺で描かれていない

直角三角形があります。この三角形の高さはどれくらいでしょうか。別の言い方をすると、レールは地面からどれくらいせり上がっているでしょうか。

あなたが高校で習った幾何学を覚えていて、関数電卓を持っていて、1マイルは5280フィート、1フィートは12インチであることを知っていれば、この問題を解くことができる。しかしここでは、直感で答えなければいけないとしよう。さあ、どうぞ。

ほとんどの人は、レールは1インチ伸びたので、それと同じくらいせり上がるはずだと推測する。高くても2～3インチというところだろう。

答えは、何と29・7フィート（約356インチ＝約905セン

---

† ダニエルになぜタイトルを変えたのか尋ねると、こんな答えが返ってきた。「『価値理論』だと誤解を招くおそれがあるので、あえて何の意味もない名称をつけることにした。もしもこの理論が有名になるようなことがあるとすれば、そのとき初めて意味を持つような言葉のほうがいいだろうと考えた。それで『プロスペクト』にしたんだ」

チ）なのだ。あなたの答えはどうだっただろう。

今度は、私たちはこの問題に人々がどう答えるかを示す理論を構築しようとしているとする。私たちが合理的選択理論の信奉者なら、人々は正しい答えを出すと想定する。そこで、ピタゴラスの定理を規範的モデルと記述的モデルの両方として使い、人々は30フィート弱と答えると予測する。だがこの問題に関して言えば、それはまったく的外れな予測だ。人々が出す答えは、平均で約2インチなのである。

この問題は、伝統的な経済学が抱える問題、そして、プロスペクト理論がもたらした概念上のブレイクスルーを表している。当時の経済理論は、1つの理論を規範的理論と記述的理論の両方として使っていた。今日の経済学者のほとんどもそうだ。1つの例として、企業の経済理論を考えてみよう。企業の経済理論は、最適化に基づくモデルを使う単純な例である。企業は利益（あるいは企業の価値）を最大化するために行動することを大前提としたうえで、そのためにどうするべきかを規定するものだ。たとえば、企業は限界費用が限界収益と等しくなるように価格を設定しなければならない。経済学者が「限界」という言葉を使うときは、「増える」という意味でしかないので、このルールは、生産量を1単位増やしたときの費用が、それがもたらす収益の増加分と一致するまで、企業は生産し続けることをさす。同じように、経済学者のゲーリー・ベッカーが開拓した人的資本形成理論も、どの教育を受けるか、そうした技能を習得するためにどれだけの時間とお金を投じるかを、その後のキャリアでどれだけ稼げるか（そして、どれだけ楽しく生きられるか）を正確に予測して選択すると想定している。[2] こうした要因を注意深く分析して進路を選択する高校生や大学生など、まずいない。多くの学生は、その教科や学部を選ぶとどんな人生を送ることになるのかといったことはよく考えずに、いちばんおもしろそうなものを選ぶ。

経済学者は人間の行動に関する1つの理論を規範的にも記述的にも使っているが、プロスペクト理論は、そうした伝統的な考えを崩すものだった。具体的に説明していこう。この論文で扱われているのは、不確実性下での意思決定の理論である。理論の背景にある発想は、ダニエル・ベルヌーイが1738年に初めて示したものに遡る。[3] ベルヌーイは、数学、物理学をはじめ、ほとんどすべての学問をおさめ、数学・物理学の領域では、サンクトペテルブルクのパラドックスと呼ばれる難問に答えを出している。* ちなみにこの問題を提示したのは、

＊ この難問は次のようなものである。コインを表が出るまで投げ続ける賭けに誘われたとしよう。表が出たのが1回目なら2ドルもらえ、2回目なら4ドルもらえるというように、コインを投げるごとに賞金は倍々に増えていく。この賭けの期待値は、1/2 × $2 + 1/4 × $4 + 1/8 × $8… となる。期待値は無限大に発散するので、大金をつぎ込んでもこの賭けに乗るべきであるということになるのだが、人々はごくわずかな賭け金しか支払おうとはしない。ベルヌーイはこれを、人々が富の増加から得る価値は逓減するので、リスク回避的になるからだと説明した。それよりもシンプルな回答は、現実世界の富は有限なので、賞金が高額になったときに相手が賞金を支払えるかどうか心配になるからだというものである。40回目に表が出ると、賞金額は1兆ドルを超えてしまう。それでは銀行が破産してしまうと思うなら、支払ってもいい賭け金はせいぜい40ドルになる。

ベルヌーイのいとこのニコラウスである（ベルヌーイ家からは早熟の天才が何人も生まれている）。この問題を解決するのにベルヌーイが導入したのが、いまで言うリスク回避の概念だった。ベルヌーイは、人は富が増えると幸福の度合い――経済学者が好んで言うところの「**効用**（utility）」――は大きくなるが、富が増えるごとに、そこから得られるしあわせは小さくなっていくと仮定したのである。この原理は「**感応度逓減《ていげん》性**（diminishing sensitivity）」と呼ばれている。富がたとえば10万ドル増えるとすると、その変化が与えるインパクトは、富が増えるとともに小さくなっていく。貧しい農民が思いがけず10万ドルを手に入れれば、人生はがらりと変わるだろう。しかしビル・ゲイツなら、それに気づくこともないはずだ。これをグラフで表すと、図２のようになる。

　このような形の効用関数は、リスク回避的な性向を暗に表している。最初に１０００ドルを手にしたときに得られる効用がいちばん大きく、２回目、３回目となるにつれ、効用が小さくなっているからだ。この効用関数に従うと、あなたの富が10万ドルであるときに、確実に１０００ドルもらうか、50％の確率で２０００ドルもらうかのどちらかを選ぶように言われたら、あなたは確実に１０００ドルもらうほうを選ぶことになる。なぜなら、２回目に手に入れる１０００ドルは、最初に手にする１０００ドルよりも価値が小さいので、２０００ドル獲得しようとして最初の１０００ドルの賞金を失うリスクをとろうとはしないからだ。

　リスクのある状況で人はどのように意思決定するかを説明する形式的理論は、**期待効用理論**（expected utility theory）と呼ばれ、１９４４年に数学者のジョン・フォン・ノイマンと

図2
富の限界効用逓減

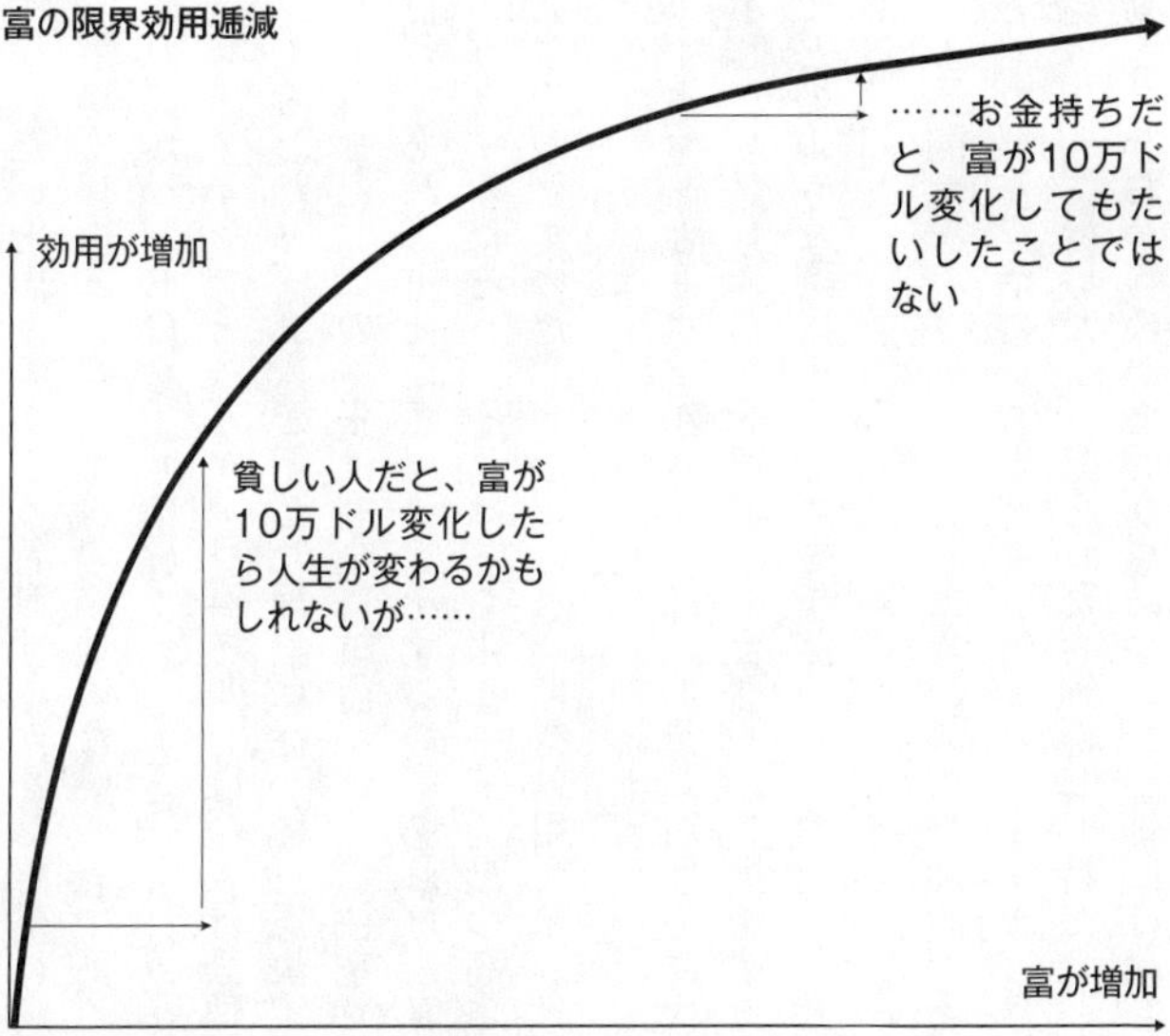
……お金持ちだと、富が10万ドル変化してもたいしたことではない
効用が増加
貧しい人だと、富が10万ドル変化したら人生が変わるかもしれないが……
富が増加

経済学者のオスカー・モルゲンシュテルンが完全な形で提案した。ジョン・フォン・ノイマンは20世紀を代表する数学者で、アルベルト・アインシュタインが在籍するプリンストン大学の高等研究所で研究を行なっていたが、第二次世界大戦中に実世界の問題に研究者人生を捧げようと考えた。そうして生まれたのが、600ページを超える大著『ゲーム理論と経済行動』[4]であり、期待効用理論はその中でゲーム理論に付随して開発されたものにすぎなかった。

　理論を構築するにあたって、フォン・ノイマンとモルゲンシュテルンはまず、合理的選択の公理系を設定した。その後、こうした公理に従いたいと思う人がどう行動するかを演繹的に導き出した。期待効用理論の公理は、ほとんどが推移性のように議論の余地のない概念である（推移性とは、もし対象AがBより選好され、かつ、BはCより選好されるとき、Aは必ずCより選好されるという性質である）。フォン・ノイマンとモルゲンシュテルンは、人は公理系をすべて満たしたいと思うものであり、だとしたら、2人が示した理論に従って意思決定しなければならないことを、見事に証明してみせた。この主張は完全に納得がいく。住宅ローンの借り換えであれ、新しい事業への投資であれ、重要な意思決定をするのであれば、私なら期待効用理論に従って意思決定をしようとするだろう。それは、レールの三角形の高さを求めるのにピタゴラスの定理を使おうとするのとまったく同じことだ。期待効用に基づけば、正しい意思決定をすることができる。

カーネマンとトヴェルスキーは、期待効用理論に代わる理論として、プロスペクト理論を提示した。プロスペクト理論は、合理的な選択をするための指針ではなく、現実の人間が実際にどのような選択をするかを予測するものだ。これはヒューマンの行動に関する理論なのである。

この展開は次のステップとしてきわめて当然のことに見えるかもしれないが、それをやろうとした経済学者はいなかった。ハーバート・サイモンは「限定合理性」という新しい概念を編み出してはいたが、限られた合理性しか持たない人の行動が、完全な合理性を持つ人の行動とどうちがうのかという点について詳細には論じていなかった。サイモン以外にも先駆者は何人かいたものの、誰もその仕事はしていない。たとえば、プリンストン大学の著名な経済学者で、おおむねきわめて伝統的な立場をとるウィリアム・ボーモルは、利益の最大化を前提とする企業の伝統的な（規範的）理論に代わる新しい行動原理を提案していた。[5] 企業は、ある一定の利潤を確保するという制約の下で、企業の規模、たとえば売上高を最大化するように行動するという仮説がそれだ。売上高の最大化を行動目的とするという仮説は、多数の企業の行動を説明するすぐれた記述的モデルだと言えるだろう。実際、この戦略に従うのはＣＥＯにとって賢明かもしれない。ＣＥＯの報酬は、不思議なことに、利益によって決まるだけでなく、規模の大きさによって決まるところも大きいように思われるからだ。しかしもしそうなら、それも企業はみずからの企業価値を最大化するために行動するという理論を破ることになる。

　プロスペクト理論を初めて読んだとき、私はこう心に刻んだ。人間がどのように行動するか正確に記述する経済モデルを構築しよう。

衝撃的なグラフ

　もう1つ、私の心に刻み込まれたものがある。「価値関数」を表したグラフだ。これも経済学的思考を大きく転換させるものであり、プロスペクト理論のほんとうの意味でのエンジンだった。ベルヌーイ以降、経済モデルは「富の限界効用は逓減する」という単純な前提を置いていたからだ（図2参照）。

富の効用に関するこのモデルは、富に対する人間の基本的な心理を正しくとらえている。だが、よりすぐれた記述的モデルを構築するために、カーネマンとトヴェルスキーは、富の状態から富の変化に焦点を移さなければならないと考えた。これはごく小さな調整のように聞こえるかもしれない。しかし、効用をもたらすのは富そのものの状態ではなく富の変化であると考えることにするというのは、根本的な転換なのである。プロスペクト理論の価値関数のグラフを図3に示す。

カーネマンとトヴェルスキーが変化に注目するのは、人は変化に反応するものであるからだ。あなたがあるオフィスビルにいるとしよう。このビルは空調システムがしっかりとしていて、室温は暑くもなく寒くもない状態に保たれている。いまあなたは自分のオフィスを出て、会議室へと向かう。会議室に入ると、室温にどう反応するだろう。オフィスや廊下と同じ室温なら、何とも思わないのではないか。会議室がビルの他の場所と比べて極端に暑かったり寒かったりしない限り、室温など気にも留めないだろう。環境に適応していると、私たちはそれを無視しがちだ。

同じことは金銭的な問題にも言える。これを年収8万ドルのジェーンという女性を例に考えてみたい。ジェーンは年末に5000ドルの臨時ボーナスを手にする。この思いがけない出来事を、ジェーンはどう処理するのか。生涯の富にはほとんど影響しないのに、富がどれだけ変化したか計算するのだろうか。それよりも、「ラッキー！　5000ドルの臨時収入！」と考える可能性のほうが高い。人は人生を状態ではなく、変化で考える。人は変化に

図3
価値関数

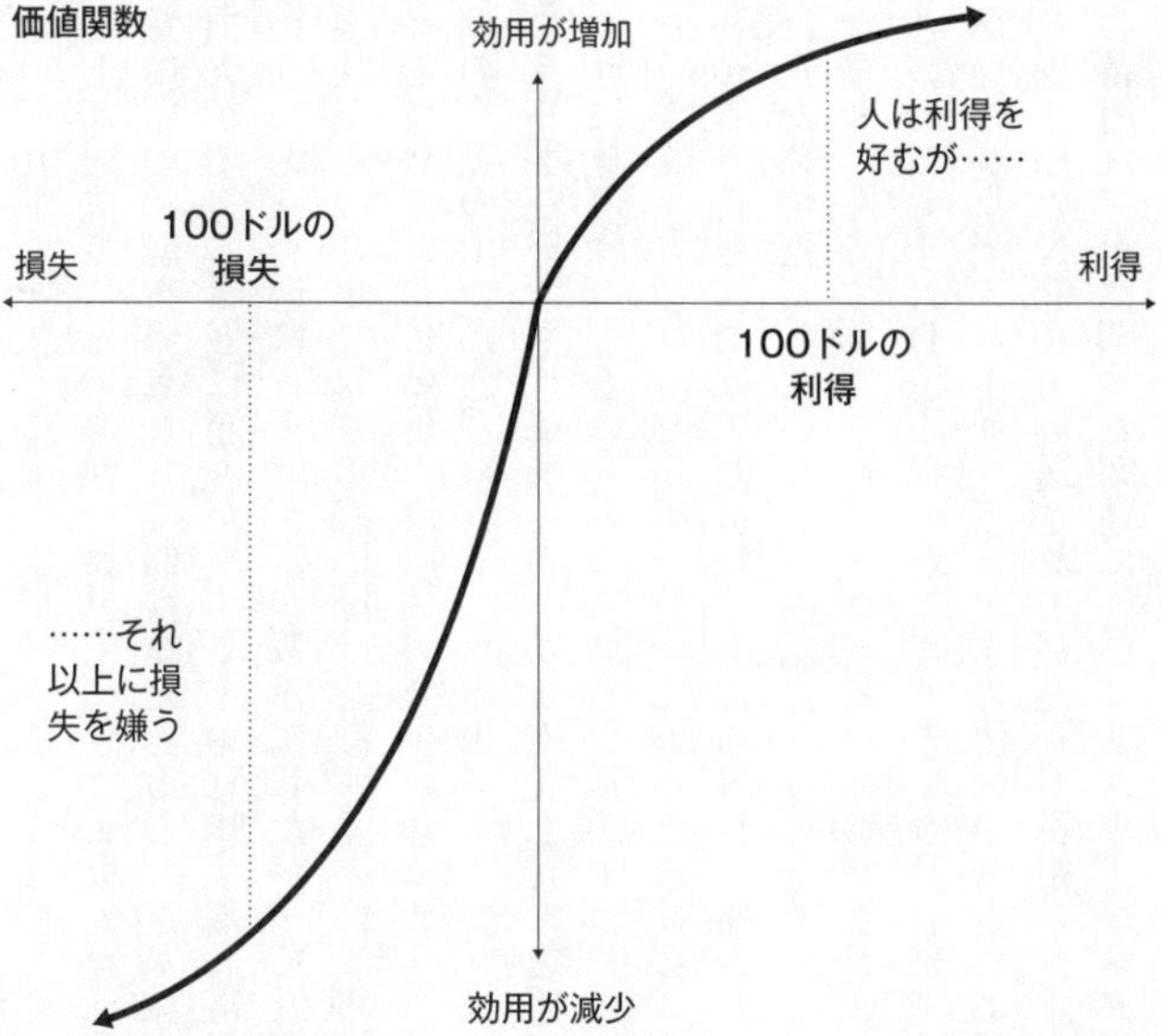

は敏感に反応するが、同じ状態が続くと反応しなくなる。現状からの変更でも、予想されていたことからの変化でも、それがどのような変化だろうと、私たちは変化に反応してしあわせを感じたり、みじめになったりする。これは大きな発見だった。
論文のグラフは私の想像力を強くかきたて、黒板のおかしな行動リストのすぐ横に、グラフを描いた。ここでもう一度、図3のグラフを見てほしい。そのS字型のカーブに、人間の性質に関する膨大な量の知見が詰まっている。グラフの右上の領域の傾きは、通常の富の効用関数と同じで、感応度が逓減することを表している。しかし、損失関数も感応度逓減性を示していることに注目して

ほしい。10ドルを失うことと20ドルを失うことのちがいは、1300ドルを失うことと1310ドルを失うことのちがいよりも、ずっと強く感じられる。標準モデルと異なり、図3の任意の富の状態を原点として曲線をたどると、富が減少するにつれて効用も低下する。これは損失が増えるごとに痛みが増すことを意味する（富が増えるにしたがって反応が鈍くなるということは、逆に言えば、富が減るにしたがって反応は強くなるということである）。

現状からの変化に対する感応度は逓減するという事実は、もう1つの人間の基本的な特性を表している。この特性はウェーバー＝フェヒナーの法則として知られており、心理学の最初期の発見の1つにあげられる。ウェーバー＝フェヒナーの法則とは、**丁度可知差異**（just-noticeable difference＝あることが「変化した」と感じられる最小の差異）は、その変数の大きさに比例する、というものである。私が1オンス（約28グラム）太ったとしても気がつかないが、フレッシュハーブを買っているときには、2オンスと3オンスのちがいははっきりわかる。心理学では丁度可知差異はJNDと略される。カクテルパーティーで心理学者のおぼえをめでたくしたいなら、会話にさりげなく「JND」を挟み込むといい。「最近、新車を買ったんですよ。それでサウンドシステムをいいやつにしたんです。支払い総額が上がるといってもJND以下だったので」という具合に。

あなたがウェーバー＝フェヒナーの法則の背景にある概念を理解しているかどうかは、公共ラジオ局のNPRで放送されていた長寿番組「カートーク」の例を使ってテストできる。この番組は、車に関する問題についてリスナーがスタジオに電話をかけてきて、それにトムとレイのマグリオッチ兄弟が答える（2人ともマサチューセッツ工科大学、通称MITの卒業生だ）。そのやりとりがありえないほどおもしろい。しかし、番組を誰よりも楽しんでいたのは本人たちだった。とにかくずっとジョークを飛ばしては2人で馬鹿笑いしているのだ。* ある回で、こんな相談が来た。「私の車のヘッドライトが2つとも同時に壊れたんだ。ディーラーの店に持っていったんだが、電球を2つ交換すればいいだけだって、整備士は言うんだよ。そんな馬鹿なことがあるか？　電球が2つとも同時に壊れるなんて、偶然にしちゃできすぎだろ？」

それを聞いてトムは即答した。「ああ、そりゃ有名なウェーバー＝フェヒナーの法則だ！」。じつはトムは心理学とマーケティングの博士号も持っていて、判断・意思決定研究の大家であるマックス・ベイザーマンの薫陶《くんとう》を受けていた。では、リスナーの質問がウェーバー＝フェヒナーの法則とどんな関係があって、トムはこの洞察を使ってどうやって問題を解決したのだろう。

2つの電球は同時に切れたわけではない――これが答えだ。片方の電球が切れても、それに気づかないまま運転を続けることはよくある。夜中でも煌々《こうこう》と明かりが照っている都市に住んでいる場合はとくにそうだ。電球が2つから1つになっても、差異に気づくとは限らな

＊　トム・マグリオッチは2014年に亡くなったが、番組は再放送されており、その中で2人の兄弟はいまも笑っている。

い。しかし、1つからゼロになれば、絶対に気づく。この現象によって、おかしな行動リストのある例にも説明がつく。495ドルのテレビで10ドル節約するのに車で10分離れた店に行こうという気にはならないが、45ドルの時計つきラジオで10ドル節約するためには車を走らせようとするのは、ラジオを買うときの10ドルはJNDではないからだ。

利得と損失のいずれについても額が大きくなるほど感応度が逓減するという事実には、もう1つ、別の含意がある。人は利得に対してはリスクを避けようとするが、損失に対してはリスクをとりにいく、ということだ。2つの被験者グループを対象に行なわれた次の実験が、それを例証している（ここで注意してほしいのは、被験者が従来の経済モデルで想定されたように富の状態を基準にして意思決定をしているのなら、問題1の選択肢Aと問題2の選択肢Aはまったく同じものになることである）。それぞれの選択肢を選んだ被験者の比率をカッコの中に示している。

問題1　あなたは現在の富に上乗せして300ドルもらったうえで、次のどちらかを選ぶように言われました。あなたはどちらを選びますか。

A　確実に100ドルもらえる（72％）
B　50％の確率で200ドルもらえて、50％の確率で何も失わない（28％）

問題2　あなたは現在の富に上乗せして500ドルもらったうえで、次のどちらかを選ぶように言われました。あなたはどちらを選びますか。

A　確実に100ドル失う（36％）

B　50％の確率で200ドル失い、50％の確率で何も失わない（64％）

損失に対してリスク追求的になるのは、利得に対してリスク回避的になるロジックの裏返しである。問題2の場合、100ドルを追加で失う痛みは、最初に100ドル失う痛みよりも小さい。そのため、被験者は損失が膨らむリスクを冒してでも、損失をゼロに戻すチャンスに賭けようとする。彼らが何としても損失を取り戻そうとするのは、図3に表れている3つ目の特徴が作用しているからだ。その特徴とは、**損失回避性**（loss aversion）である。

図3の価値関数で、2つの曲線が始まる原点を見てみよう。ここで注目してほしいのは、損失を表す関数と利得を表す関数の傾きを比べると、損失のほうが傾きがきついことだ。損失の領域のグラフは、利得の領域のグラフよりも急なカーブを描いている。大まかに言うと、損失の苦痛は利益を得たときの喜びの2倍強く感じられるということだ。価値関数のこの特徴に、私は目を奪われた。その図の中に、保有効果が描かれていたのだ。もしも私がロゼット教授のワインを持って帰ったら、教授はそれを、同じワインを手に入れたときに感じるであろう利得の2倍に相当する損失ととらえる。だから教授は、セラーにあるワインと同じ市

場価値を持つワインを絶対に買おうとはしないのだ。損失から被《こうむ》る苦痛が、同じ規模の利得から得られる喜びを上回る人間心理は、損失回避と呼ばれる。この損失回避性は、行動経済学者にとって最強のツールになっている。

このように、私たちは人生を変化で評価するし、利得でも損失でも感応度が逓減するし、損失がもたらす痛みは、同等の利得を手に入れる喜びの2倍も強く感じる。そんなさまざまな知見が、1つのグラフに凝縮されている。この先、研究者としてのキャリアをこのグラフとともに歩むことになるとは、このときは思ってもいなかった。

第5章 〝神〟を追いかけて西海岸へ

シャーウィン・ローゼンは、1977年の夏をスタンフォードで過ごす計画を立てていて、そこで命の価値に関する研究を一緒に進めないかと私を誘ってくれた。私はその年の春のどこかの時点で、カーネマンとトヴェルスキーが1977年9月から1年間、スタンフォードで過ごす計画を立てていることを聞きおよんでいた。2人の研究に大いに触発されていた私には、カーネマンとトヴェルスキーが9月にスタンフォードにやってくる直前に町を去るなど、絶対に耐えられなかった。

私は春休みにカリフォルニアに飛び、夏の間過ごす家を探す一方で、秋学期もスタンフォードにいられるように策を練った。私の新しいアイドルになっていた2人とは何の面識もなかったが、どうにかして一緒に時間を過ごしたかったのだ。私は人間のふるまいに関して書いた最初の論文の草稿をトヴェルスキーに送っていた。その時点では論文に「消費者の選択──経済学者の行動の理論」[1]というタイトルをつけており、その中で経済学者だけがエコンのようにふるまうということを暗に指摘していた。トヴェルスキーからは「私たちは同じようなことを考えているようだ」と、短いが好意的な返事があったものの、それだけだった。

電子メールなどない時代であり、遠距離でやりとりを続けるのは、いまよりずっと難しかった。

　私は何日か、客員研究員の仕事をくれないかとキャンパス内を頼んで回ったのだが、2日たっても、色よい返事はもらえなかった。半分あきらめかけていたとき、伝説の医療経済学者、ヴィクター・フュックスと話す機会があった。フュックスは、ローゼンと私が夏に在籍することになっていた全米経済研究所（NBER）の支社の理事だった。私は、おかしな行動リスト、ヒューリスティクスとバイアス、プロスペクト理論、そして、スタンフォードに降臨しようとしているイスラエルの2人の神に対する思いを、フュックスにぶつけた。私の話に興味を持ったのか、私を哀れに思っただけだったのかはわからないが、フュックスは私に研究助成金を出してくれて、秋学期をスタンフォードで過ごせるようになった。7月にスタンフォードに到着すると、正統的ではない私の考えについてフュックスと頻繁に議論した。フュックスはその後、次の夏までスタンフォードにいられるように取りはからってくれた。

　私は6月に家族と車でアメリカ横断旅行にくりだした。途中途中にある国立公園に立ち寄りながら、心理学と経済学をどうやって組み合わせたらいいかということについて、思いをめぐらせた。思索の材料にはこと欠かなかった。たとえばこうだ。私は今日、300マイル（約480キロ）運転するとしよう。どのくらいのスピードで運転するべきか。時速70マイル（約113キロ）で運転すれば、制限速度の時速60マイル（約97キロ）で走るより43分早く目的地に着く。これだけ時間を短縮できるなら、スピード違反の切符を切られるリスクをとる価値は十分にありそうだ。しかし、目的地まで30マイルしか残っていないときは、時速70マイルで運転しても4・3分しか短縮できない。これではリスクをとる価値はなさそうだ。だとしたら、目的地に近づくにつれて、スピードを段々緩めるべきなのだろうか。そんなはずはない。ましてや私たちは明日も車で旅を続けるのだし。初めから終わりまで1つの方針に基づいて運転したほうがいいんじゃないだろうか。うーん。よし、これもリストに加えよう。*

私たち一家の最後の寄り道は、オレゴン州ユージーンである。私がこうしたアイデアに興味を持つきっかけをつくってくれた2人の心理学者、バルーク・フィッシュホフとポール・スロヴィックに会うためだ。家族が町をあちこち見て回っている間、私はフィッシュホフやスロヴィック、そして2人の共同研究者であるサラ・リキテンスタインといろんなことを話した。そのときは心理学者がもう1人いた。研究所を訪ねてきていたフィッシュホフと同じく、大学院でカーネマンとトヴェルスキーと一緒に研究していたマヤ・バー＝ヒレルだ。いずれも、後に私に心理学のてほどきをしてくれた面々である。

夏の終わりに、ダニエル・カーネマンとエイモス・トヴェルスキーが率いる心理学軍団がやってきた。エイモスと妻のバーバラは、スタンフォード大学の心理学研究科に、そして、

＊正解は「全行程を同じスピードで走る」である。他の条件がすべて同じなら、スピード違反の切符を切られる確率は、運転する時間に比例する。

ダニエルと、後にダニエルと結婚する傑出した心理学者、アン・トリーズマンは、NBERから丘を登ったところにある同大学の行動科学高等研究センターに客員として行くことになっていた。

ヴィクター・フュックスが歓迎昼食会を開き、私はそこで、エイモス、ダニエルと初めて顔を合わせた。がらにもなく緊張してしまい、そのときのことはよく覚えていない。おしゃべり好きなフュックスが場を持たせてくれたと信じるしかない。それ以上に重要だったのは、このときに丘を登ってダニエルのところに立ち寄る許しを得られたことである（エイモスの研究室は大学のキャンパス内にあって、ふらりと訪ねるには遠すぎた）。ダニエルとエイモスは共同執筆していた論文の仕上げに入っていたので（このときにはすでに「プロスペクト理論」という名前がつけられていた）、2人が仕事をしているところをじゃましてしまうときもあった。研究センターの電話システムは原始的だったから、ダニエルがセンターにいるかどうかを確かめるには、電話するより、丘を登っていくほうが簡単だったのだ。

私は、2人がプロスペクト理論の最終稿を書き上げている場面に何度か遭遇している。2人が論文を書くときには、ダニエルがキーボードをたたきながら、一文一文、それこそ一字一句にいたるまで議論して、細部を煮詰めていた。2人の会話はヘブライ語と英語が入り交じっていた。一方の言語からもう一方へと、突然切り替わることもあった。何がスイッチだったのかは、よくわからない。2人は「損失回避」といった専門用語のヘブライ語版を考案してはいなかったので、ヘブライ語から英語に切り替わるときは、そうした専門用語がスイッチになっていたように思われる。しかし、英語からヘブライ語に切り替わるスイッチについては、実効性のある理論を生み出せなかった。2人の会話は片言のヘブライ語を聞きかじるのに役に立ったかもしれない。

2人は何カ月もかけて論文を磨き上げた。ほとんどの学者にとって、研究でいちばん楽しいのは、着想を得る瞬間だ。実際に研究を進めるのも、それと同じくらいおもしろい。だが、論文を書くことを楽しんでいる人はまずいない。学者の書いた論文はたしかに冗長だ。しかし、多くの学者にとって、それはほめ言葉だ。文才をひけらかそうとするような書き方をすると、真剣に書いたと思ってもらえないし、そんなものを読み手がまともに取り合うはずもない。＊「プロスペクト理論」はけっして読みやすくはないが、論文の内容はきわめて明瞭でわかりやすい。それは2人が何度も繰り返し原稿を書き直したからであり、エイモスが「正しい方法でやろう」と言い続けたからである。

ダニエルと私はすぐ、研究センターの近くの丘を一緒に散歩するようになった。私たちは2人でただただおしゃべりをしながら丘を歩いたものである。ダニエルは経済学について何も知らないし、私は心理学について何も知らないため、私たちは会話を通じて互いに多くのことを学んだ。この青空勉強会は、他の研究者がどう考えているか、自分が考えていること

＊　もちろん例外はある。その当時で言えば、ジョージ・スティグラーやトーマス・シェリングはすばらしい文才の持ち主だった。

を相手にわかってもらうにはどうすればいいかということを理解する貴重な経験にもなった。

その好例が、仮定の質問の使用である。それまでのカーネマンとトヴェルスキーの研究はどれも、次に示すような単純なシナリオに依拠していた。「あなたは現在の富に上乗せして400ドルもらうと想像してください。では、確実に200ドル失うか、50%の確率で400ドル失い、50%の確率で何も失わないギャンブルをするか、どちらかを選ぶように言われたら、あなたはどちらを選びますか」（この状況ではほとんどの人がギャンブルを選ぶ）。カーネマンが著書『ファスト&スロー――あなたの意思はどのように決まるか？[2]』で楽しそうに説明しているとおり、2人はこうした思考実験をまず自分たちでやってみて、2人の意見が一致したら、他の人もおそらく同じだろうと暫定的に仮定した。そしてその後、主に学生の被験者に質問して、それを裏付けるデータを集めた。

経済学者は、仮定に基づく質問の答えを重視していないし、アンケート調査そのものをあまり信用していない。調査の対象者が自分ならこうするだろうと言うことより、人々が実際にしていることのほうが大事だと、経済学者は言う。カーネマンとトヴェルスキーはそうした反論があることをわかっていた。2人がこれまでに出会った懐疑的な経済学者たちに指摘されたのだろうが、選択の余地はなかった。プロスペクト理論の鍵となる予測は、人は利得よりも損失に敏感に反応する、というものである。しかし、被験者が実際に大損をするかもしれない実験をする許可をとるのは、まず不可能だ。実験に参加したいという人がいたとしても、人間を対象とする実験を審査する大学委員会がそれを認めないだろう。

最終的に出版されたプロスペクト理論の論文の中で、カーネマンとトヴェルスキーは、自分たちがとった方法を次のように擁護した。「基本的には、被験者に仮定の選択をさせる方法は、幾多の理論上の疑問を調査できる最も単純な手段となる。この方法を使うのは、人々は実際に選択をする状況で自分たちがどうふるまうのかだいたいわかっているという前提に立ったものであり、さらに、みずからの真の選好を偽る特別な理由がないという想定に基づいている」。要するに、被験者が自分が実際にどのような選択をするかを、完全ではないが満足のいく程度に正確に予測しているのに、被験者が示した選択が期待効用理論と矛盾するのであれば、期待効用理論が人のふるまいを正しく記述しているのかどうかについて、少なくとも疑義が生じるはずである、ということだ。

この弁護は学術誌の編集員は満足させたようだが、経済学者の間では疑念がずっとくすぶり続けた。プロスペクト理論が徐々に受け入れられるようになったのは、個人投資家からゲーム番組の出場者まで、大きな利害が懸《か》かっているときに人が現実にどのような選択をするかを観察できるさまざまな状況で、なぜそうしたふるまいをするのかを説明するのに役立つことが証明されたからだ。だが、このような理論を経済学者が考案できたとは、私には思えない。たとえ彼らが、カーネマンとトヴェルスキーの心理学的な洞察を与えられたとしてもだ。仮定に基づく質問に対して否定的な態度をとっていては、2人があぶり出した行動のニュアンスを読み解くことはできなかったのではないか。

人々に質問をしてその答えを分析するという2人の手法に、私は目の前が大きく開けたように感じた。それ以前は、「おかしな行動」リストにのっている事例は、ただの思考実験でしかなかった。しかし、仮定の質問をされた人は、直感に照らし合わせて、その行動が存在することを認めているのはまちがいないように見えた（もちろん、単純にそう感じただけである）。それに、その調査手法に権威がなくても、私個人の直感を調べるよりいいことはたしかだった。

数年後、それはこうやるんだというお手本を、2人の師がみずから示してくれた。2人は私のリストにある時計つきラジオとテレビの例をもとに、ジャケットと計算機を買う問題をつくり、あなたならどうするかと被験者に質問した。その質問は次のようなもので、カッコの中の数字を使うものと、角カッコの中の数字を使うものの2つのバージョンが用意された。

あなたはいま、ジャケットを（125ドル）〔15ドル〕で、計算機を（15ドル）〔125ドル〕で買おうとしています。すると計算機の販売員が、あなたが買いたいと思っている計算機が、別の支店で（10ドル）〔120ドル〕のセール価格で売っていると教えてくれました。そのお店は、いまいる場所から車で20分のところにあります。あなたはこの支店まで行きますか。

予想どおり、5ドル節約するために他の店まで車を走らせると答えた回答者は、安い買い物のほうが多かった。私が推測していたことが、データで裏付けられたのだ。私はすぐにこの方法も使い始めたが、頻度はそう高くはなかった。しかしそれから7年後、ダニエルと私が公正性を研究するプロジェクトに取り組んだときには、ほとんどこの手法だけに依拠することになる。この話は第14章で論じる。

私は、ダニエルと丘を散歩していないときは、NBERにこもってひたすら考え続けた。ヴィクター・フュックスは、必要以上に罪悪感をあおり自責の念に追い込むユダヤ系の母親の役割を引き受け、研究は進んでいるかと、ことあるごとに聞いてきた。私の前にパラドックスが立ちはだかった。自分がいま考えていることは大きなアイデアだと思っているのだが、研究は小さなステップを積み重ねながら進んでいく。ところが、どのステップがこの大きなアイデアを前進させるのか、私にはわからなかった。大きなアイデアがあるというのは、それ自体はすばらしいことなのだが、論文を発表しなければクビを切られてしまう。いまになって考えると、そのとき私が持っていたのは、サイエンスライターのスティーブン・ジョンソンが「ゆっくりとした直感」と呼ぶものだった。[3] ゆっくりとした直感は、突然電気がついたかのようにすべてが見えるようになる一瞬のひらめきとはちがう。むしろ、何か興味深いことがあるというぼんやりとした感覚、そんな遠くないところに何か大事なことが隠れているかもしれないという直感と言ったほうがいいかもしれない。困ったことに、この先は袋小路かもしれないが、それを確かめるすべはない。私には新しい世界の岸辺にたどり着いているような感触はあったのだが、それは、地図もなく、どこを見るべきかも、何か意味のあることが見つかるかどうかもまったくわからない世界だった。

カーネマンとトヴェルスキーが実験を行なっていたので、私も自然と、実験を行なうべきだと考えるようになった。そこで、実験経済学と呼ばれる、当時生まれたばかりの分野の創始者であるカリフォルニア工科大学（カルテック）のチャールズ・プロットと、当時はアリゾナ大学に在籍していたヴァーノン・スミスに連絡をとった。経済学者は伝統的に過去のデータを使って仮説をテストする。それに対し、スミスとプロットは、経済学のアイデアは実験室でテストできるという考えを実践し、広く普及させた人物である。私はまず、スミスに会いにツーソンへと向かった。

スミスが研究していたことは、少なくともその時点では、私がやろうとしていたものとはちがった。スミスとカーネマンがそれから何年も後にノーベル経済学賞を共同受賞したとき、私はある記者から受賞理由となった業績はそれぞれどうちがうのかと聞かれて、スミスは経済理論がいかにうまく機能するかを示そうとし、カーネマンは経済理論がいかにうまく機能しないかを示そうとしたと答えている。*

スミスは当時、みずからが**誘導価値**（induced value）と呼ぶものに基づく実験手法を使うことを提唱していた。この場合、本物の財を取引したり賭けをしたりするのではなく、トークンを用いる市場を想定し、被験者1人ひとりにトークンを配る。トークンにはその価値となる金額が書かれており、その情報は他の被験者には知らされない。[4] トークンの価値はそれぞれ異なり、私のトークンは8ドルで、あなたのトークンは4ドルということもある。実験の終わりまでトークンが手元に残っていたら、トークンに書かれている金額を実験の主催者から受け取る。スミスはこの手法を使って、需給分析などの経済原理をテストしていた。しかし、この手法には問題があると、私は懸念していた。あなたが店に行って、49ドルのジャケットを買うかどうか決めるとき、あなたはこのジャケットにこれだけ払ってもいいと思っていますと誰かに指示されることはない。あなたはそれを自分で判断しなければならず、その価値は、ジャケットの定価はいくらか、今月すでにどれだけ服を買っているか、たまたま還付金を受け取った直後であるかどうか、といったことがらに左右されるかもしれない。第16章で論じるが、それから何年も後に、トークンをマグカップに置き換えることによって、この手法に関する私の懸念をついにテストすることになる。

次に、ディズニーランドへの家族旅行にカルテックへの巡礼を組み込んで、チャールズ・プロットに会いに行った。プロットもこの分野を切り拓いた1人である（ノーベル賞をスミスと共同受賞していてもおかしくなかった）。カルテックの人間だからだろうが、プロットは自分がやっていることを好んで「風洞実験」に例えた。彼の関心は、経済学の基本原則が実験室で機能したことを示すよりも、市場のルールが変わったときに何が起こるかをテストすることのほうに向いていた。おしゃべり好きとはプロットのためにある言葉ではないかと

＊　私がこのように述べたのは、ノーベル委員会が受賞理由としてあげたスミスの初期の研究についてである。スミスはその後、実験でも資産価格バブルを起こすことができると証明するなど、もっと急進的な研究に打ち込んだ（Smith, Suchanek, and Gerry, 1998）。

思えるような人物で、温かく穏やかな心の持ち主でもあった。

スミスとプロットには親切にしてもらい、2人の人柄には感銘を受けたが、私は実験経済学を専門にする気はもちろん、そこに軸足を置くつもりすらなかった。私が研究したいのは「行動」であり、目的に合わせて研究手法を自由に選べるようにしておきたかった。実験をするのが行動を観察するベストな方法だと思われるときには実験を計画したし、人々に質問するだけということもあったが、自然な状態での人間の行動を研究したいとも思っていた――その方法を編み出せればの話だったが。

＊

スタンフォードにいる間に、私はこの新しい研究にすべてを賭ける覚悟を決めた。ポーカーでいうところの〝オールイン〟というやつだ。ロチェスター大学は、上級教授陣が伝統的な経済学の手法に深く傾倒しており、私にとっては理想的な環境とは言えなかったので、別の場所を探すことにした。*

大学教員の採用面接を受けるときには、教授研究室で研究論文をプレゼンし、そのプレゼンと論文の内容によって、職を得られるかどうかが決まる。私が「命の価値」についてシャーウィン・ローゼンと共同執筆した論文はすでにかなり広く知られていたし、そのトピックに関する追加研究についてプレゼンするという安全策をとることもできただろう。だが、私は正統から少し外れた考え方に寛容な環境を求めていたので、セルフコントロールやカシューナッツ問題などの経済学を扱った論文を提出した。そのうえで私を雇おうというところなら、少なくとも私がこれからやろうとしていることにそれほど偏見は持たれないだろうと思われた。幸い、コーネル大学とデューク大学から採用の通知が届き、最終的にコーネル大学に決めた。私は次の段階に進むために、ロチェスターから南に90マイル（約145キロ）移動することになった。

＊学界と関係のある人なら、経済学研究科の学生だった私がどうやってロチェスター大学のビジネススクールに職を得たのだろうと不思議に思っているかもしれない。アメリカの大学はふつう、自校の卒業生は雇わない。話せば長くなるのでかいつまんで説明すると、私は大学院生時代にビジネススクールで教えており、最初の就職話が土壇場で流れたときに、ビジネススクール学長のウィリアム・メクリングがつなぎとして1年間の任期で雇ってくれたのだが、結局、そのまま何年か居座ることになった、というしだいである。

第6章　大御所たちから受けた「棒打ち刑」

スタンフォードでの滞在期間のなかごろにコーネル大学の採用が決まり、1978年8月から勤めることになった。私がしなければならないことは2つあった。1つは、私が提案している新しいアプローチから何を学ぶことができるのかを示す研究を生み出すこと。もう1つは、私が自分の研究を発表するときは必ずと言っていいほど一蹴されるので、そうした批判に説得力のある反論をできるように準備しておくことである。これは研究を生み出すのと同じくらい重要なことだった。経済学者にはそれぞれに流儀というものがあり、自分のやり方を変えようとはしない。たとえそれが、いまある地位を長い年月をかけて築いてきたというだけの理由であってもだ。

その現実を思い知らされたのは、私が若い頃、自分の最近の研究について講演をしたある会議の場でのことだった。講演後の質疑応答の時間で、ある有名な経済学者がこう質問した。「あなたが言っていることを真剣に受け止めるなら、私はどうすればいいのでしょう。私のスキルは最適化問題を解決することなんですが」。私の言っていることが正しく、最適化モデルでは現実の人間の行動をうまく記述できないのであれば、この経済学者のツールキットは時代遅れになってしまうのだ。

こんな率直な反応が返ってくることはめずらしかった。私の話に関心を持ってくれる人がいたとしても、「あなたのやり方はここがまちがっている」「こんな大事なことを無視している」と説く人のほうが多かった。すぐにリストがもう1つでき上がった。『『おかしな行動』リストにのっているような行動を経済学者が無視しても害がない理由』リストがそれである。私は友人と話をするときには、批判的な質問を「棒打ち刑」と呼んでいた。私が自分の研究について講演するときはいつも、2列に並んだ人々がその間を走る罪人を棒でたたく中世の棒打ち刑を受けているような気分になったからだ。この章では、とくに重要な批判と、当時私が準備していた反論を解説していく。こうした議論はいまもある程度続いており、本書全体を通じて繰り返し登場することになる。

あたかも説

主な批判の1つが「あたかも」説である。手短に言うと、たとえ人は経済学者が解けると想定している複雑な問題を実際に計算して解くことはできなくても、「あたかも(as if)」解けるかのようにふるまう、というものだ。

「あたかも」批判を理解するために、経済学の歴史を少し振り返っておこう。経済学は第二次大戦後に一種の革命を経験した。ケネス・アロー、ジョン・ヒックス、ポール・サミュエルソンを中心とする経済学者が、経済理論を数学的に形式化する流れを加速させたのである。

経済主体は最適化行動をとり、市場は安定均衡に向かうという、経済学の2つの中心的な概念は変わっていなかったが、問題の最適解を明らかにする能力も、市場が均衡する条件を特定する能力も上がっていた。

その一例が、いわゆる「**企業理論**（theory of the firm）」だ。この理論を一言でいうなら、企業は利益（あるいは株価）を最大化するように行動する、ということになる。現代理論家がそれが何を意味するのかを厳密に研究し始めると、一部の経済学者が、現実の経営者にそんな問題は解けないと反論した。

わかりやすい例の1つが、「**限界分析**（marginal analysis）」と呼ばれるものである。利益を最大化しようとする企業は、限界費用が限界収益と等しくなるように価格と生産量を設定するという第4章の議論を思い出してほしい。この分析は、労働者を雇用するときにも当てはまる。労働者を1人増やしたときの費用が、その労働者が生み出す収益の増加分と等しくなるまで、企業は労働者を増やし続けるのである。こうした結論はとくにどうということはなさそうに思えるかもしれないが、1940年代後半、「現実」の経営者はほんとうにこのように行動するかどうか、という問題をめぐって、アメリカン・エコノミック・レビュー誌で論争が巻き起こった。[1]

口火を切ったのが、プリンストン大学経済学准教授のリチャード・レスターだ。レスターは大胆にも、製造業企業のオーナーに無作為に質問紙を送り、何人の労働者を雇って、どれだけ生産するかをどのように決めているか調べた。すると「限界収益に等しくする」に似たようなことをしていると回答した人はいなかった。まず、自社商品の価格の変化がもたらす影響や、従業員に支払う賃金が変化する可能性を考えているようには思えなかった。理論に反して、賃金の変化が雇用量や生産量に大きく影響するとは考えてはいないようだった。むしろ、自社商品を売れるだけ売ろうとし、需要の水準に合わせて労働力を増やしたり減らしたりしていた。レスターは論文をこう敢然と結んでいる。「本論文は、従来の限界理論の有効性、そして限界理論が拠って立つ前提に対して、重大な疑問を提起するものである」[2]

対する限界理論擁護派の急先鋒がフリッツ・マハループだった。当時はバッファロー大学に在籍していたが、その後、レスターのいるプリンストン大学に移った。きっとサシで論争を続けたかったのだろう。マハループは、経済学者は人々が自分たちがしていると言うことにはまったく興味がないとして、レスターのアンケート調査のデータをはねつけた。企業が限界費用と限界収益を明示的に計算する必要はないが、それでも、企業の行動は理論が予測する行動に近似するものとなるというのが、マハループの主張である。マハループはこれを、2車線の高速道路でトラックをいつ追い越すか判断するドライバーに例えて説明した。このドライバーはいっさい計算はしないが、それでもトラックを追い越す。企業幹部もそれとほとんど同じように意思決定をするというのだ。「企業の経営幹部は自分の勘や『感覚』だけで状況を判断し……（そして）人を増やすのは割に合うか合わないかを、おおよそのところでざっと〝当たりをつける〟」[3]。マハループはレスターのデータを厳しく批判したが、自分のデータは1つも示していない。

そうした中で、当時、頭角を現しつつあったミルトン・フリードマンが論争に加わる。学界に大きな影響を与えた小論「実証的経済学の方法論」で、仮定が現実的であるかどうかで理論を評価するのは馬鹿げていると論じた。重要なのは、理論の予測が正確であるかどうかだというのである（フリードマンは小論のタイトルに「実証的〔positive〕」という言葉を使っているが、これは規範的〔normative〕と対比するものとして用いられており、私が本書で「記述的〔descriptive〕」という言葉を使っているのと同じような意味合いである）。

フリードマンは自分の主張をわかりやすく伝えるために、マハループのドライバーの例えを熟達したビリヤードプレーヤーに置き換えて、次のように説明している。

> 熟達したビリヤードのプレーヤーは、あたかも玉の走るコースの最適な方向を決める複雑な数学の公式を知っていて、玉の位置を示す角度などを目で見て正確に見積もることができて、公式を使ってすばやく計算することができて、そこから公式が指し示す方向に玉を走らせることができるかのように玉を突くという仮説を立てれば、すぐれた予測が生まれるだろう。われわれがこの仮説を信頼しているのは、ビリヤードのプレーヤーが、たとえ熟達者だろうと、仮説に記述されたとおりの過程をたどる能力を持っているとか、実際にたどっていると確信しているからではない。そうではなく、彼らが何とかして事実上同じ結果に到達できなければ、熟達したビリヤードのプレーヤーではなくなってしまうだろうと確信しているからである。[4]

フリードマンは手練《てだ》れの論客であり、その主張には有無を言わさぬ説得力があった。当時の多くの経済学者が、これで問題は決着したと受け止めた。アメリカン・エコノミック・レビュー誌は論争を掲載するのをやめ、自分たちの仮定が「現実的」かどうかという心配から解放された経済学者は、これまで使っていたモデルへと戻った。すぐれた理論は、アンケート調査のデータを使うぐらいでは、たとえその理論の擁護者が独自のデータを提示しなくても、打ち負かすことができないということなのか。それから30年ほどたって、私が正統的ではない考えを持つようになり始めたときも、状況は変わっていなかった。今日でさえ、経済学のワークショップで標準理論に基づく予測と一致しない結果が発表されると、それを一蹴すべく、「あたかも」と小さくうなる声がもれ聞こえてくる。

幸い、カーネマンとトヴェルスキーが、「あたかも」問題に対する答えを提示していた。2人のヒューリスティクスとバイアスに関する研究も、プロスペクト理論に関する研究も、人は「あたかも」合理的経済モデルに従って選択しているかのように行動しないことを、はっきりと示した。カーネマンとトヴェルスキーのある実験の被験者が、別の選択肢に支配されている選択肢を選ぶ、つまり、あらゆる点で優る選択肢があるのにそれ以外の選択肢を選ぶとき、彼らは「あたかも」正しい判断をするかのように行動していたとはとても言えない。ロゼット教授のワインの買い方も、合理的だとはとても言えない。

私は心から尊敬するフリードマンに敬意を表して、初めて書いた行動経済学の論文に「消費者選択の実証的理論に向けて」というタイトルをつけた。論文の最後の項で、避けて通ることのできない「あたかも」問題への答えを詳細に論じている。私もビリヤードの例えから入った。主張の要点は、経済学は本来は万人のための理論であるべきで、専門家のためだけの理論ではないはずだ、というものだった。ビリヤードの専門家は、あたかもビリヤードに関連するすべての幾何学と物理学を知っているかのようにプレーするかもしれないが、バーでビリヤードをするふつうの人は、ほとんどがポケットのいちばん近くにあるボールに狙いを定めてショットし、たいてい外す。ふつうの人がどのように買い物するか、どのように老後のお金を貯めるか、どのように仕事を探すか、あるいはどのように夕食をつくるか、といったことを理解するのに役立つ理論をつくるのであれば、人はあたかも専門家であるかのようにふるまうと仮定しないほうがいい。私たちはグランドマスターのようにチェスをしたり、ウォーレン・バフェットのように投資をしたり、料理の鉄人のように料理をしたりしない。「あたかも」そんな人たちであるかのようにふるまうことさえしない。むしろ私たちはウォーレン・バフェットのように料理をすると言ったほうが現実に近いだろう（本人の好物はデイリークイーンのソフトクリームだ）。しかし、「あたかも」批判に対して気の利いた反論をしても、それだけではとうてい足りなかった。議論に勝つには、経済学者を説得する確固とした実証的な証拠が必要だった。

いまでも、経済学の世界で「調査から得た証拠」という言葉が登場するときには、必ずと言ってよいほど「単なる（mere）」という枕詞がつく。「mere」は「sneer（嘲笑）」と韻を踏んでいるのだ。こんなあしざまな言いようは、まったく非科学的だ。投票行動調査データは、有権者に投票に行くかどうか、誰に投票するか質問し、その結果を集計したものにすぎない。それをネイト・シルバーのようなデータ分析の達人が細心の注意を払って使うと、びっくりするくらい正確な選挙予測がはじき出される。何よりおもしろいのは、経済学者はアンケート調査に否定的なのに、重要なマクロ経済変数は、個人に対するアンケート調査から算出されているものが多いのだ。

たとえばアメリカでは、毎月発表される最新の「雇用」統計にマスコミは一喜一憂し、テレビのニュース番組では、しかめっ面をしたエコノミストが数値をどう解釈すればいいか講釈をたれる。その数値はどこから来るのだろう。アメリカの雇用統計は、国勢調査局が行なうアンケート調査をもとにつくられる。マクロ経済モデルの重要な変数の１つである失業率も、仕事を探しているかどうかを尋ねるアンケート調査から算出される。それなのに、公表された失業率のデータを使うことは、不作法だとはされていない。どうやら経済学者は、学者が自分で集計したアンケート調査のデータでなければ信用するらしい。

しかし１９８０年の時点では、アンケート調査では「あたかも」批判を封じ込められそうになかった。実際の選択で誤ったふるまいが起きることを実証するためのたしかなデータが必要だった。

インセンティブ説

経済学者はインセンティブをとても重視する。人は、意思決定に関わる利害の規模が大きくなると、問題をもっと真剣に考えたり、助けを求めたり、解決するために必要なことをしたりするインセンティブが強く働くようになるというのだ。カーネマンとトヴェルスキーの実験は、被験者が自分のお金を賭けずにするのがふつうだったので、経済学者にしてみれば、それは無視してもいいものだった。それに、ラボ実験に現実のインセンティブが導入されたとしても、金額はたいてい小さく、せいぜい数ドル程度だった。経済学の定説では、懸かっている金額が大きくなれば、人は正しい判断をするとされていた。この主張を裏付ける証拠はないが、固くそう信じられていた。経済学の理論も慣行も、経済学は利害の大きな問題だけに適用されるとは一言も示唆していなかったにもかかわらずだ。経済理論は、自動車を買う人にも、ポップコーンを買う人にも、同じように当てはまるものであるはずだ。

　この攻撃に対する初期の反証を提示したのが、カリフォルニア工科大学の2人の経済学者だった。1人はデヴィッド・グレーザー、そしてもう1人は、私の実験経済学の師の1人であるチャールズ・プロットだ。グレーザーとプロットは、私の心理学のメンターであるサラ・リキテンスタインとポール・スロヴィックが行なった研究を偶然見つけていた。リキテンスタインとスロヴィックは「選好の逆転」を発見していた。[5] この現象に経済学者たちは当惑した。簡単に言うと、被験者は「選択肢Aを選択肢Bより選好する」と言うように誘導されただけでなく、「BをAより選好する」と言うようにも誘導されたのだ。

この発見は、経済学のすべての形式的理論が拠って立つ土台を揺るがすものだった。標準的な経済学では、人は「明確に定義された選好」を有するとされている。平たく言うと、人の好みは一定で変化しないということだ。あなたが柔らかいマットレスを好きだろうと、硬いマットレスを好きだろうと、経済学者はまったく気にしないが、柔らかいマットレスよりも硬いマットレスのほうが好きだと言ったが、やっぱり硬いマットレスよりも柔らかいマットレスのほうがいいと言ったりすることは、許せない。それではだめなのだ。選好順序は変わらないとする前提を捨てるしかなくなったら、経済理論の教科書は1ページ目で止まってしまう。選好が一定でなければ、何も最適化することができないからである。

リキテンスタインとスロヴィックは、2種類の賭けを使った実験をして、選好の逆転を引き出した。被験者は、ほぼ確実な賭け（「97%の確率で10ドルもらえる」）と、リスクの大きい賭け（「37%の確率で30ドルもらえる」）の2つの選択肢を示されて、どちらかを選ぶように指示された。2人は確実性の高い（high probability）選択肢を「p」ベットと呼び、リスクの大きい選択肢を、より多くの賞金を手に入れる可能性があることから「$」ベットと呼んだ。最初に、あなたならどちらを選ぶかと被験者に質問した。すると、ほとんどの人がpベットを選んだ。ほぼ確実に賞金を獲得できるほうがよいからだ。この選択肢を選んだ人は、賞金よりも確実性を好んでいることになる。次に、pベットを選んだ被験者にこう質問した。「あなたはpベットに参加する権利を所有していたとします。あなたはいくら以上ならそれを売ってもいいと思いますか」。$ベットを選んだ人にも、同じ質問をした。不思議なことに、被験者の大多数が要求した金額は、pベットを手放すときよりも、$ベットを手放すときのほうが高かった。それは$ベットにより高い価値を認めたということだ。しかしこれだと、被験者は$ベットよりもpベットを選好し、かつ、pベットよりも$ベットを選好していることになる。それは経済理論に対する冒瀆だ。

グレーザーとプロットは、どうしてこのような不可思議な結果が出るのか、その理由を知りたいと思った。2人が立てた仮説の中で、いちばん有力だったのがインセンティブだった。*本物のお金を賭ければ、こんなナンセンスな現象は止まるだろうと、2人は推測した。そこで、現金を使った実験をしたが、選好の逆転の頻度と度合いはむしろ高まり、2人は驚いた。金額が大きくなると、現象がより顕著になったのだ。[6]

これでインセンティブ説が完全に否定されたわけではない。しかし少なくとも、お金が絡んでくれれば経済理論のとおりになるという経済学者たちの主張に疑問を投げかける論文が1つあったのである。そして後で見るように、実験的証拠の有効性をめぐる論争で、このテーマは何度も登場することになる。

学習説

カーネマンとトヴェルスキーの実験スタイルは、「1回限り」のゲームだと非難されることが多かった。「現実の世界」では人には学ぶ機会があると、経済学者は主張した。その主張は納得がいく。私たちは最初から車をうまく運転できるわけではない。しかしほとんどの人は、しょっちゅう事故を起こすこともなく、車を上手に運転できるようになる。頭の切れる心理学者なら実験室にいる人に判断ミスをさせるような質問をひねり出せるのは事実だが、だからといって、「現実の世界」で同じまちがいをするとは限らない（実験室は現実の世界ではないと考えられている）。現実の世界では、意思決定の訓練を積む時間がたくさんあるので、ラボ実験でするようなまちがいはしないだろう。

問題は、私たちはみんな、ビル・マーレーの映画「恋はデジャ・ブ」のような世界に住んでいると前提されていることだ。ビル・マーレー演じる主人公は2月2日に退屈な1日を終えて眠りにつく。ところが翌朝目を覚ますと、その日はまたしても2月2日だったのだ。それからずっと、朝目覚めると、同じ2月2日を迎えることになる。それに気づいた主人公は、物事を1つひとつ変えていって、その結果どうなるか確かめながら、学習していく。現実の生活はそんなふうにいつも条件が同じではない。それはありがたいことではあるのだが、しかしそのせいで、学習するのは難しい。

＊　2人は、ラスベガスのカジノで本物のお金を使って行なった自分たちの調査結果がLichtenstein and Slovic（1973）で再現されていたにもかかわらず、この仮説を選好した。2人がこの証拠をはねつけたのは、2人が示したもう1つの仮説によって説明がつく。心理学者は実験の参加者を騙す操作をすることは知られており、実験をする者が心理学者だというだけで逆の結果が得られる可能性についても論文の中で検討している。言うまでもなく、2人の論文を偶然読んだ心理学者には、この仮説はとうてい受け入れられるものではなかった。

心理学者によれば、経験から学ぶには2つの要素が求められるという。頻繁に反復練習できることと、すぐにフィードバックが返ってくることだ。自転車の乗り方や、自動車の運転のしかたを学ぶときがその例になる。そうした状況では、何度か失敗することはあるだろうが、経験を積みながら学んでいく。だが、人生の問題の多くは、経験から学ぶ機会がない。この事実は興味深い問題をはらむ。学習説とインセンティブ説は、ある程度矛盾することになるからだ。このアイデアが初めて浮かんだのは、イギリスのゲーム理論家、ケン・ビンモアと公開討論のようなものをしたときのことだった。

あるとき大学院生を対象とする学術会議があり、そこでビンモアと私はそれぞれ1日に1回ずつ講義をしていた。私は行動経済学の新しい発見について話した。ビンモアはそれとは関係のない研究について発表していたのだが、ビンモアはこの機会を利用して、自分の講義の冒頭に、前日の私の講義に応酬したのである。私の1回目の講義が終わった後、ビンモアは次のような「少額」批判を展開した。もし私がスーパーマーケットを経営していたなら、彼の研究を参考にしたいと思うだろう。なぜなら、安い買い物のときは、彼が研究したことが重要になるかもしれないからだ。しかし、もしも私が自動車の販売店を経営していたなら、彼の研究はほとんど意味をなさないだろう。金額が大きくなると、人は正しい判断をするのだから——。

次の日私は、いまでは彼の名前をとって「ビンモアの連続体」と呼んでいるものについて話した。私は黒板に、購入頻度が高い順に左から右に商品を書いていった。いちばん左に食堂のランチ（毎日）と書き、その隣に牛乳とパン（週2回）というふうに始まって、セーター、自動車、家、キャリアの選択、配偶者（ほとんどの人は一生のうち多くても2回か3回）と進んでいく。注目してほしいのはこの流れだ。私たちは小さなことは何度も繰り返すので、正しい選択をするようになるが、家や住宅ローンや職業を選択するとなると、練習したり経験から学んだりする機会はあまりない。老後の生活資金を貯めることにいたっては、生まれ変わることがなければ、そうする機会は一生で1回きりだ。ビンモアは問題を取り違えていた。学習するには練習する必要があるのだから、利害が大きいときよりも利害が小さいときのほうが、正しい判断ができることになる。だとすれば、どちらの立場をとるか、決めなければいけなくなる。学習が重要であると言うなら、利害が大きくなるにつれて、意思決定の質は下がることになってしまう。

競争説

棒打ち刑の反論の中でいちばん重要なものは、市場に関連した反論である。この議論にエイモスが初めて加わった瞬間をよく覚えている。それは、私が教えていたロチェスター大学ビジネススクールが誇る知性、マイケル・ジェンセンが開いた学術会議の夕食会でのことだった。当時のジェンセンは、合理的選択モデルと金融市場の効率性の熱烈な信奉者だった（その後、ジェンセンの見解はさまざまな点で変わっている）。私が思うに、ジェンセンはこの会議を機にカーネマンとトヴェルスキーをめぐる騒動の本質を明らかにして、わけのわからないことを言う2人の心理学者の誤りを正そうとしていたのではないだろうか。

会話の途中で、エイモスはジェンセンに質問した。私の妻は不合理な意思決定をするのだが、なぜそんなことをするのか。高級車を買ったのに、車をぶつけてしまうのが怖くて運転しないといったトヴェルスキー夫人の不合理な行動を、ジェンセンは見事に説明してみせた。するとエイモスは、今度は自分が教える学生たちについて質問し、ジェンセンは、あやつらは経済学の基本中の基本の概念をなかなか理解しないとぶつぶつ文句を言いながら、学生たちはこんな愚かなまちがいをしでかすとまくし立てた。ワインが進むにつれて、ジェンセンの舌はいよいよ滑らかになっていった。

そこで、エイモスは問題の核心に踏み込んだ。「マイク、君が知っている人のほとんど全員が、ごく単純な経済的な意思決定ですら正しい判断ができていないと、君は考えているようだ。それなのに、君のモデルの経済主体はみんな天才だと仮定されている。それはいったいどういうことなんだ」

するとジェンセンは平然と答えた。「エイモス、君はぜんぜんわかっていない」。そして、ジェンセンはその理由をとうとうと語り始めた。私はそのときにジェンセンが話したことは、ミルトン・フリードマンの主張だと考えているのだが、フリードマンの著作にそうした議論は見当たらない。しかし、当時のロチェスター大学では、「アンクル・ミルティ」（信奉者の間では、敬愛の気持ちを込めてこう呼ばれていた）の説だと考えられていた。その主張とはこんな感じである。「君の実験の被験者のように愚かなことをする人がいて、そうした人たちが競争的な市場で相互に作用し合わなければならなかったとすると、その場合には……」[7]

私はこれを、見えざる手ぶりと呼んでいる。自分の考えが正しいと相手を説得しようとする気持ちが強いと、身ぶり手ぶりが大きくなってしまうものだが、私の経験では、この主張をしているときに大きく手を振らなかった人は1人もいない。それにその主張は、アダム・スミスの「見えざる手」とも多少関係があると思われる。見えざる手の働きは誇張されているし、それが何であるかもよくわからない。[8]ともかく、どうしてかはわからないが、市場は誤ったふるまいをする人を規律に従わせるようにするとされている。市場が人々を合理的主体に変えるという結論を論理的に導くことはできないので、いきおい身ぶり手ぶりで相手を説き伏せなければいけなくなる。[9]あなたはサンクコストを意識していて、ボリュームたっぷりのディナーを食べた後に、デザートの料金を支払ってしまっているというだけで、こってりしたデザートをたいらげるとしよう。その結果、どうなるだろう。このまちがいを何度も繰り返せば多少太ってしまうかもしれないが、その点を除けば、何の問題もない。もし、損失を回避しようとしてかえって失敗してしまったら？　それは命にかかわるものだろうか。そんなことはない。あなたが新しい会社をつくったとしよう。あなたは自信過剰で、新しい会社の過半数が失敗するというのに、自分の会社が成功する確率は90％と踏んでいる。その場合、あなたはとんでもない意思決定をしたのに運に恵まれて成功するか、路頭に迷うかのいずれかになる。あるいは事業を続けることをあきらめて、会社をたたみ、また別のことをするようになるかもしれない。市場がどれだけ冷酷だろうと、あなたに合理的な判断をさせるようにすることはできない。それに、ごくまれな状況を除けば、合理的行為者モデルに従って行動しないからといって、命にかかわるようなことにはならない。

また、見えざる手ぶりがインセンティブ説と合体するときもある。大きな利害が懸かっていて、選択が難しいときには、人は専門家に助けを求めるという反論がそれだ。だが、利害が衝突せず、心から信頼できる専門家をいつも見つけられるとは限らない。老後の生活資金をどういうポートフォリオで築くかを自分で選択できないような人が、資産管理のアドバイザーや、住宅ローン会社、不動産仲介業者をちゃんと探せると考えるのは、理屈に合わない。魔法の薬を売りつけたり、ネズミ講を仕組んだりして大儲けした輩《やから》はごまんといても、「それを買うな」というアドバイスを売って大金持ちになった人などほとんどいない。

この議論には、次のような別バージョンもある。企業は競争圧力にさらされるので、たとえそれがヒューマンの経営する企業であり、経営の初心者ばかりでなかったとしても、利益を最大化することをめざさざるをえなくなる、というものだ。もちろん、この議論に根拠がないわけではない。しかし、私の見たところ、その指摘は誇張されている。私はこれまで、ゼネラル・モーターズ（ＧＭ）は経営状態が良好な優良企業だと専門家が評価したのを見た記憶はまったくない。だが、ＧＭは経営に深刻な問題を抱えながら何十年も生き長らえ、そのほとんどの間、世界第1位の自動車メーカーの座にもあった。金融危機後の２００９年にグローバル経済の舞台から姿を消してもおかしくない状況にまで追い詰められたが、政府が救済したことで、いまもトヨタ自動車に僅差で続き、フォルクスワーゲンとしのぎを削る世界第2位の自動車メーカーとして君臨している。市場の競争圧力は効き目が表れるのに時間がかかるようだ。

公平を期するために言うと、ジェンセンの議論にはもっと筋道の通ったバージョンがある。人々の行動が市場によって合理的になるとは主張せずとも、どんなに市場にヒューマンがあふれていようが、価格は市場によって合理的になると訴えることもできる。この主張はいかにももっともらしいし、説得力があるとすら言えるが、残念ながらまちがっている。しかし、それがどのように、なぜまちがっているのかを説明すると長くなるので、この問題は第6部で扱うことにする。

行動経済学が成功するには、こうした疑問に答えを出す必要があった。一部の問題では、この仕事はまだ続いている。だがいままでは、反論に反論で返すのではなく、大きな利害が関わっているときに現実の人間は市場でどのように相互作用しているかを示す研究を提示することができる。見えざる手ぶりがいちばん効きそうな金融市場も、その例外ではない。

＊

1978年秋、棒打ち刑を心にとどめながら、私はニューヨーク州イサカにあるコーネル大学に着任した。イサカは片田舎の小さな町だ。冬は長く、雪がたくさん降るので、やることはほとんどない。仕事をするにはうってつけの場所だった。

カリフォルニアにいる間に、私は何とか論文を2本仕上げていた。1つはおかしな行動リストについてくわしく述べたもの、もう1つは「セルフコントロールの経済理論」と題したものだった。[11]論文を書くのは苦労しなかったが、それを出版させるとなると、また別の話になる。前に触れた、私が初めて書いた行動経済学の論文「消費者選択の実証的理論に向けて」は、6つだか7つだかの主要な学術誌に掲載を却下された。正確な数は記憶の底に封印してある。いま考えると、それも当然だと思える。この論文には、アイデアはたくさんあるが、それを裏付けるたしかな証拠はほとんどない。却下の通知が送られてくるときには、査読者の報告書も添付されてくる。たいてい容赦のないコメントが書かれていて、それを次の修正に取り入れようと努力はするのだが、前進しているという手応えはまったくなかった。

どこかの時点でこの論文を出版させなければ、一歩も先に進むことはできなかった。折よく、旧弊にとらわれない2人の経済学者が、ジャーナル・オブ・エコノミック・ビヘイビア・アンド・オーガニゼーションという新しい学術誌を刊行しようとしていた。2人は論文が集まるかどうか心配しているだろうと踏んで論文を送ったところ、創刊号に掲載してもらえた。誰も耳にしたことがないような雑誌ではあったが、ようやく私の行動経済学の論文が初めて出版されたのだった。

私がこのまま学術の世界に身を置き、コーネル大学のように研究に力を入れている大学で終身在職権を獲得するには、権威ある学術誌に論文が何本も掲載されるようにならなければいけなかった。私がカリフォルニアから持ち帰ってきた大きな研究テーマは2つあった。1つは、消費、貯蓄といった家計の金銭的な行動に関する人間の心理を理解することだ。この研究は、現在ではメンタル・アカウンティングと呼ばれるようになっている。もう1つはセルフコントロール、もっと一般的に言うと、現在と将来の間の選択だった。次の第2部と第3部では、この2つのトピックを取り上げる。

第2部　メンタル・アカウンティングで行動を読み解く

1979～85年

カリフォルニアでともに1年を過ごした後、エイモス・トヴェルスキーとダニエル・カーネマンは共同研究を続け、私は学術会議でたまに2人に会う程度になった。2人は「プロスペクト理論」の追跡研究を進める一方、私は消費者の選択行動について考え続けていた。しかし、彼らも私も考えているトピックが1つあった。一言でいうと、「人はお金についてどう考えているのか」というものだ。私たちはこの研究をほとんど別々に進めていた。私は当初、このプロセスを「サイコロジカル・アカウンティング（psychological accounting）」と呼んでいたが、その後、このトピックについて書かれた論文の中で、エイモスとダニエルが「メンタル・アカウンティング（mental accounting）」に呼び方を変え、私もそれに従った。[1]

それからずっと、私はメンタル・アカウンティングについて考えて、書いて、語り続けている。いまも昔も変わらず、とても魅力的でやりがいのある刺激的なテーマであり、私にとっては世の中を理解するためのレンズだ。この後のいくつかの章でメンタル・アカウンティングの基本原理を解説するが、このトピックはその後も繰り返し登場する。メンタル・アカウンティングという考え方には伝染性がある。あなたもすぐ、こんな言葉が口をついて出るようになるだろう。「ああ、これはただ単にメンタル・アカウンティングの問題だ」

第7章　お得感とぼったくり感

私の友人であるマヤ・バー＝ヒレルは、ダブルベッドのカバーに使うキルトを買おうとしていた。店に出かけると、気に入ったキルトがセールになっていた。定価はキングサイズが300ドル、クイーンサイズが250ドル、ダブルサイズが200ドルだったが、それがこの1週間だけ、全サイズ150ドルで提供されていた。マヤは誘惑に勝てず、キングサイズを手に入れた。

メンタル・アカウンティングの話に入る前に、経済学における消費者行動の理論の基本を説明しておこう。保有効果の議論を思い出してほしいのだが、経済的な意思決定はすべて、機会費用というレンズを通じて下される。あなたが今夜、ディナーと映画を楽しむとすると、そのコストは実際に支出した金銭だけでは測れない。その時間とお金で他にどんなことができたのか、ということにも左右される。

あなたは機会費用の考え方をわかっていて、1000ドルで売ることができる観戦チケットを持っているとすると、そのチケットにいくら払ったかは重要ではない。試合を観に行くことのコストとは、試合を観に行かなかった場合にその1000ドルを使ってできたであろうことである。そのお金の使い方の選択肢を考えられるだけ考えて、試合を観に行くことが最善の選択である場合だけ、そうするべきだ。10ドルの映画を100本観るよりもいいのか？　よれよれの服を買い換えるよりも？　まさかのときのためのお金や、晴れた週末にどこかに出かけるためのお金を貯めるよりも？　この分析は、お金にまつわる意思決定に限らず、幅広く応用できる。あなたがある日の午後を読書して過ごすとしたら、その時間を使ってできていたであろうすべてのことが、機会費用となる。

消費者選択の規範的理論では、このように考えるのが正しい。エコンはそうしているし、理論上では、私たちは全員、物事をほとんどいつも、このように考えようとしなければいけない。ところが、あらゆる意思決定をこうやってしようとすると、何もできなくなってしまう。1000ドルの使い道が無限にある中で、私がいちばんしあわせになれる使い道をいったいどうやって選べばいいのだろう。この問題は複雑すぎて、誰にも答えは出せない。ふつうの消費者がこんなふうに考えているとみなすのは現実的ではない。それに近い考え方をする人さえ、ほとんどいない。先の1000ドルのチケット問題では、多くの人は2つか3つの選択肢しか考えないだろう。私の場合、試合はテレビで観ることにすれば、そのお金でプロビデンスにいる娘に会いに行くこともできる。そのほうがいい選択になるのだろうか。しかし、そのお金の最善の使い道を決定するのは、私はもちろん、誰にだってできるようなことではないし、答えに近づくことすら無理だ。*

だとしたら人々はどうしているのだろう。消費者の意思決定に関するこのような側面をどう研究すればいいか、私にはわからなかった。そこで、学生を雇って、地元の家庭に聞き取り調査し、そこから現実の人間がどうするのかということについて何を学べるか、確かめることにした。調査対象は下位中間層の家庭に絞った。予算が少ないときのほうが、消費決定の重みがぐっと増すからだ。

聞き取り調査をする際には、参加者に話したいだけ話をしてもらうようにした（参加者への謝礼は時間に関係なく一定だったが、中には何時間も話をする人もいた）。調査のターゲットは、家計を管理している人だった。結婚している夫婦の場合、たいていは妻が財布のひもを握っていた。この調査の目的は論文を書くためのデータを集めることではない。家計を管理することを人々がどう考えているのか、全体の印象をつかめればいいと考えていた。アダム・スミスがピン工場を視察して、製造業がどう機能しているか確かめたことは有名である。これは私のピン工場だった。この聞き取り調査のおかげで、人々が実際にどう考えているのか、現実に即して考えることができるようになり、その後の私のメンタル・アカウンティング研究に大きな影響を与えた。

第1の疑問は、おかしな行動リストをつくっていた当時からずっと考えていたことだった。「費用はいつ損失になるのか」だ。この問題はずっと頭にあったのだが、プロスペクト理論を〝発見〟したことで、興味がますますわいた。価値関数は損失回避性を示していることを思い出してほしい。ゼロを起点とする2つの曲線は、損失を表す関数と利得を表す関数の傾きを比べると、損失のほうが傾きがきつい。損失の苦痛は利益を得たときの喜びの2倍強く感じられるということだ。そうだとすると、こんな疑問が浮かぶ。5ドル出してサンドイッチを買うと、5ドル損したように感じるのだろうか。いつもしている定型的な取引であれば、答えははっきりしている。ノーだ。だいいち、そんなふうに考えていたらみじめな気分になる。損失は利得の2倍の重みを持つので、この会計方式だと、5ドル札2枚を10ドル札1枚と交換しても損失とみなされることになる。5ドル札を失う痛みは、10ドル札を受け取ることで得られる喜びよりも大きいからだ。となれば、あなたが買い物をするときには、実際に

＊意外かもしれないが、機会費用についてこれにいちばん近い考え方をしているのが貧しい人たちなのである。センディル・ムッライナタン、エルダー・シャフィールは、近著『いつも「時間がない」あなたに――欠乏の行動経済学』（Sendhil Mullainathan and Eldar Shafir, *Scarcity*, 2013）で、これについて、裕福な人よりも貧しい人のほうがエコンに近いふるまいをするようになるのは、機会費用がはっきりと目に見えるからにすぎないと報告している。１００ドルの臨時収入があったら、それで公共料金の未払い分を支払ったり、小さくなった子どもの靴を買い換えたりできるのであれば、機会費用が頭の中で前面に出てくる。しかし、機会費用のことがいつも頭から離れないようだと、視野が狭くなって、まちがいを犯しやすくなる。今月の家賃をどう工面しようかとずっと心配していなければいけない状態にあるようでは、払わなければいけない勘定すべてに気を配るのが難しくなり、そのせいで、給料を担保にした高利のローンを組んでおきながらもそれを借り換えるといった、貧しい人がする悪い意思決定をやってしまいがちになる。

は何が起きているのだろう。あの特大サイズのキルトを買ったとき、マヤはいったい何を考えていたのだろう。

私は最終的に、消費者の効用を**獲得効用**（acquisition utility）と**取引効用**（transaction utility）の2種類に分けて定式化することにした。獲得効用は標準的な経済理論に基づくものであり、経済学における「**消費者余剰**（consumer surplus）」を表している。その名前から察しがつくように、財を消費して得られる効用から、その財を消費するためにあきらめなければならないものの機会費用を差し引いた残りである。エコンにとっては、獲得効用がすべてだ。消費者が買い物をするときに、それに対して市場価格を大きく上回る価値を見いだしてはじめて、大きな獲得効用が生まれる。のどがカラカラに渇いているときに、1ドルのミネラルウォーターのボトルを見つけたら、効用はぐんと跳ね上がる。そしてダブルベッドを持っているエコンにとっては、ちょうどよい大きさのキルトの獲得効用は、上下左右50センチ以上も床に引きずってしまうキルトの獲得効用よりも大きいだろう。

ひるがえって、ヒューマンは買い物をするときにもう1つ別の側面も重視する。取引の損得感だ。それが取引効用である。取引効用は、ある財を購入するときに実際に支払った価格と、通常支払うと予想される価格（**参照価格**〔reference price〕）の差と定義される。いま、あなたがスポーツイベントの会場にいるとしよう。そこでいつも昼ご飯に食べているものとまったく同じサンドイッチを買うが、価格は3倍もする。サンドイッチは最高だが、取引は最低だ。このときには負の取引効用、つまり「ぼったくり感」が生まれる。これに対し、サンドイッチの価格が参照価格より低ければ、取引効用はプラスになり、「お得感」が生まれる。特大サイズのキルトが小さいサイズのキルトと同じ価格で売られていたマヤの例がそうだ。

この概念をわかってもらうために、質問調査の例を1つ紹介しよう。MBAプログラムの受講者のうち、ビールをよく飲むという人を2つのグループに分けて、次の問題に答えてもらった。問題のシナリオには2つのバージョンがあり、一方のグループはカッコで表されたものが見せられ、もう一方のグループには角カッコで表示したものが示された。

あなたは暑い日にビーチで寝そべっています。手元にある飲み物は、冷たい水だけです。この1時間、頭に浮かぶのはキンキンに冷えたビールのことばかり。いつものお気に入りのブランドのビールが1本あれば、どんなに幸せでしょう。そのとき、一緒に来ていた友人が立ち上がり、電話をかけに行くので、ついでに近くで1軒しかない売店（高級リゾートホテルのバーカウンター）［さびれた小さな商店］でビールを買ってきてくれると言いました。ビールは高いかもしれないので、いくらなら払うつもりかと訊かれます。あなたが払うと言った価格かそれ以下ならビールを買ってくるが、それ以上なら買わないというのです。あなたは友人を信頼しており、また、売り手の（バーテンダー）［店主］と値段の交渉はできません。あなたはいくらなら払うと言いますか。

この例は、経済学者から出されるだろうと予想される反論に備えて微調整されており、注目してほしい点がいくつかある。きわめて重要なのは、2つの状況における消費行動がまったく同じものであることだ。回答者はビーチでお気に入りのブランドのビールを飲もうとしている。ビールを買った店に入ったことはおろか、見たことさえないので、その雰囲気は、プラスであれマイナスであれ、消費していない。また、売り手とは値段をいっさい交渉できないようにすることで、回答者には真の選好を偽る理由がなくなる。経済学用語で言うと、この状況は**誘因両立的**（incentive compatible）である。

条件の説明はこれくらいにして、話のオチを明かそう。人はリゾートホテルで買ったビールには、商店で買ったビールよりも高いお金を払おうとするのである。回答の中央値*は、インフレ調整後で、ホテルが7・25ドル、商店が4・10ドルだった。

この実験の結果は、ビーチの同じ場所で消費される同じビールに払ってもいいと思う価格は、それを買った場所によって変わることを示している。回答者はなぜ、ビールを買った場所を気にするのだろう。理由の1つは、期待である。高級ホテルはどう見てもコストが非常に高いということもあって、ホテルのほうが値段は高いにちがいないと人々は覚悟する。リゾート地でビールに7ドルも払うのはしゃくだが、しかたない。しかし、さびれた商店でビールが7ドルもしたら怒りが爆発する。これが取引効用の基本となる考え方だ。

エコンは取引効用とは無縁である。財をどこで買ったかもSIF（無関係とされている要因）であり、意思決定には影響しないとされている。だからといってエコンはお得感を感じないわけではない。ビーチで誰かが10セントでビールを売っていたら、エコンでさえうれしくなるだろうが、そのうれしさはすべて獲得効用で表される。取引効用を感じる人は、取引の条件そのものから喜び（あるいは痛み）を得ている。

取引効用はプラスになることもマイナスになることもある。つまり、掘り出し物に出会うこともあれば、ひどくぼったくられることもあるので、経済厚生を高める買い物の妨《さまた》げになることもあれば、無駄遣いを招いてしまうこともある。ビーチのビールの例が物語るように、人は買うだけの値打ちがあるものを買わないように説得されてしまうときがある。たとえば、デニスは商店のビールなら4ドルしか払わないが、ホテルのビールなら7ドル出すと言ったとしよう。デニスの友達のトムが、商店でビールを5ドルで買ったが、デニスにはホテルで買ったと伝えれば、デニスの効用はさらに大きくなるだろう。そうして取引はまとまり、デニスはビールを飲む。だが、デニスはビールに必要以上のお金を支払いたくないので、ビールを商店で買ったと言われたら、当然、この取引には同意しない。

少なくとも何不自由なく暮らしている人にとっては、負の取引効用によって一生の想い出になる特別な経験を消費するのをやめることがあっても、それは記憶に残らないし、どれだ

＊中央値とは、すべてのデータを順に並べたときにちょうど真ん中にくる値を意味する統計学用語である。すべての回答を高い順に並べた場合の中央値は、それより高い答えの数とそれより低い答えの数が同数となる値である。

け割高だったかについては記憶の彼方に葬り去られる。その反面、掘り出し物が見つかると、あまり価値のないものをついつい買ってしまいやすい。誰にだって「目玉商品」というだけで買ってしまってタンスのこやしになっている服があるし、ガレージや屋根裏部屋のどこかに「マヤのキルト」が必ず眠っている。

消費者はこんなふうに考えるので、売り手には、知覚される参照価格を操作して、「お買い得だ」と錯覚させるインセンティブが働く。何十年も使われてきた例が「希望小売価格」の表示である。これはほとんどが架空のもので、消費者を惑わせようとする売り手側の「希望参照価格」でしかない。アメリカでは、いつも安売りされているように見える商品がある。ラグやマットレスがそうだし、一部の小売店では、男性用スーツがそうだ。このような形で売られている財には、共通する2つの特徴がある。頻繁に買うようなものではないこと、そして、質を評価するのが難しいことである。頻繁に買わないものだと、消費者はいつもセールが行なわれていることに気づきにくい。新しいマットレスを買おうと店に行って、それがたまたまセールの週だったら、ほとんどの人にとってはうれしい驚きだ。そして、マットレスのように商品の質を評価するのが難しいときだと、希望小売価格は一石二鳥の役目を果たす。質が高いことをそれとなく示す（したがって買い手の獲得効用が高くなる）と同時に、この商品は「セール」になっているので、いまこれを買ったら取引効用を獲得できますよと、暗に伝えることができる。

買い物客は、取引効用から得られるスリルにはまりがちである。いつも値引きしていることとで知られる小売店が安売り路線から転換しようとすると苦労するはずだ。一部の小売企業が長年にわたって「いつでも低価格」を売りに顧客を呼び込もうとしているが、こうした実験はたいてい失敗する。* ほとんど気づかないようなわずかな金額をちまちまと節約するより、掘り出し物を見つけるほうが楽しい。

頻繁にセールをする悪しき慣習を絶とうとして失敗したアメリカの小売店はいくつもある。その代表格が、メイシーズとJCペニーだ。[1] メイシーズは２００６〜07年にイメージの刷新を図り、割引戦略としてのクーポンを問題視して、クーポンの利用を減らそうとした。クーポンはJCペニーやコールズなどの中間価格帯の百貨店というイメージに直結するため、ブランドイメージを損なうと店側は考えていた。他州に拠点を置く百貨店チェーンを買収してはメイシーズの店舗に置き換えていくと、２００７年春にクーポンの発行を２００６年春に比べて30%減らした。これが顧客には不評で、売上高は激減、メイシーズはすぐに方針を撤回し、その年のクリスマスシーズンまでにクーポンの発行量を元の水準に戻すと約束した。

JCペニーも、２０１２年の一時期、いつでも低価格路線を追求して、クーポンの発行量

＊　アメリカのスーパーマーケットは商圏にウォルマートが進出してくるとどこも打撃を受けるが、頻繁にセールをする特売価格戦略を使うスーパーは、ウォルマートのように「いつでも低価格」戦略をとるスーパーに比べて、売上高も長期生存率もかなり高かったことが、最近の調査で明らかになっている（Ellickson, Misra, and Nair, 2012）。

を減らした。ロン・ジョンソンCEOは、驚くほど率直なプレスリリースを発表し、定価の取引は売上高の1％に満たないと明かしたうえで、ジョンソンが「偽の価格」と呼ぶ、ありもしない希望小売価格を表示することをやめ、価格体系をもっと簡素化すると発表した。[2] クーポンを通じた伝統的な値下げを廃止し、さらに、末尾が99セントで終わる端数価格をなくして、最も近いドル単位の価格に切り上げるというのである。これまでの方法とは大きく変わるが、消費者が支払う最終価格は実質的に変わらないと、JCペニーは主張した。[3]

新しい価格設定になっても消費者が支払う金額は増えないというのは、たしかにそうなのだろうが、JCペニーは、さまざまな取引効用を見落としていた。10ドルを払うのではなく、そのちょっと〝下〟の9ドル99セントを払う瞬間の、あのお得感までなくなってしまったのだ。結局、この実験は失敗に終わった。2012年に改革が始まると、JCペニーの売上高は激減し、株価は急落した。1年後、ジョンソンはCEOの座を追われ、クーポンがJCペニーの顧客の手に戻った。[4] しかし、2014年の時点では売上高はまだ回復していない。希望小売価格は、取引効用から得られる喜びの大きな源泉であるのに、それが偽りだったとCEOがぶちまけたことが、不興をかったのだろう。

鋭い読者、そして鋭い買い物客なら、じゃあウォルマートやコストコのような大型ディスカウントストアはどうなんだ、と思うかもしれない。こうした小売企業は「いつでも低価格」路線で成功しているし、値引き前の価格を明示していないところもある。だが、取引効用は失われていない。まったく逆だ。顧客にとっては店に買い物に行って掘り出し物を見つけることが楽しみの1つになっており、店側もそうしたイメージをあえて前面に打ち出している。ウォルマートは、徹底的に低価格を追求する一方で、従来の最低価格保証サービスに代わる新しいスマートフォンアプリ「セービングキャッチャー」[5]も導入している。ウォルマートで買い物したレシートをスキャンするだけで、同じ商品を他店がウォルマートより安い価格で売っていたら、差額分を自動的にキャッシュバックするという仕組みだ。メイシーズやJCペニーがワンランク上の買い物体験を提供するという野心を放棄しようと思わない限り、低価格路線に徹して顧客に大きな取引効用を提供しているこうした小売店には太刀打ちできないだろう。

消費者がお買い得品を探すのは悪いことではない。あるものを安く買えれば、その分で別のものを買えるようになる。しかし、安いというだけの理由で使いもしないものを買ってしまうようなことはしたくないと、誰もが思っている。そのため、消費者はいい買い物をしたいと考えているという認識に立つことが、企業にとっては大事になる。セールだろうと低価格だろうと、魅力的な取引を提供すれば、顧客はそれに引き寄せられる。コストコは低価格を売りにしている倉庫型ディスカウントストアだが、店の駐車場にはいつも高級車がずらりと並んでいる。裕福な顧客でさえ、取引効用のスリルを求めているのである。

第8章　サンクコストは無視できない

ヴィンスは1000ドルの会費を払ってインドアテニスクラブに入会し、インドアシーズンに週1回テニスをするようになった。ところが2カ月後、テニス肘《ひじ》になってしまい、テニスをすると肘が痛むようになった。それでも会費を無駄にしたくなかったので、痛みをこらえて3カ月間プレーし続けた。やがて我慢できないくらい痛みがひどくなり、ヴィンスはようやくテニスクラブに通うのをやめた。

ある金額をすでに使ってしまって、もう取り戻せないお金のことを、「サンクコスト」と言う。サンクとは「埋没した」という意味で、平たく言うと「消えてなくなった」ということである。経済学者はサンクコストは無視しろとアドバイスする。昔のことわざで言うところの「覆水盆に返らず」や「過ぎたことは水に流せ」というやつだ。しかし、それが難しい。猛吹雪の中を運転してバスケットボールの試合を観に行こうとするおかしな行動リストの例や、テニス肘になったヴィンスの話が、それを雄弁に物語っている。

問題を明確にするために、ヴィンスが友人から別のテニスクラブ（無料）に入ろうと誘われたら、肘が痛いからやめておくと答えると仮定することにしよう。経済学用語で言えば、テニスをする効用はマイナスである。だが、すでに1000ドル払っていたので、ヴィンスはテニスを続ける。テニスをするたびに、満足度は下がっているように見える。なぜヴィンスはそんなことをするのだろう。私が答えを出そうとしたのが、この疑問である。

私は何年も前からサンクコストにしばられている人の例を集めていて、そうした事例は何十個も見つかっていた。その中に友人のジョイスの例がある。ジョイスは6歳になる娘のシンディと、学校に着ていく服のことでもめていた。シンディは、ワンピースはもう着ていきたくない、これからはパンツしかはかないと決めていた。ところが、ジョイスは娘の入学に合わせてワンピースを3着買っていたので、ワンピースを着せようとした。「せっかく買ったんだから、ワンピースを着なさい！」「ワンピースを着なきゃいけないんだったら学校なんか行かない！」と、来る日も来る日も親子のバトルが続いた。ジョイスはたぶん、「シンディ、あなたはお金のなる木があるとでも思ってるの？」とか、しょうもないことを言ったのではないだろうか。

私は2人の仲裁に入ることになり、経済学のロジックをジョイスに説明した。ワンピースに支払ったお金はもう戻ってこない。ワンピースを着たところで、お金を取り戻せるわけでもない。シンディがパンツしかはかないと決めたことで新しい服を購入する必要が生じない限り、シンディにワンピースを着るように言い続けたとしても、家計の収支が改善することにはつながらない。私の話を聞いて、ジョイスは喜んだ。娘とけんかするのはいやでしかたがなかったが、新しく買った3着のワンピースを「無駄」にすることに心の底から罪悪感を持っていたのだ。サンクコストを無視するのは完全に合理的であり、むしろそうしなければならないのだと経済学者が言ってくれれば、きっぱりとあきらめがつく。それからマヤ・バー＝ヒレルは私のことを、世界でただ1人の「臨床経済学者」と呼ぶようになった（マヤはあのキルトを買った後で、私の最初の患者になった）。

　私がその肩書きにふさわしいかどうかはさておき、ヒューマンはサンクコストにしばられやすいことに気づいていた経済学者は私だけではない。現に、この判断ミスはよくあるものなので、**サンクコストの錯誤**（sunk cost fallacy）という正式な名前がつけられており、基礎経済学の教科書にたいてい載っている。しかし、サンクコストを無視しろという助言に従うのは、実際にはとても難しい。サンクコストの概念を理解している人でさえそうなのだ。

　猛吹雪の中を運転して試合を観に行く、痛みをこらえてテニスをするといったまちがいは、エコンなら絶対にしない。サンクコストと意思決定をきちんと切り離して考える。だが、ヒューマンはサンクコストにいつまでもこだわるので、これもＳＩＦ（無関係とされている要因）になる。それは夕食やコンサートに限った話ではない。アメリカがベトナムで不毛な戦争を続けたのは、莫大な戦費を投入していたために撤退できなくなったからだと、多くの人が考えている。組織行動学教授のバリー・スタウは、彼が「立場固定」と呼ぶ傾向について書いた論文に「膝まで泥まみれ」というタイトルをつけた。[1] これはピート・シーガーというフォークシンガーの反戦ソングに由来している。[*] 新たに1000人の命が失われ、新たに10

億ドルが投入されるたびに、負けを認めて撤退することはどんどん難しくなっていったと、スタウは指摘する。このように、無関係とされている要因が非常に大きな重みを持つことがある。

なぜサンクコストが重要なのか。そしてなぜ、これまでやってきたことをこのまま続けなければならないと考えて、試合やコンサートを観に行ったり、不毛な戦争を続けたりしてしまうのだろう。前の第7章で見たように、ある商品を取引効用（あるいは不効用）をまったく生まない価格で買うとき、人はその購入価格を損失とは感じない。なにがしかのお金が支払われた後、商品を消費して獲得効用を得ると、その勘定は清算される。最初に投じたコストは、後で得られる利得によって相殺されるのである。しかし、あなたがあるイベントのチケットを買ってそれに行かなかったら、どうなるのだろう。

自分が行かないコンサートのチケットに100ドル払っていると、100ドル損したように強く感じる。チケットを買って、それを使わないと、心の中でつけている帳簿に「損失を計上」することになる。コンサートに行けば、損失を出さずにこの勘定を決済できる。同じように、すでにお金を支払っているものを使えば使うほど、その取引に対する満足感

＊　元になった歌のタイトルは「腰まで泥まみれ」である。歌詞は「膝まで泥まみれ」「腰まで泥まみれ」「首まで泥まみれ」と進んでいき、最初の決断を正当化しようとして深みにはまっていくようすが生々しく伝わってくる。

は高まる。ここで次のような思考実験をしてみよう。あなたは靴を買う。靴を買ったのはたぶんセールになっていたからで、定価のままだったら、それほど大きな取引効用は得られなかっただろう。ある日、その靴をはいてさっそうと出勤したが、昼には足が痛くなってしまう。痛みが引くまで足を休ませて、別の日にもう一度トライする。今度は夜しかはかなかったのに、まだ痛む。では、次の2つの質問に答えてほしい。この靴が足になじむことはないと仮定すると、靴を捨てるまでにあと何回、はいてみるか。そして、その靴をはくのをやめた後、捨てるかチャリティーに寄付するまでに、どれくらいクローゼットの奥のほうにしまっておくか。あなたがふつうの人なら、その靴にいくら出したかによって、答えは変わる。靴に支払った額が多ければ多いほど、痛みを我慢して靴をはく回数は増えるし、クローゼットにしまっておく時間も長くなる。

スポーツジムでもこれと同じふるまいが起きる。会費を払ってジムに入会したのに、ジムに行かなくなれば、その買い物を損失と認めなければいけなくなる。実際、ジム通いをすぐ怠ってしまう癖を克服するために、会費を払う人もいる。私がジムに行きたいと思っていて、会費を無駄にすると罪の意識にかられるとしたら、ジムの会費を払うと、2つの点で惰性を克服するのに役立つ。会費を払っているという事実が頭から離れなくなるし、ジムに出かけても新たな出費は生じない。[2] マーケティング教授のジョン・ゴーヴィルとディリップ・ソマンは、あるスポーツジムで見事な調査をして、これを実証した。このジムでは、半年ごとに会費の請求書が会員に送られる。ゴーヴィルとソマンは、支払い直後の月はジムに行く回数が跳ね上がり、その後、次の請求書が届くまで、尻すぼみに減っていくことを発見した。2人はこの現象を「支出の減価償却」と名づけた。[3] 要するに、サンクコストの効果は時間がたつにつれて薄らいでいく、ということだ。

現在はオハイオ州立大学に在籍する心理学者のハル・アークスも、同様な結果を発見した。アークスは教え子の大学院生、キャサリン・ブルーマーと一緒に秀逸な実験を行なった。2人は、学生劇団のシーズンチケットを買うために行列に並んでいる学生に、少額の値引きか高額の値引きかをランダムに選んで提供した。この実験の設計の重要な特徴は、顧客は値引きを受ける前に、すでに定価で購入する意思をはっきり示していた点にあり、したがって被験者はその商品を定価で買った人と同じように評価していたとみなすことができた。アークスとブルーマーの実験から、サンクコストは非常に重要だが、その効果は1学期の間しか続かないことが明らかになった。定価で買った学生、少額の値引きで買った学生、高額の値引きで買った学生の3つのグループを比べると、定価で買った学生は、秋学期は値引き価格で買った学生よりも公演を観に行く回数が多かったのだが、春になると、公演に行く回数は3つのグループとも同じになった。学生たちは十分に元はとったと考えたか、チケットを買ったこと自体をきれいに忘れてしまったのだろう。サンクコストはこのように、少なくとも当分の間は強く意識されるが、やがて忘れられるようである。[4]

＊

ある状況下では、サンクコストと機会費用が結びつくことがある。そのようなケースを、プリンストン大学の心理学者、エルダー・シャフィールと共同で調査する機会があった。エルダーは1988～89年にスタンフォード大学でエイモスのもとでポスドクをやっていて、私たちはそこで知り合った。経済学者に対して耐性があり、何人かの経済学者と共同研究している数少ない心理学者の1人で、行動経済学に重要な貢献をしている。

私たちのプロジェクトは、空港で交わした会話から始まった。私たちはたまたま同じ便に乗り合わせることになり、私は、座席が空いていればファーストクラスにアップグレードできるクーポンを2枚持っていた。当時、航空会社のマイルがたまるとアップグレードに利用できるクーポンが数枚、無料で発行されていて、35ドルで追加購入することもできた。エルダーと偶然出会ったとき、私はすでにクーポンを1枚使ってファーストクラスにアップグレードしていたので、エルダーもアップグレードして一緒に座ろうと誘った。ちょうど座席に1つ空きがあり、私はエルダーにもう1枚のクーポンをプレゼントした。エルダーはタダでもらうわけにはいかない、代金を払うと言い張って、クーポンはいくらしたのかと訊いてきた。クーポンにはタダのものもあれば、35ドルするものもあると答えると、それならどっちのクーポンを使ったのかと言う。「それにどんなちがいがあるんだ?」。私は訊き返した。「私はもうクーポンを使い切ったので、どのみちクーポンを買い足すことになる。私がどっちのクーポンを君にあげようと、そんなのどうでもいいことじゃないか」。「ナンセンスだ！」。エルダーは言う。「クーポンが無料ならこのままもらうが、35ドルで買ったクーポンなら、35ドル払わせてくれ」。私たちは帰路の機中でも議論を続け、そこから興味深い論文が生まれることになった。

過去に購入した記憶はどれくらい続くのか——それが私たちの疑問だった。論文を書く動機となったのが、先のアップグレードクーポン事件と、おかしな行動リストに名を連ねるロゼット教授の例である。教授は、すでに所有しているビンテージワインは飲んでも、ワインを高値で買い足す気はまったくないし、コレクションしているワインを手放そうともしない。

私たちは、ワインオークション相場に関する年報、その名も「流動資産《リキッドアセット》」の購読者を対象に、アンケート調査をした。年報を書いていたのは、ワイン好きで知られるプリンストン大学の経済学者、オーリー・アッシェンフェルター*で、購読者は熱烈なワイン愛好家や業界関係者だった。年代物のワインがオークション市場で盛んに取引されていることをみんなよく知っていた。オーリーはニュースレターに私たちのアンケートを掲載することに同意してくれた。[5] そのお礼に、調査結果をオーリーに伝えることを約束した。

＊オーリーはアメリカン・エコノミック・レビュー誌の編集員時代を含め、早くから私や、経済学のしきたりに背く不作法なふるまいをする私の同志を支援してくれている。しかし、私がやっていることは「ワコノミクス（トンデモ経済学）」だと頑なに言い続けている。どうもこの表現が彼のツボにはまってしまっているようだ。

アンケートの内容は次のとおりである。

あなたは質のいいボルドー産ワイン1ケースを、先物市場でボトル1本当たり20ドルで買ったとします。そのワインは現在、オークションで約75ドルで取引されています。いま、あなたはワインを1本飲むことにしました。このワインを飲むことのコストについて、あなたの感じ方にいちばん近いのは、次のどれですか(各選択肢を選んだ回答者の比率をパーセンテージでカッコ内に示している)。

(a) 0ドル。ワインの代金はすでに支払っている。(30%)
(b) 20ドル。支払ったワインの代金。(18%)
(c) 20ドル+利息。(7%)
(d) 75ドル。ワインをオークションで売った場合に得られる金額。(20%)
(e) マイナス55ドル。飲もうとしているワインは、20ドルで買い、いまは75ドルの価値があるものなので、このワインを飲むとお金を節約することになる。(25%)

私たちは、(e) はとてもおもしろい選択肢だと思っていたが、これを選ぶ人がいるかどうか、確信は持てなかった。高価なワインを飲むことはお金を節約する行為だと考えられるメンタル・アカウンティングの達人が、はたして現実にいるのだろうか。しかし、大勢の人がこの選択肢の意味をきちんと理解し、回答者の半分以上が、ワインを飲むコストはゼロかマイナスだと答えた。もちろん、経済理論に基づく正しい答えは75ドルである。ワインを飲むことの機会費用は、その価格でワインを売ることだからだ。エコンならみんなその答えを選ぶだろうし、この例では、アンケートに答えた多くの経済学者がそうした。実際、この答えを選んだ人のほとんどが経済学者だった。それがわかるのは、アンケートは匿名ではなかったからだ。私たちは、アンケートに答えてくれた人の中から抽選でボルドー産ワイン1本をプレゼントすることにして、賞品を希望する人に名前と住所をはがきに記入してもらったのだ。*

この質問に少し手を加えると、大半の人が経済学者のように反応するようになる。私たちは被験者にワインを飲むことについて質問するのではなく、ワインのボトルを落として割ってしまったらどう感じるかと質問した。すると大多数の人が、ボトルを落として割ると75ドル損するように感じると答えた。これはワインを売ったら手に入れることができる額である。アンケートの返送先の住所はこれといった特徴のないものだったので、エルダーや私が関

＊　この実験にはおもしろい余談がある。かなり裕福な読者層の中から、75ドルのワインを抽選でプレゼントする企画に178人が応募した。景品の額を応募者数で割ると1回答当たり42セントになり、切手代にも満たなかった。あなたが人に何かをさせようとしているなら、抽選は非常に効果的な動機づけの手段になるかもしれない。

わっていることは、回答者にはわからなかった。多くの回答者が、その答えを選んだ理由も書いてくれていた。ある引退したエンジニアはこう説明している。「感情は別にして、経済的な意思決定では再調達価格が問題になることは、私も理解している。しかし、89年と90年に買った先物の価値が上がり、ワインの半分を売って総コストを回収し、残った半分のワインを飲んで至福のひとときを味わえたら最高だ。これはお金の問題じゃない」

このエンジニアが何を言っているのかわかるだろうか。ワインの価値が2倍になり、半分を売れば、残りを「タダ」で飲めるというのだ。じつにすばらしい！　これだと、ワインを1本飲むたびにとても大きな取引効用が生まれることになる。また、シカゴ大学の有名な会計学教授、ローマン・ワイルからも次のような回答がきた。ワイルとは私がシカゴ大学に赴任して親しくなったのだが、私がこれまでに出会った人の中で、ワイルほどエコンに近い人間はいない。

「アンケートには正しい回答が示されていない。75ドルから、ワインを売る取引コスト（約15ドル）を差し引いたものが、損失になるのではないか。そのため、ワインの費用は約60ドルだと思われる。私にはワインの長期在庫がたくさんあるので、正味実現可能価額で考えるのが正しい。長期在庫が十分になかったら、再調達価格（75ドル）に手数料と配送代を加えた約90ドルを使っていただろう。それに、利益に対して課される税金がまったく考慮されていない。私はキャピタルゲインが非課税扱いになる。税率が40％だと……」

アンケート調査に話を戻そう。この調査では、回答者の半分以上が、75ドルのワインを飲むコストはゼロか、お金の節約になるとしている。ここからもう1つ、疑問がわく。彼らがワインを飲むときに、そのワインはタダだと考えているのだとしたら、ワインを買うときにはどう考えているのだろう。私たちは翌年、オーリーの年報の購読者を対象に、ふたたびアンケートを行なった。今回の質問の内容は次のとおりである。

あなたはボルドー産ワイン1ケースの先物を400ドルで買うとします。ワインは出荷時に1ケース当たり約500ドルで販売されます。あなたは10年間はワインを飲むつもりはありません。このワインを手に入れるときのあなたの感じ方にいちばん近いのは、次のどれですか。それぞれの項目についてあなたの答えを1～5で評価し、表示されているスケールに○をしてください。

（a）**400ドル出費**しただけのように感じる。週末のレジャーに400ドル使ったのとほとんど同じような感覚である。

1　2　3　4　5

まったく同意する　まったく同意しない　平均値：3・31

（b）**400ドル投資**したように感じる。何年もたった後に少しずつ消費される投資である。

1　2　3　4　5
まったく同意する　まったく同意しない　平均値：1・94

（c）**100ドル節約**したように感じる（100ドルは、先物取引のコストと、出荷されたワインが販売される価格との差）。

1　2　3　4　5
まったく同意する　まったく同意しない　平均値：2・88

いちばん多かった答えから、ワインを買って10年寝かせておくと、人はその支出を「投資」と考えることがわかる。2番目に多かったのが「節約」で、「出費」は最下位だった。どの答えが適切であるかを経済理論は示していないが、2回のアンケート調査の結果を考え合わせると、ある矛盾が浮き彫りになる。ワインを入手するのは「投資」でしかなく、後でワインを消費するのはコストがかからないか、お金を節約することだというのは、どう見ても正しくない。高価なワインを飲む習慣を続けるには、どこかの時点でお金を支出しなければならないのは明らかだ。エルダーと私はこの問題を論文に仕上げて発表した。論文のタイトルに私たちの発見がすべて集約されている。「いま投資して、後で飲んで、いっさい支出しない」

ここで注意してほしいのは、このような考え方は、高級ワイン業界にとっては大きなプラスに働くことだ。消費から支出の部分が排除されるので、うまく使えば巧みな仕掛けを編み出せる。タイムシェア型別荘も、これと同じような考え方を活用している。タイムシェア型別荘は一般に、利用者はたとえば1万ドルを「投資」して、その別荘で毎年1週間、永続的に、あるいは少なくとも別荘が壊れるか、管理会社が倒産するまで、物件を利用する権利を取得する。メンタル・アカウンティングはこれを次のように処理する。最初に支払うお金は投資であって購入ではなく、年間「管理費」はかかってしまうが、将来、「タダ」で別荘を使える。そうした投資が理にかなっているかどうかは、その家族にとってバカンスにお金を使うことがどれくらい痛みを伴うかによっても変わる。しかしそれは、バカンスの費用であることをごまかしているにすぎない。

前の章で取り上げたディスカウントストアのコストコも、この戦略の一種を使っている。コストコで買い物するには「会員」にならなければいけない。現在、アメリカの年会費は1世帯55ドルだ。コストコの会員はおそらく年会費を「投資」とみなしていて、1年間にするさまざまな買い物にその費用を均等に割り振ろうとはしない。逆に会費はサンクコストとして作用し、コストコで買い物をする理由がまた1つ増えることになる。同じように、アメリカのアマゾンでは年会費99ドルを払うと「プライム会員」になって、配送料が「無料」になる。この場合も、年会費は投資とみなされ、あるものを購入したときに費用として「仕訳」されることはないと思っていいだろう。

＊

ここでみなさんに告白しなければならないことが2つある。私はたいていのことはエコンのように考えるべきだと思っているのだが、ことメンタル・アカウンティングに関しては、どうしようもなくヒューマンになってしまうのだ。私はふだんはサンクコストをバッサリ切り捨てられる。サンクコストが純粋に金銭であるときなどはとくにそうだ。ところが、膨大な労力をつぎ込んできた研究となると、たいていの人がそうであるように、ずるずる引きずってしまうことがある。さっさと見切りをつけるべきであることがはっきりわかっていてもそうなのだ。たとえば、この本を書くにあたっては、細かい部分は気にせずにどんどん書き進めていくことにした。そうして初稿ができあがったのだが、どう見ても長すぎる。そこで、友人や編集者に原稿を読んでもらって、どこをどう削ればいいか、意見をもらうことにした。すると多くの人が、物書きは「最愛のものを殺す」ことを覚えなければならない、という有名な言葉を口にした（この言葉は、ウィリアム・フォークナーが言ったとされることが多いが、いろいろな人が言っているようだ[6]）。この言葉をよく見聞きするのは、きっとどの物書きにとってもそうするのが難しいからにちがいない。

原稿を書き直す作業に入るときに、無情にも殺された部分を集めた「アウトテイク」ファイルをつくることにした。このまま埋もれさせるにはあまりにも惜しく、本のウェブサイトで一部公開しようと考えたのだ。実際にいくつ公開することになるかはわからないが、いくつだろうと関係ないのがこの計画のすばらしいところだ。私のコンピューター上にある「アウトテイク」と名前をつけたフォルダに入れておくだけで、気に入っている文章を削る痛みが軽くなる。文章を削る痛みはときに、足に合わない高価な靴をはいているときと同じくらいつらく苦しい。それ以上に大きな教訓は、行動学的な問題を理解すると、行動学的な解決策を考案できることがある、ということだ。メンタル・アカウンティングがいつも負け戦であるわけではない。

もう1つの告白は、ワインに関するものである。もう察しがついていることとは思うが、私はワインにも弱い。機会費用の概念は完全に理解しているのだが、ワインのことになると、アンケート調査から浮き彫りになったものと同じような思考に陥ってしまうのだ。はやる気持ちをぐっと抑えて何年も寝かせておいた年代もののワインをあけるとなれば、これをオークションで売ったらいくらになるかなどとは考えない。むしろ知りたくない。もし知ったらロゼット教授のようになってしまう。30年物のワインを買う気などさらさらないが、特別な日にはとっておきのワインをいそいそあける。ええ、どうせ私はヒューマンですとも。

第9章　お金にラベルはつけられない？

1970年代の後半に、家計の管理について聞き取り調査をしていたとき、多くの家庭、とくに家計が苦しい家庭では、項目ごとに予算を分けて、その範囲内でやりくりしていることがわかった。主に現金を使っている家庭では（当時はクレジットカードがようやく使われ始めたところだった）、いわゆる「袋分け」方式がよく使われていた。「家賃」用、「食費」用、「水道光熱費」用といったように、家計の項目ごとに封筒（あるいはふたのついた広口ビン）を用意して、そこに1カ月分の予算をあらかじめ入れておくのである。多くが親から教わったやり方を使っていた。

組織もこれと同じようなことをしている。部門全体の総予算を決めて、それを項目ごとに分け、その範囲内で支出を計画していく。このような予算分けは、「お金は**代替可能**（fungible）である」という、経済学のもう1つの大原則を破ることになってしまう。経済学では、お金には「家賃」「食費」というラベルはついておらず、どんな目的にも自由に使うことができると前提されている。経済学の原則のほとんどがそうであるように、この原則は強力なロジックで裏打ちされている。暖冬で水道光熱費の予算が余れば、そのお金を子どもの靴を売っている店でちゃんと使うことができる。

予算を設定するのには、それなりの理由がある。組織の場合、上司が支出をいちいち認めるのは大変だ。それに、予算制にすれば、その範囲内であれば経費を自分の判断で使う裁量を社員に与えながら、コストを大枠で管理できるようにもなる。しかし、弊害もある。大きな組織で働いたことのある人なら、想定外のことが起きて割り当てられた予算では足りなくなったのに、他の項目で遊んでいるお金を使うことは許されない、といった経験をしたことがあるだろう。お金は組織や家計にとっていちばんよい形で使われなければいけない。状況が変われば、お金が入っているビンに貼られているラベルを無視してもいいはずだ。だが、私たちはそうしない。ビンに貼られたラベルは、ＳＩＦ（無関係とされている要因）なのだ。

予算分けのルールは個人や家計によってもちろんちがうが、基本の考え方はだいたい同じである。ルールがどれくらいはっきりと決まっているかは、予算にどれくらい余裕があるかによって変わる。心理学者のチップ・ハースとジャック・ソールの研究では、ＭＢＡコースの学生の大半は、食費と娯楽費は週単位で、被服費は月単位で予算を決めていた。[1]大学院を卒業して収入が増えると、予算分けはもっと緩くなったと思われる。

しかし大学院にいる間は、予算を項目別に分けるという、代替可能性の原則を破ることになる行為が、学生たちの行動に影響を与えていた。その一例として、ハースとソールは、被験者を2つのグループに分けて、週末に上演される舞台のチケットを買う気持ちがあるかどうか質問した。1つのグループは、その週にすでにバスケットボールを観戦して50ドル使っているという設定で、もう1つのグループは、その週にすでに駐車違反の罰金をとられて50ドル使っているという設定だった。同じ50ドルでも、前者は観劇と同じ予算、後者は別の予算というわけだ。結果として、バスケ観戦組は駐車違反組に比べて、観劇に行くと答えた人がとても少なかった。これはおそらく、その週の娯楽費の予算をすでに使ってしまっていたからだろう。

心の予算（メンタル・バジェット）が行動におよぼす影響を現時点で最も厳密に実証しているとされるのが、経済学者のジャスティン・ヘイスティングスとジェシー・シャピロの研究である。[2] 2人は、ガソリンの価格が変化すると、レギュラーガソリンとプレミアムガソリンの間の選択はどう変わるかを調べた。アメリカでは一般に、ガソリンはオクタン価の低い順にレギュラー、ミッドグレード、プレミアムの3つのグレードで販売されている。レギュラー以外のガソリンを入れる必要のある車がいったいどれだけあるか、という疑問は残るが、一部の車種でグレードの高いガソリンを使用することを推奨されているほか、グレードの高いガソリンのほうが車にいいという都市伝説を信じて、ミッドグレードやプレミアムを買う人もいる。2人は、ガソリンの価格が1ガロン＝約4ドルの高値からほぼ半値の2ドル弱まで下がった2008年に、プレミアムガソリンの売り上げがどう変化したかを調べた。ヘイスティングスとシャピロがそれを調べることができたのは、ガソリンも売っている食料品チェーンの顧客購買データを入手したからである。

まず、エコンならこの状況でどうするか考えてみよう。ガソリンの価格が4ドルのときの

1週間のガソリン支出は80ドルで、買っているのはレギュラーガソリンだとする。6カ月後、ガソリン価格が2ドルまで下がり、1週間のガソリン支出は40ドルに減っている。このとき、エコンはこう考える。第1に、ガソリンが安くなったのだから、車をもっと使うべきだ。第2に、これは手取り収入が40ドル増えたのと同じことだから、夜のデートを増やしたり、ビールのランクを上げたり、その分を好きなように使える。臨時収入の40ドルは、効用を最大化するように使われる。一部はガソリンのグレードを上げることに振り向けられるかもしれないが、金額は微々たるものだろう。平均すると、世帯所得が年1000ドル増えても、レギュラー以外のグレードのガソリンを買う世帯の割合は0・1％しか増えない。かくしてエコン家は、ミッドグレードガソリンを年1タンク買うことにして、棚ぼたの臨時収入の残りは、もっと価値のあるものに使うだろう。

ひるがえって、ヒューマン家ではガソリン費の予算はこうと決めていて、たぶん広口ビンに入れてキッチンに置いてある。エコン家と同じように、そのお金の一部を使って車の利用を増やすが、おそらくこうも考える。「ガソリンがこんなに安いんだから、グレード上げたっていいよな」。それこそが、ヘイスティングスとシャピロが発見したことである。ガソリンのグレードを上げる傾向は、お金は代替可能なものとして扱われる世界で予想される傾向と比べて、14倍高くなった。消費者がメンタル・アカウンティングを使っていることをさらに裏付けるものとして、食料品店で売られている他の2つの品物（牛乳とオレンジジュース）のグレードを上げる傾向は認められなかった。これは驚くことではない。調査を行なった時期は、２００７年の金融危機がまさに始まったときだったからだ。それが引き金となってガソリン価格が下落していたのだ。そんな恐ろしい状況の中でほとんどの家庭が支出をできるだけ切り詰めようとしていた。それでもガソリンにはお金をかけて、グレードを上げていたことになる。

＊

富もまた、心の中にあるさまざまな勘定項目（メンタル・アカウント）に仕訳されることが多い。序列のいちばん下にあるのが、いちばん使いやすいお金、すなわち現金だ。「金は天下のまわりもの」「宵《よい》越しの銭は持たぬ」という古くからの言葉もある。

当座預金にあるお金は現金ほど使いやすくはないが、そのお金が「貯金」という心の勘定項目に仕訳されていたら、もっと使いにくくなる。そのため、高い金利でお金を借りながら、低い金利で貯蓄するという、奇妙な行動をとりがちだ。利息がほとんどつかない預金口座にお金を入れたままにしているのに、年利20％を超えるクレジットカードの未払い残高があるといった例がそれに当たる。この場合、貯金を引き出して借金の返済にあてれば、高い利子を払わなくてすむようになる。どう見てもそうしたほうがいいように思えるのだが、心の中の貯金勘定から「借りた」お金を返せなくなってしまったら、この戦略は裏目に出ると考えられているようなのだ。

メンタル・アカウントの序列の頂点に君臨しているのが、長期貯蓄勘定である。この勘定項目は一般に、老後の生活資金を積み立てる、子どもの教育費を貯めるなど、将来の支出に備えておくためのものだ。確定拠出年金口座のように老後資金を積み立てる勘定から借り入れをする人もたしかにいるが、たいていは借り入れ額が比較的少なく、数年以内に返済される。それ以上に危険なのが、転職だ。従業員が転職するときはたいてい、年金の積立残高を現金で受け取ることができますよ、と説明を受ける。引き出したお金は課税所得として扱われるし、10％の罰金もかかるのに、多くの人がお金を受け取る。残高が少ないときはとくにそうだ。積み立てた年金資産を転職先の会社の積み立て口座に移すという選択肢をできるだけ簡単に選べるようにすれば、年金資産が減らないようにできるし、そうするべきである。それがデフォルト（既定）になることが望ましい。

折衷案として興味深い例が、ホームエクイティ（訳注／住宅価格からローン残高を差し引いた持ち分）だ。これまで何十年もの間、住宅購入費は、老後のための貯蓄とほとんど同じように扱われ、家計の中で聖域とされていた。実際、私の親の世代は、住宅ローンをできるだけ早く完済しようとしていたし、1980年代初めでも、60歳を超える人は住宅ローン債務がほとんどないか、すでに返済し終わっていた。やがて、こうした姿勢がアメリカで変わり始めた。レーガン政権下で行なわれた税制改革がはからずももたらした副作用が、その一因である。税制が改正されるまでは、支払い利子は、自動車ローンやクレジットカードを含めて、すべて課税所得から控除された。ところが1986年以降は、住宅ローンの利子だけが控除の対象になった。その結果、銀行はホームエクイティを担保として、家庭が税控除を受けられる形でお金を借りられるローンを開発するようになった。たしかに、自動車ローンを組むより、ホームエクイティローンを使って自動車を買うお金を工面するほうが理にかなっていた。ホームエクイティローンは支払い利子の控除が認められるだけでなく、金利も自動車ローンよりたいてい低かったからだ。しかし、この税制改正をきっかけに、ホームエクイティを聖域とする社会の規範が崩れ始めた。

この規範を葬ることになったのが、住宅ローン仲介業者の台頭と、長期金利の低下である。ここ30年間で、2桁台だったアメリカの金利はほとんどゼロにまで下がっている（インフレを調整すると、ゼロどころかマイナスになる）。この2つが組み合わさったために、古くからの不文律である十戒第11戒「汝《なんじ》、住宅ローンは返済すべし」が完全に破られることになった。住宅ローン仲介業者が登場して、借り換えがはるかにしやすくなったことも、規範が崩壊する一因になった。仲介業者は住宅ローン関連のデータをコンピューター上で管理し、金利が下がると手当たり次第に電話をかけて、こう切り出した。「どうです？　住宅ローンの返済額を減らしたくないですか？」。住宅バブルが生まれ、家が値上がりすると、住宅の所有者は今度はこう勧誘されるようになった。「借り換えをすれば住宅ローンの返済を減らせますし、そのうえ、少し多めに借りれば、地下室をきれいにできて、大画面テレビを買えるようになりますよ」

この時点で、ホームエクイティは「安全」なメンタル・アカウントではなくなった。それは、世帯主が75歳以上の家庭の借り入れ行動の変化に表れている。1989年には、そうした家庭のうち、住宅ローンが残っているのは5・8％しかなかった。それが2010年には、21・2％に増えた。住宅ローン債務残高の中央値も、同じ期間に3万5000ドルから8万2000ドルに増えた（数字は2010年ドル・ベース）。2000年代初めの住宅ブームでは、住宅の所有者は、ホームエクイティを担保に入れて借りたお金を、宝くじで当たった賞金のごとく湯水のように使った。

経済学者のアティフ・ミアンとアミール・サフィの共著書『ハウス・オブ・デット』[3]で論じられているように、2000年には、ホームエクイティの上昇が消費の強力な原動力になっていた。耐久消費財はとくにそうだった。たとえば、住宅の価格が上がっている都市では、自動車販売も大幅に増えた。住宅の所有者が家の資産価値の上昇分を担保にお金を借りて、新しく車を買ったからだ。やがて状況は反転する。住宅価格が暴落すると、自動車販売も激減した。ホームエクイティがゼロになるか、住宅の価値が住宅ローン残高を下回るようになると、新しく車を買うお金を手当てできなくなるからだ。2000〜01年のITバブルが破裂しても、住宅バブルが崩壊したときのような深刻なリセッション（景気後退）に陥らなかったのは、この現象で説明がつく。非富裕層のほとんどは、老後資金としてしか株式を保有していない。そのため、株価の下落が支出に与える影響は、住宅価格の下落ほど大きくはなかった。

引退までに住宅ローンを完済するという規範がいずれ復活するかは、まだわからない。金利の上昇が久しく待たれており、金利がいつか上がり始めれば、借り換え金利が高くなるので、ローンはふたたび返済されるようになるだろう。そうならなかったら、ホームエクイティはこれからも穴の開いたバケツのままになってしまう。

メンタル・アカウンティングのほとんどの側面がそうであるように、予算分けをするのは、いちがいにまちがっているとは言えない。ビンでも、封筒でも、家計簿アプリでも、家計管理にしっかり取り組んでいる家庭は、家計をうまくやりくりできるようになる。同じことは、規模の大小を問わず、企業にも言える。しかし、金融危機の余波で景気が大きく冷え込んでいるのに、ここぞとばかりに自分の車に入れるガソリンのグレードを上げてしまうといったように、予算分けをしているせいでまずい意思決定をしてしまうこともままある。

第10章　勝っているときの心理、負けているときの心理

コーネル大学に在籍していたとき、経済学の教授たちでよく集まっては、少額を賭けたポーカーをしていた。誰かが一晩で50ドル以上勝ったり負けたりすることはまれだったが、*勝っているときと負けているときでは、ふるまいがちがっている人がいることに私は気づいた。自分の妻や夫にポーカーの結果を報告していた人はとくにそうだった。その夜の調子がどうであるかは、とりわけ賭け金が自分の純資産と比べてとても小さい場合には、どんな手を使うかということと無関係なはずである。その夜のポーカーで50ドル負けている人と、市場の引けで50セント値下がりした株式を100株持っている人とを比べてみよう。損失はどちらも自分たちの富に比べれば微々たるものなのに、一方は行動に影響をおよぼし、もう一方はおよぼさない。ポーカー勘定の損失だけが、ポーカーを続けている間のふるまいを変化させるのだ。

＊ポーカートーナメントで取り入れられるようになった勝者総取り方式のポーカー・ナイトパーティーが流行り始める前の話である。

ある特定のメンタル・アカウントで〝負けている〟この状況は、プロスペクト理論で扱うのが難しい。それはカーネマンとトヴェルスキーもよくわかっていた。原著論文で、２人は競馬場における同じようなケースを議論している。競馬では賭け金１ドルについて約17％が主催者の取り分となるので、競馬場で賭ける人は全体で１レース当たり17％の損を出していることになる。その日の最終レースになると、賭け手のほとんどは、心の中の競馬勘定の収支が赤字になる。このことは賭け方にどう影響するのだろう。規範的予測は、「ほとんど影響しない」となる。ポーカーの例とまったく同じように、競馬で１００ドル失うことを、老後の生活資金を貯める勘定で１００ドルの損失が出ること以上に心配するべきではないのだから、賭け手は気にも留めないはずである。だが、カーネマンとトヴェルスキーが引用している研究によれば、大穴馬のオッズはその日の最終レースで下がるのだという。[1] これは勝ち目がほとんどない馬に賭ける人が増えるということだ。

カーネマンとトヴェルスキーは、人は損失についてはリスク追求的であるというプロスペクト理論の核となる概念を使って、この発見を説明した。第4章で論じたように、確実に１００ドル失うのと、50％の確率で２００ドル失い、50％の確率で何も失わないギャンブルをするのと、どちらかを選ぶように言われたら、大部分の人がギャンブルを選択する。ところが、確実に１００ドルもらうか、50％の確率で２００ドルもらい、50％の確率で何ももらえないギャンブルをするかの選択では、人は確実なほうを選ぶのである。

私は、ポーカー仲間が負けているときにどんなプレーをするか観察していて、カーネマンとトヴェルスキーの説明は不完全であることに気づいた。いま、私は競馬場にいて100ドル負けているとしよう。何とかして損を取り戻して、この勘定が最終的に赤字にならないようにしたい。そうだとすると、オッズが50倍の大穴に2ドル賭けて、損益をゼロにするわずかな確率に望みを託す手が考えられるが、オッズが2倍の人気馬に100ドル賭けて、50％の確率で損を挽回できるようにする道も選べる。私がリスク追求的であるなら、つまり、ベットの期待値と同じ金額を確実にもらえる選択肢よりもギャンブルを選好するなら、人気馬に100ドルぶち込んで、損失を穴埋めできる可能性を上げようとするのではないか。プロスペクト理論はこの疑問に対する答えを示してはいないが、私のポーカーの経験から、カーネマンとトヴェルスキーの直感は正しいと思われた。私の印象では、負けているプレーヤーは、ある特定のカードを引けばストレートが完成するといったように、大当たりをつかむわずかな可能性に少額を賭けようとするが、損失を大きく膨らませるような高額のベットは、たとえ損得が差し引きゼロになる確率が高くなっても、敬遠した。

ポーカーの観察から、メンタル・アカウントの欠陥がもう1つ浮き彫りになった。勝っているプレーヤーは、獲得した賞金を「本物のお金」として扱っているようには見えなかった。この態度は非常によく見られるもので、カジノのギャンブラーの間には「ハウスマネーを使ったギャンブル」という言葉があるほどだ。「ハウス」とはカジノの意味で、カジノで勝って手に入れたお金を自分のお金とは信じられず、カジノのお金でギャンブルをしているように感じてしまうのである。この態度はどのカジノでも観察することができる。夜の早い時間に大勝ちしたアマチュアのギャンブラーの動きを追うと、私が「ツーポケット」メンタル・アカウンティングと呼んでいるものを目にするだろう。ある人が300ドルを手にカジノにやってきて、夜早い時間に200ドル勝つと仮定しよう。この人は300ドルを1つのポケットに入れて、そのお金は自分のお金だと考える。そして、200ドル相当のチップは別のポケットに入れる（それどころか、チップをポケットに入れずにそのままテーブルの上に置いて、すぐにでも賭けるかもしれない）。まさに「悪銭身につかず」というやつだ。お金は代替可能であるという経済学の原則をこれほどまでにあからさまに破る例はそうそうない。どちらのポケットに入っているお金も、等しく使われるはずのものなのだから。

同僚からお金を巻き上げるのは楽しい＊が、そう感じるのはまったく科学的ではない。そこで私は、現在はコロンビア大学に在籍するマーケティング教授のエリック・ジョンソンとともに、これについて論文を書くことにした。[2] まえがきで触れた、エイモスを納得させるのに時間がかかったという論文がこれである。私たちがやろうとしていたのは、ポーカーテーブルで私が見ていたものをラボで再現することだ。しかしまず、カーネマンとトヴェルスキーが仮定の質問を使って実験をすることになったそもそもの問題に対処しなければならなかった。被験者がお金を失うこともあるという、研究倫理に関わる実験をどうすれば行なうことができるか、そして、実験を監督する大学の倫理審査委員会の承認をどうすれば取り付けられるか。私たちはこの問題を解決するために、利得と損失の両方のシナリオをつくり、それぞれについて確実な結果とギャンブルのどちらを選ぶかを被験者に答えてもらうようにした。

さらに、実験の収支については、選択結果の1つをランダムに選んで、それをもとに計算すると被験者にあらかじめ話した。だが、すべてのギャンブルからまったくランダムに選んだわけではなく、有利なギャンブルが選ばれやすくなるようにした。そのため、損失を被る可能性は非常に低いと被験者に確信を持って説明できたが、収支がマイナスになった人がいれば損失分を徴収するつもりだとはっきりと伝えた。被験者が希望すれば、研究の手伝いをして返すこともできた。結局、誰も損を出さなかったので、お金を徴収せずにすんだ。

この研究では、次の3つの質問をした。カッコ内の数字は、それぞれの選択肢を選んだ回答者の比率をパーセンテージで表したものである。この例では、どの問題も（a）のギャンブルを選んだときに期待される結果は（b）の確実な選択肢と同じなので、リスク回避的なエコンは、どれも（b）を選ぶだろう。

問題1　あなたはいま、30ドル勝ったばかりです。ではここで、次のどちらかを選んで

＊　それが簡単でもあったケースもある。計量経済学者のビル・グリーンはポーカーの常連組だったが、そのビルにいい手が入ってくると椅子に座った状態で体を上下に弾ませ始めることに私は気づいた。自分の持ち手を対戦相手に知らせてしまう表情やしぐさを「テル」と言うが、これは究極のテルだった。ビルを気の毒に思った私たちは、それを本人に伝えたのだが、自分に非常にいい手が来ると、どうしてもそのクセが出てしまう。私は、ビルがそれを逆手にとって、体を弾ませているように見せかけるフェイクをしかけて大勝ちする日を待ち続けたのだが、その日はとうとう来なかった。

ください。

（a）50%の確率で9ドルもらえて、50%の確率で9ドル失う。（70%）

（b）何ももらえないし、何も失わない。（30%）

問題2　あなたはいま、30ドル負けたばかりです。ではここで、次のどちらかを選んでください。

（a）50%の確率で9ドルもらえて、50%の確率で9ドル失う。（40%）

（b）何ももらえないし、何も失わない。（60%）

問題3　あなたはいま、30ドル負けたばかりです。ではここで、次のどちらかを選んでください。

（a）33%の確率で30ドルもらえて、67%の確率で何ももらえない。（60%）

（b）確実に10ドルもらえる。（40%）

問題1には「ハウスマネー効果」がはっきりと表れている。人は利得についてはリスクを避ける傾向があるので、被験者のほとんどはふつうなら、当たれば9ドルもらえて外れれば9ドル失うコイン投げギャンブルは選ばないだろう。それが、「30ドル勝ったばかりです」と言われたら、そのギャンブルに走ろうとした。また、問題2と問題3が例示するように、あるメンタル・アカウントの収支がマイナスになっていると考えているときには、人間の選好は複雑になる。プロスペクト理論の単純な予測では、損失については人はリスク追求的になるとされるが、問題2を見ると、損を取り戻す可能性がないときには、30ドル負けていても、リスク追求的な選好は生まれない。*しかし、問題3のように損失を挽回するチャンスが与えられると、被験者の過半数がギャンブルを選択する。これが「ブレークイーブン効果」である。

このようなブレークイーブン効果とハウスマネー効果があることを知ったうえで、毎日の生活を見てみると、こうした現象がそこかしこに見つかる。出発点と現在地点といったように、明確な参照点が2つあると、必ずといっていいほど起きるのだ。ハウスマネー効果に加えて、人は最近のリターンを見るとそれが将来も続くと考える傾向があり、そのために金融バブルが生まれやすい。1990年代には、個人投資家は年金資産の運用で債券への投資を減らし、株式の配分をどんどん増やしていった。新規に投資をするときに株式に割り振られるお金が増えていたということだ。ここ何年か株式投資が大当たりしていたので、相場が下がったとしても、この何年かで得られた利益を失うだけだという読みもあったのだろう。もちろん、自分のお金の一部が最近稼いだものだからといって、そのお金が霧散したときの損

---

* これは、損失の領域では人はリスク追求的になるというプロスペクト理論の予測は、リスクを追求しても損を取り戻せない場合は、それが成り立たない可能性がある、ということである。

失感が和らぐわけではない。住宅市場ブームの中で投機に走った投資家にも、これと同じ心理が働いていた。スコッツデールやラスベガス、マイアミで不動産転がしをしていた人は、「これはハウスマネー（住宅のお金《ハウスマネー》とかけているわけではない）なんだ」という心理がクッションとなって、最悪の事態になっても元の状態に戻るだけだと考えるようになった。もちろん、住宅市場が反転すると、高いレバレッジをかけていた投機家は、ハウスマネーを失うどころか、はるかに深い痛手を負うことになり、多くは自宅も失った。

　負けが込むと、損を挽回しようとギャンブルに走る傾向は、プロの投資家の行動にも見られる。ミューチュアルファンドの運用担当者は、ファンドの運用成績がＳ＆Ｐ５００種などの基準指標を下回っていると、当該年度の最後の四半期により大きなリスクをとりにいく。[3]それどころか、会社に10億ドル単位の大損を負わせたごろつきトレーダーの多くは、どうにかして損失を埋め合わせようとして、リスクをどんどん膨らませていった。この行動は、ごろつきトレーダーの視点からは合理的だったのかもしれない。損を取り戻せなければ、職を失うのは当然だが、それだけではすまなくなってしまうこともありえるからだ。しかしもしそうだとしたら、経営陣は、損を出している社員の行動を注意深く見守らなければいけなくなる（そもそもの問題として、経営陣は、ごろつきトレーダーたちが損失を膨らませる前に、もっと目を光らせておくべきだったのだが）。ふだんはきわめてリスク回避的な人であっても、大きな損失を出しそうになっていて、それを取り戻すチャンスがあるときには、とんでもなく大きなリスクをとりにいこうとする。この人間心理はぜひとも覚えておいたほうがいい。みなさんもご用心あれ！

第3部　セルフコントロール問題に取り組む　1975～88年

プロスペクト理論と出会い、価値関数から洞察を得たことで、メンタル・アカウンティングの理解が大きく進むと、おかしな行動リストに載っている事例の多くについて、その意味をとらえることができるようになった。しかしリストの中に、別のカテゴリーに入るのではないかと思われるものが1つあった。夕食ができるのを待っている間にカシューナッツを片づけた、例の出来事だ。経済学者にしてみると、選択肢を排除して満足度が高まることなど、絶対にありえない。そうだとすると、カシューナッツが入ったボウルをキッチンの奥に隠して私たちがあれほど喜んだのは、どうしてなのか。

そこで私は、「カシューナッツ」現象の他の事例を集め始めた。喫煙者はタバコをカートンで買わないで1回に1箱ずつ買う。ダイエット中の人は冷凍庫にアイスクリームをストックしない。学者はよく、いま書いている論文を数カ月先の学術会議に提出すると自分に誓い、論文を完成させるインセンティブを与える（私もその1人だ）。朝起きられない人は、目覚まし時計をベッドから離れた部屋の隅にセットして、ベッドから出てそこまで歩いて行かないとアラームを止められないようにする――。

　こうした例に共通するのは、セルフコントロール問題が関係していることだ。ナッツをあと少しだけ食べて終わりにしたいと思っていても、ボウルがテーブルに置かれたままだと、誘惑に負けてガッツリ食べてしまうのではないかと、私たちは不安になる。

　このように「何をしたいか」と「何を選ぶか」を区別するのは、現代経済学ではまったく意味がない。現代経済学では、選好は私たちが実際に何を選択するかで示されると考える。これを「顕示選好」と言う。カシューナッツのボウルを片づけたばかりのヒューマンと、それを見ていたエコンが、こんな会話をしている図を想像してみてほしい。

エコン　なんでカシューナッツを片づけたんだ？

ヒューマン　これ以上カシューナッツを食べたくなかったからだよ。

エコン　これ以上カシューナッツを食べたくなかったのなら、なんでわざわざボウルを片づけたんだ？　自分の選好に従って行動して、食べるのを止めればいいだけのことなんじゃないか？

ヒューマン　カシューナッツを片づけたのは、ナッツが手の届くところに置かれていたら、もっと食べてしまっていたからだ。

エコン　その場合、君はカシューナッツをもっと食べることを選好しているのだから、ナッツを片づけたのは愚かなことだったな。

まったくかみ合っていないこの会話は、私が当時、経済学者と何度も繰り返した会話を再現したものだ。経済学の教科書にはっきり書かれているわけではないが、実際には、経済理論はセルフコントロール問題は存在しないと仮定している。このように、存在しないとされている問題を研究することが、私の次の大きなプロジェクトになった。

第11章 いま消費するか、後で消費するか

経済学者はセルフコントロール問題に関して、ずっとこんなに鈍感だったわけではない。およそ2世紀前の昔から、このトピックについて書いていた経済学者は、ヒューマンをはっきり意識していた。実際、いまならセルフコントロール行動療法と呼ばれるであろうものの先駆者は、ほかでもない、自由市場経済学の大祭司たるアダム・スミスだった。

アダム・スミスと聞くと、ほとんどの人は、スミスの代表作である大著『国富論』を思い浮かべるだろう。1776年に初版が刊行され、現代経済思想の基礎を築いた名著である。意外なことに、この本の最も有名な言葉で、前にも取り上げた「見えざる手」という表現は、本の中に一度しか出てこない。[1] それもさらっと触れられているだけだ。各人が自分の利益を追求することによって、事業を行なっている人は、「見えざる手に導かれて、自分がまったく意図していなかった目的を達成する動きを促進することになる。そして、この目的を各人がまったく意図していないのは、社会にとって悪いことだとは限らない」と、スミスは言う。ここで注意してほしいのは、慎重に言葉を選んでいる2つ目の文だ。「見えざる手」という有名な言葉を利用して、見えざる手ぶりに訴える人は、2つ目の文を引用することはおろか、

記憶していることもめったにない。スミスは「社会にとって悪いことだとは限らない」と言っているのであって、社会全体の利益となる望ましい状況が達成されると言っているわけではないのである。

『国富論』は、思いつく限りの経済学のトピックをほぼ網羅している。たとえば、命の価値について書いた私の博士論文の土台となった理論はスミスが提示したもので、不衛生な仕事や危険な仕事、不快な仕事をする労働者の報酬は、そうでない仕事よりも高くなければならないとしている。「経済学に新しいものは何もない。すべてはアダム・スミスの中にある」。有名なシカゴ大学の経済学者、ジョージ・スティグラーは好んでこう言っていた。行動経済学のかなりの部分についても、これと同じことが言える。[2]

いまで言う行動経済学に関するスミスの著述の大部分は、『国富論』に先立ち、１７５９年に発表された『道徳感情論』にある。スミスはその中で、セルフコントロールについてくわしく述べている。この問題を深い洞察で分析し、セルフコントロールを人間の「情念」と、スミスの言う「中立な観察者」との間の闘争や衝突として描いた。最初にそれを示したのがスミスだったことを知った経済学者のほとんどがそうであるように、私がこの定式化を知ったのは、この先に述べる私自身の定式化を提示した後のことだった。人間の情念に関するスミスの概念の重要な特徴は、それが近視眼的であること、つまり、目先のことだけにとらわれていることである。スミスの言葉を借りるなら、「10年先に味わえる快楽には、今日得られる快楽に比べたらほとんど魅力を感じない」ことが問題になる。[3]

アダム・スミスは、経済学の草創期にセルフコントロール問題を直感的に理解していただけではない。行動経済学者のジョージ・ローウェンスタインが論じているように、「**異時点間選択**（intertemporal choice）」、つまり、いま消費するのか、後から消費するのかを選ぶ問題に関する初期の論述でも、「意志力」などの概念の重要性が強調されていた。「意志力」という言葉は、1980年に実践されていた経済学では何の意味も持たないものだった。* だが、近視眼的なものの見方に対処するには意志力が必要であることを、スミスは見抜いていたのである。

1871年、もう1人の経済学の巨人、ウィリアム・スタンレー・ジェヴォンズが、近視眼的行動に関するスミスの考察を精緻化し、現在の消費を将来の消費よりも選好する傾向は時間とともに逓減すると説いた。[4] アイスクリームがいますぐ食べられるか、明日まで待たないといけないかはとても重要だが、来年の今日とその前後の日との選択となると、ほとんど気にならないものだ。

初期の経済学者の間には、将来の消費を割り引いて考えるのはまちがっており、それはあ

＊　私は以前、エルサレムのヘブライ大学の経済学者陣に向けて、セルフコントロールについて話をしたことがある。あるところで私が「誘惑」という言葉を使うと、聴衆の1人がそれを定義してほしいと言ってきた。そこに別の人が割って入り、こう言った。「それは聖書の中にある」。しかし、経済学者の辞書の中にはなかった。

る種の「失敗」だとする見方もあった。それは意志力の失敗かもしれないし、アーサー・ピグーが1921年に述べたように、想像力の失敗かもしれない。「将来を見透すわれわれの望遠能力には欠陥があり……したがって、将来の快楽は小さく見えてしまう」というピグーの言葉はよく知られている。[5]

異時点間選択の〝現代的〟理論を最初に提示したのが、アーヴィング・フィッシャーである。1930年に発表された古典的著作『利子論』で、いまではミクロ経済学を教えるときの基本ツールとなっている無差別曲線を使い、所与の市場金利の下で、個人が異なる2つの時点において消費をどのように選択するかを示した。フィッシャーの理論は、分析に使われているツールでも、理論が規範的であるという点でも、現代的理論と呼ぶにふさわしい。フィッシャーが説明しているのは、合理的な人間はどうするべきか、ということである。しかしその一方で、自分の理論は記述的モデルとしては満足のいくものではないとはっきり述べている。人間の行動を左右する重要な要因をいくつか度外視しているからだ。

1つには、貧しい人は豊かな人よりもがまんがきかないので、時間選好は個人の所得の水準によって変わると、フィッシャーは考えていた。さらに、低所得労働者が見せる忍耐力に欠けるふるまいは幾分不合理であることを強調し、それを次のような具体的な例を使って端的に示した。「この事実は、雨漏りのする屋根をけっして修繕しなかったという1人の農夫の物語の中にも、その例がうかがわれる。雨が降ったときには、その農夫は雨漏りを止めることができなかったし、雨の降らなかったときには、止めるべき雨漏りがなかったのだ！」[6]。

さらに「禁酒令以前には、土曜日の晩に家に帰る途中で酒場の誘惑に抵抗することができなかった職工」にも、冷ややかな目を向けている。[7] 当時、土曜日は給料日だった。1776年のアダム・スミスを見ても、1930年のアーヴィング・フィッシャーを見ても、経済学者がヒューマンを見据えて異時点間選択を考えていたことはまちがいない。エコンが経済学に忍び込むようになったのは、フィッシャーがエコンはどう行動するべきかを示した理論を構築し始めた頃からだが、その仕事の仕上げは、当時大学院生だった22歳のポール・サミュエルソンにゆだねられた。20世紀最高の経済学者との呼び声が高いサミュエルソンは、経済学を数学的に厳密に基礎づける作業にとりかかった。サミュエルソンは16歳でシカゴ大学に入学した天才で、すぐにハーバード大学の大学院に進んだ。博士論文には「経済分析の基礎」という、不遜だが、的確なタイトルがつけられている。この論文でサミュエルソンは、厳密な論理性を持つとサミュエルソンが考える数学的手法を使って、経済学を再構築した。

1937年、大学院に在籍していたサミュエルソンは、7ページの論文を書いた。こちらのタイトルは「効用の測定に関する覚書」という控えめなものだった。この題名が示唆するように、サミュエルソンはエコンがつねに最大化しようとするとらえどころのないもの、すなわち効用（幸福度や満足度）を測定する方法を提示しようとした。この論文の中で、現在の異時点間選択の標準的な経済モデルとなっているものが定式化されている。**割引効用**（discounted utility）モデルがそれだ。ここで論文の核心を要約して、読者のみなさんを

（あるいは私自身を）消耗させてしまうようなことは差し控えるが、本書にとって必要なポイントだけは説明しておこう。

割引効用モデルの基本となる考え方は、いま消費することは後で消費することよりも高く評価される、というものである。豪華なディナーを今週食べるか、いまから1年後に食べるか選ぶように言われたら、ほとんどの人が、後で食べるより早く食べるほうを選ぶだろう。サミュエルソンによる定式化を使うと、私たちは将来の消費を一定の率で「割り引く」とされる。いまから1年後に食べるディナーの価値はいますぐ食べるディナーの価値の90％しかないと考えられているのであれば、将来のディナーから得られる効用を年率約10％で割り引いているということになる。[8]

サミュエルソンの理論には、情念も、望遠能力の欠陥も組み込まれていない。効用はあくまでも一定の割合で整然と割り引かれる。このモデルはとても使いやすかったので、その世代の経済学者でさえ数式を簡単に扱うことができ、今日でも標準的な公式となっている。だからといって、サミュエルソンが自分の理論は人間の行動を正しく記述したものだと考えていたわけでは必ずしもない。この短い論文の最後の2ページは、「深刻な限界」とサミュエルソンが呼ぶものについての議論にあてられている。限界には技術的なものもあるが、そのなかに1つ、くわしく検討すべきものがある。人が将来を割り引く率が時間とともに変わるのであれば、人の行動は首尾一貫したものにならないかもしれない、つまり、時間がたつにつれて人の心は変わるかもしれないと、サミュエルソンは指摘している。それは正しい。サミュエルソンは懸念される問題の例を具体的にあげているが、それは、ジェヴォンズやピグーなど、先達の経済学者が懸念していたのと同じものだった。人は目の前にある報酬に対してはどうしても我慢がきかなくなる、という問題だ。

効用はどのように割り引かれるのかを理解するために、次のような例を考えてみよう。いま、ちょっといい話があって、もしかしたらウィンブルドンでテニスの試合を観られるかもしれないとする。試合を今晩観るのであれば、満足は100ユーティルになる（ユーティル〔util〕は効用《ユーティリティ》〔utility〕を短くしたもので、経済学者が効用や幸福度を測るときに使用している共通単位である）。テッドの効用の割引率は年10％で一定だとする。この場合、テッドにとっての試合の価値は、今年が100ユーティル、次の年が90ユーティルとなり、その後、81、72と下がっていく。このような形で割り引くことを、指数関数的に割り引くと言う（言葉の意味がわからなくても、気にしなくていい）。

では、今度はマシューの場合を考えてみよう。マシューにとっても今日試合を観ることの価値は100ユーティルだが、次の年はわずか70になり、3年後以降はずっと63で変わらない。言い換えると、マシューは消費するまで1年待たなければならないものの価値を30％で割り引くが、次の年は割引率は10％になり、それ以降は割り引くのをやめる（0％）。マシューは、ピグーの言う「欠陥のある望遠鏡」を通して将来を見ている。マシューにとって、1年目と2年目の間隔は3分の1年分でしかなく、それ以降は時間の遅れは生じない。マシューの目に映る将来の情景は、有名なニューヨーカー誌の表紙「9番街から見た世界」によく似ている。9番街から西を望むと、長いブロックで2つ先の11番街までの距離は、11番街からシカゴまでの距離と同じで、11番街からシカゴまでの距離は、日本までの距離の3分の1くらいに見える。マシューが1年待つのを最もつらく感じるのは、その期間をより長く感じるからなのである。

このように、一般的な傾向として、割引率は最初は高くなり、時間がたつにつれて低くなる。これを専門用語で**準双曲割引**（quasi-hyperbolic discounting）と言う。〝双曲〟という言葉の意味を知らないのであれば、あなたの語彙力はむしろ正常だ。この言葉が出てきたら、壊れた望遠鏡のイメージを頭に描いてくれれば十分である。本書では、この言葉はできるだけ使わず、この種の選好をさす現代的な表現である**現在バイアス**（present bias）[9]という言葉を使うことにする。

効用を指数関数的に割り引く人は自分の計画にこだわるが、双曲線的に割り引く人（現在バイアスがかかっている人）はそうではない。その理由を、簡単な数値例を使って考えてみよう。テッドとマシューは2人ともロンドンに住んでいて、熱烈なテニスファンだとする。2人とも、ウィンブルドン選手権の観戦チケットの抽選に当たっているが、このチケットには異時点間消費問題が仕込まれている。2人には3つの選択肢がある。選択肢Aは、今年の1回戦のチケット。1回戦は、まさに明日行なわれる。選択肢Bは、来年のトーナメントの準決勝戦。選択肢Cは、いまから2年後のトーナメントの決勝戦である。どのチケットも席が保証されていて、座席を確保できないリスクは考えなくていい。テッドとマシューのテニ

図4　ソール・スタインバーグが描いたニューヨーカー誌の表紙（1976年3月29日号）

スの好みも同じである。試合がすべて今年のトーナメントだったとしたら、それぞれに割り当てられる効用は、Aが100、Bが150、Cが180である。しかし、2人にとっていちばん価値が高いC、つまり決勝戦に行くには、2年待たなければならない。2人はどうするだろう。

テッドなら、2年待って、決勝戦に行くことを選択するだろう。なぜなら、テッドにとって2年後の決勝戦に行く現時点での価値（"現在価値"）は146（180の81％）となり、Aの現在価値（100）やBの現在価値（135＝150の90％）よりも高いからだ。さらに、いまから1年後に、決勝戦に行くのをやめてBの準決勝戦に変更したいかどうか尋ねられたら、テッドは考えを変えることはないと答える。Cの価値の90％（162）は、Bの価値よりもまだ高いためだ。このような選好行動を時間整合的であると言う。テッドは、たとえどんな選択肢を示されても、最初に立てた計画に従って行動する。

ひるがえって、マシューはどうか。最初に選択肢を提示されたときは、マシューもCの決勝戦を選ぶだろう。マシューにとっての現時点での価値は、Aが100、Bが105（150の70％）、Cが113（180の63％）となる。しかし1年たつと、テッドとちがって、マシューは心変わりし、Bの準決勝戦に行くことにする。というのも、1年待つとCの価値は126（180の70％）に下がり、Bの現在価値である150を下回るからだ。このような選択行動は、**時間非整合的**（time-inconsistent）であると言う。ニューヨーカー誌の表紙の例えに戻ると、望遠鏡は壊れているので、ニューヨークからは中国は日本よりもっと遠い

図5

最初、テッドもマシューも、2年待ってウィンブルドンの
決勝戦を観ることを選択する

テッドの評価

試合	現在	1年後	2年後
1回戦	100	90	81
準決勝	150	135	122
決勝	180	162	146

マシューの評価

試合	現在	1年後	2年後
1回戦	100	70	63
準決勝	150	105	95
決勝	180	126	113

1年後、テッドは考えを変えず決勝戦を選択するが、
マシューは心変わりして、準決勝戦に行くことにする

テッドの評価

試合	現在	1年後
1回戦	100	90
準決勝	150	135
決勝	180	162

マシューの評価

試合	現在	1年後
1回戦	100	70
準決勝	150	105
決勝	180	126

ことがわからないが、その望遠鏡を東京に持っていくと、東京から上海に行くのは、ニューヨークからシカゴに行くよりさらに遠いことにようやく気づく。

このように人は時間非整合的な選好を持つことがあり、この問題はサミュエルソンを悩ませた。新しい情報が現れない限り、エコンが最初に立てた計画を後で変更するようなことはないはずである。だがサミュエルソンは、そうした行動は存在するとはっきり示しており、カシューナッツのボウルを片づけるのと同様、最初に立てた計画が遂行されるように対策を考える人々に言及している。たとえば、強制的に貯蓄する手段として終身保険に加入することだ。しかし、警告を発するだけで、サミュエルソンはそれについてなんとかしようとはせず、残りの経済学者もこれに続いた。そうして、サミュエルソンの指数関数型割引効用モデルは、異時点間選択の標準モデルとして広く使われるようになった。

この論文だけを転機として取り上げるのはフェアではないだろう。経済学者はその前から、それまで一般的だった素朴心理学とでも言えるものから離れつつあった。先頭に立っていたのがイタリアの経済学者、ヴィルフレド・パレートで、経済学に数学的厳密さを加えた先駆者である。[10] だが、サミュエルソンがこのモデルを書き上げ、それが広く取り入れられるようになると、ほとんどの経済学者は、カーネマンが**理論による眩惑**《げんわく》（theory-induced blindness）と呼ぶ重い病に陥った。新たに発見された数学的な厳密さを組み込むことに誰もが熱をあげ、現実の人間の行動に即した異時点間選択に関する研究はきれいに忘れ去られた。わずか7年前に発表されたアーヴィング・フィッシャーの研究も例外ではない。指数関数型割引効用モデルは人間の行動を正確に記述したものではないというサミュエルソンの警告も忘れられた。指数割引はどうしても異時点間選択の正しいモデルでなければいけなかった。なぜなら、エコンが何度も考えを変えることはないからであり、いま自分たちが研究している世界にはヒューマンはもう1人もいないからだった。いまや経済学の博士号を取得しているほとんどすべての人が、この重い病にかかっている。経済学の訓練を受ける学生たちは、エコンの行動について膨大な洞察をたたき込まれるが、その代償として、人間の性質や社会の相互作用に対する常識的な直感を失う。この学問を修めてしまうと、自分たちはヒューマンが暮らす世界に住んでいるということを忘れてしまうのだ。

＊

異時点間選択は、理論経済学で使われる抽象的な概念というだけではない。この概念は、マクロ経済学できわめて重要な位置を占めている。マクロ経済学の基礎概念に、いわゆる**消費関数**（consumption function）がある。消費関数は、家計の支出が所得によってどう変動するかを定式化したものだ。いま、政府が自国経済は深刻なリセッションに陥っていると判断し、全国民を対象に、1人当たり1000ドルの一括減税をすることを決めるとしよう。消費関数を使うと、1000ドルのうちいくら支出され、いくら貯蓄されるかがわかる。経済学における消費関数に対する考え方は、1930年代半ばから50年代半ばにきわめて劇的に変化した。消費関数モデルの進化の過程を振り返ると、サミュエルソン革命が始まってから経済理論がどのように発展してきたか、その興味深い特徴が浮き彫りになる。経済学者が高度な数学を使うようになり、経済学のモデルに高等数学が取り入れられるようになるにつれて、モデルが記述する人間も進化していった。エコンはより賢くなり、セルフコントロール問題をすべて克服したのだ。いまから20年後に支給される社会保障給付の現在価値を計算する？　お安いご用です！　給料日に居酒屋につい入って、食費として使うはずのお金を使い込む？　そんなことするわけないじゃないですか！　そう、エコンは誤ったふるまいをしなくなったのである。

経済理論のこの進化のパターンは、経済学の3人の巨人、ジョン・メイナード・ケインズ、ミルトン・フリードマン、フランコ・モジリアーニが提唱した消費関数モデルを検証するとはっきり見えてくる。それでは、3人のモデルを見ていくことにしよう。まずはケインズである。ケインズはさきほどの例とまったく同じように、不況期に減税をする政策を支持したことで知られる。代表作『雇用、利子および貨幣の一般理論』[11]の中で、ケインズは消費関数の非常に単純なモデルを提案した。家計の所得がふだんより増加した場合、その増加分の一定割合が消費されると想定し、所得の増加分のうち、消費に回る部分の割合のことを、**限界消費性向**（marginal propensity to consume）と表現している。家計の所得が劇的に変化しなければ、家計の限界消費性向はほぼ一定であると考えたが、限界消費性向は社会経済的階級によって大きな開きが生まれるという、同時代人のアーヴィング・フィッシャーの主張には同調した。具体的に言うと、限界消費性向は、貧しい家庭が最も高くなり（100％近く）、所得が増えるにつれて下がっていくと、ケインズは考えた。裕福な家庭にとって、1000ドルの思いがけない臨時収入が入っても、消費にはまったくと言っていいほど影響を与えないため、限界消費性向はゼロに近くなる。所得が増加したらその5％を貯蓄に回す中間層の家庭の場合、ケインズ型のモデルに従うと、1000ドルの臨時収入の限界消費性向は95％となり、950ドルが消費に回ることになる。

それから数十年後、ミルトン・フリードマンが1957年に出版した著作で、家計は消費計画を立てて将来にわたって消費を均すのではないかという説得力のある考察を展開し、**恒常所得仮説**（permanent income hypothesis）を提唱した。[12] フリードマンのモデルでは、所得の5％を貯蓄している家庭は、臨時収入があった年に消費を一度に950ドル増やすのではなく、将来にわたって平準化する。具体的な数字を使って説明すると、今後3年間の恒常所得がどうなるかを判断し、消費を増加させる額を今後3年間にわたって均等に分けるのである（この場合の割引率は年33％となる）。[13] 1年目には950ドルの3分の1、すなわち317ドルを消費するということだ。*

次に消費関数モデルを洗練させたのが、フランコ・モジリアーニである。教え子のリチャ

＊　これ以降、話を単純にするために、金利とインフレ率はゼロと仮定している。お好みで、金利とインフレ率が等しくて、すべての値はインフレ調整後のものだとしてもいい。

ード・ブランバーグとの共同研究[14]は、フリードマンとほとんど同じ時期に行なわれていたが、モジリアーニのモデルは、経済学のはしごを1つ上にのぼり、現代のエコンの概念に近づいた。1年、さらには3年といった短期に焦点を合わせるのではなく、個人の生涯所得に基づいていることから、モジリアーニの理論は、**ライフサイクル仮説**（life-cycle hypothesis）と呼ばれるようになった。基本となる考え方は、人は若いときに、老後の資金、場合によっては遺産も含めた生涯所得を、生涯で均等に消費に割り振る計画を決定するというものだ。

消費の計画期間を生涯とすることで、モジリアーニの視点は所得から生涯の富に移った。問題を単純化して具体的に示すために、ここで扱われているのは、自分があと40年生きることがわかっていて、子どもに財産を遺すつもりのない人だとしよう。この単純化された前提で、ライフサイクル仮説に従うと、臨時収入は今後40年間にわたって均等に消費されることになる。臨時収入の限界消費性向は、残された生涯で年間わずか25ドル（1000ドル／40）ということだ。

ここで注目してほしいのは、ケインズからフリードマン、さらにモジリアーニへと進むにつれて、経済主体が先を見通す期間がどんどん長くなり、消費を先延ばしにする、それもモジリアーニのモデルでは何十年にもわたって先延ばしにする高い意志力があると暗に想定されていることだ。臨時収入がすぐに消費に回る割合についての予測も、ほぼ全額から、ほとんどゼロまで、振れ幅が大きい。フリードマンが主張したように、予測の精度でモデルを評価するなら、所得が一時的に変動したときの人々の対応を説明する能力が最も高いと思われるのは、ケインズのモデルに、短期の変動を均らそうとする人間の自然な傾向を取り入れるフリードマンの方向性を加味したものだと、私は考える。*しかし、モデルの考案者の明晰さで選ぶなら、モジリアーニが勝者になる。たぶん経済学者が「明晰であればあるほどいい」ヒューリスティックを働かせて、モジリアーニのモデルが最もすぐれているとの評価を受けることになり、このモデルが業界標準になった。

しかし、クラス1の秀才がずっと1番でいることは難しいし、モデルの洗練度をさらに1段階上げることは可能である。それを実証したのが、ハーバード大学の経済学者、ロバート・バローだ。[15]バローは、両親は自分の子どもや孫の効用を心配するという前提を置き、子どもや孫も自分たちの孫の心配をするので、計画期間は事実上、永久的に続くとしている。そのため、バローのモデルの経済主体は、子どもに財産を遺すことを計画し、その子どもも同じようにする。この世界では、どのくらいのお金が消費に振り向けられるかは、そのお金がどこから来るかによって決まる。1000ドルの臨時収入がカジノで大当たりして手に入れたものだったら、消費に関する予測は、モジリアーニと同じものになるだろう。ところが臨時収入が、国債の発行を財源とする一括減税によるものだと、バローの予測は変わる。国債はいずれ償還しなければならない。減税を受ける人は、そのことをきちんと理解していて、

＊老後の生活資金を貯めるなど、もっと長期の問題を扱う場合には、話はいっそう複雑になり、私の評価はモジリアーニ側にもう少し傾く。この少し後で取り上げる行動ライフサイクル仮説の議論を参照。

自分が受けている減税の恩恵の財源をまかなうために、自分の遺産の相続人の税金がやがて引き上げられるとわかっているので、減税による臨時収入には手をつけない。逆に、減税の効果で所得が増加した分だけ、遺産を増やす。

バローの洞察は緻密だが、それが記述として正確になるには、バロー並みに賢いエコンが必要になる。* この分析はどこで止めるべきなのか。バロー以上に頭の切れる人物が現れて、バローが考える以上に賢いふるまいをする人間が想定されたら、バローが想定されたら、それも現実の人間がるまうかを示す最新のモデルになるのだろうか。たとえば、バローのモデルの経済主体の1人が、バローが嫌悪するであろう隠れケインズ主義者で、減税が行なわれれば景気が刺激され、税収が増えて国債が償還されると考えているとしよう。その場合、この経済主体は遺産を増やさない。それどころか、減税効果で景気が大きく浮揚すれば、経済成長率が上昇して相続人が恩恵を受けるので、遺産を減らすことだってできるかもしれない。しかし、ここで注意してほしいことがある。このモデルの経済主体は、経済理論と、財政政策の影響に関する実証分析の両方に精通していて、どの経済モデルを適用すればいいか判断できるエコンでなければいけない。だが現実には、ロバート・バローのような切れ者などめったにいない。経済モデルが想定する経済主体の知識と意志力には、どう考えても限界があるはずだ。

全員が経済学の博士号を持っているエコンで国ができているかのような世界をモデル化するという考えは、心理学者にはないだろう。私がそう痛感したのは、コーネル大学の心理学者に向けて講演したときのことだ。私は講演の冒頭で、モジリアーニのライフサイクル仮説の概要を述べた。私はふつうに話したのだが、聴衆は私が抱腹絶倒の笑い話でもしたかのような反応をした。幸い、経済学者のボブ・フランクが会場にいて、ざわめきが収まると、私がでたらめを言っているわけではないことを説明してくれた。それでも心理学者たちはまだ信じられないといった面持ちで、経済学の教授陣は人のふるまいについてどうしてこんなおかしな見方をしているのだろうと、不思議そうにしていた。†

＊

人々が自分の生涯の富をいつ、どれだけ使うか決めるとするモジリアーニのライフサイクル仮説は、人々は十分に賢くて、自分がどれだけ稼ぎ、どれだけ長く生きるかなどを合理的に予想して、必要なすべての計算をするだけの能力を持ち合わせていると想定しているだけでなく、そこから導かれる最適な計画を実行するだけの自制心も兼ね備えているとされてい

＊　数年前のことだが、ある学術会議でロバート・バローに会ったとき、私はバローに、私たちのモデルの相違点は、バローは自分のモデルの行為主体が自分と同じくらい賢いと想定していて、私は自分のモデルの行為主体が私と同じくらいまぬけだと想定していることだと話した。バローもこの評価には同意した。

†　コーネル大学時代の同僚で親友のトーマス・ギロヴィッチは、私にこう言った。「いったい君は、どれだけ経済理論から便利な帰無仮説を手に入れているんだ」

る。さらにもう1つ、暗黙に仮定されていることがある。富は代替可能だということだ。このモデルでは、富が現金か、ホームエクイティか、老後の生活のための貯蓄か、代々受け継がれてきた家宝の絵であるかは、問題ではない。富は富だ。ここまでのメンタル・アカウンティングの話からすでに明らかなように、この想定は、認知能力や意志力に関する想定と同じくらい、意味のあるものでもなければ、正確なものでもない。

富は代替可能だとする想定を緩めて、消費と貯蓄の理論にメンタル・アカウンティングを組み込むため、私はハーシュ・シェフリンとともに、**行動ライフサイクル仮説**（behavioral life-cycle hypothesis）を提唱した。[16]この仮説では、ある年の家計の消費を決定するのは生涯の富だけでなく、その富をどのメンタル・アカウントに入れているかにも左右されると想定している。宝くじで1000ドル当たったときの限界消費性向は、老後の生活資金のための貯蓄が1000ドル増えたときの限界消費性向を大きく上回るだろう。それどころか、ある調査によれば、老後の生活資金のための貯蓄が増えたときの限界消費性向はマイナスになる場合さえあるのだ。具体的に説明すると、退職準備貯蓄制度の加入者は、運用成績が上がって、資産が増えると、貯蓄率を引き上げることを、行動経済学者の研究チームが明らかにしている。[17]これはおそらく、この投資の成功が将来も続くと推測しているからだろう。

家計の消費行動を理解するには、エコンではなくヒューマンを研究することから始める必要があるのは明らかだ。ヒューマンは、アインシュタイン（あるいはバロー）のような頭脳は持っていないし、禁欲的な戒律を守る僧侶の自制心も備えていない。むしろ、すぐ頭に血がのぼるし、将来を正しく見通すこともできず、お金にさまざまなラベルをつけるし、株式の短期のリターンに惑わされることもある。私たちに必要なのは、こんなヒューマンのモデルだ。その中で私が気に入っているモデルが、次章のテーマになる。

第12章　自分の中にいる「計画者」と「実行者」

私がセルフコントロール問題について真剣に考え始めたとき、経済学の文献には参考になるようなものがほとんどなかった。大学院生のほとんどがそうであるように、これまでの章で論じてきた経済学の先人たちのことを、私は何も知らなかった。30年以上前までに書かれたものを大学院生が読むことはめったにない。それに新しい動きもほとんどなかった。そうした中でも、ある3人の学者の研究には大いに刺激を受けた。1人は経済学者、残る2人は心理学者である。

私が調べた経済学の論文の中に、セルフコントロールを取り上げていた論文が1つだけあった。それを書いたのがノースウェスタン大学の経済学者、ロバート・ストロッツである[1]。サミュエルソンが定式化した割引効用モデルを使っている経済学者はたくさんいたが、時間非整合性についてのサミュエルソンの警告に注意を払っていた者は、ストロッツを除けばほとんどいなかった。

1955年に発表したこの論文の中で、ストロッツはセルフコントロール問題を深く掘り下げ、人間の選好がどのような特性を持てば一度立てた計画を変更しようとはしなくなるのかを、数学的に探った。論文の専門的な内容をくわしく説明するにはおよばない。ここでは、人が時間整合的になると確実に言うことができるのは、あるきわめて特殊なケース（効用を指数関数的に割り引いているケース）に限られ、サミュエルソンと同じように、ストロッツもこうした条件が満たされることはないだろうと考えていたと言っておけば十分だろう。

こうした懸念から、ストロッツはホメロスの叙事詩『オデュッセイア』の主人公オデュッセウスと海の妖精セイレンの寓話をアナロジーとして用いた。この議論はいまや定番中の定番になっており、哲学者から心理学者、さらには経済学者まで、セルフコントロール問題を扱うほとんどすべての研究者がこの古代の物語に触れているので、これに限っては、私もその伝統にならうことにする。

まず、物語のあらすじをおさらいしよう。セイレンは古代版ガールズ・バンドである。その妖しくも美しい歌声で船乗りたちを惑わし、船を浅瀬に誘い込んで、難破させる。オデュッセウスはどうしてもセイレンたちの歌を聞きたい、そして、船を難破させることなく、それがどんなにすばらしい歌声だったかをみんなに伝えたいと考えた。そこでオデュッセウスは2段構えの計画を練った。* 1つは、水夫たちにセイレンの歌声が聞こえないようにすることだ。そのためオデュッセウスは、水夫の耳にロウを詰め込ませた。そしてもう1つは、水

＊　じつはオデュッセウスはこの計画を自分で考え出したわけではない。魔術と薬草の女神、キルケーの忠告に従っただけだ。

夫に自分の体を船のマストにしばりつけさせることである。こうすればセイレンの歌声の虜になっても身動きができなくなり、船を岩場に近づけようとする誘惑に屈しないようになる。

この物語には、セルフコントロール問題を克服するために使われる2つの重要なツールが描かれている。水夫たちに対しては、愚かなことをしてしまうきっかけを排除しておく戦略がとられた。「去る者は日々に疎し」である。そしてオデュッセウス自身に対しては、**コミットメント戦略**（commitment strategy）を選択した。オデュッセウスは、自滅的な行為をしないように、自分自身の選択をあらかじめ制約している。カシューナッツのボウルを片づけるのと同じだ。ストロッツ自身も、コミットメント戦略を使って、学年度の給与の支払いスケジュールを調整していると告白している。「年間給与支給額（夏期休暇期間を除く9カ月分）を9で割って年9回支払われる形ではなく、利息はつかなくなるかもしれないが、総額を12で割って毎月支払われる選択肢を、私は選ぶ！」

私が1978年にセルフコントロール問題について考えていたとき、ストロッツの論文は発表されてからすでに20年以上がたっていたが、経済学界で興味を持った人は、私の他に誰もいなかったようだ（すぐにトーマス・シェリングが加わるが）。そこで私は心理学に目を向けた。心理学なら満足の遅延に関する文献がきっと山ほどあるだろうと思ったからだ。だが、見立ては大きく外れる。いまでこそ大勢の心理学者がセルフコントロール問題に関心を示しているが、1970年代後半はそうではなかった。私はしかし、財宝を2つ掘り当てた。当時

1つは、ウォルター・ミシェルの研究だ。これはいまではとても有名になっている。

スタンフォード大学に在籍していたミシェルは、職員の子どもたちが通うキャンパス内の保育園で一連の実験を行なっていた。4～5歳の子どもがある部屋に通されて、いま小さな報酬をもらうか、少し後で大きな報酬をもらうか、どちらか1つを選ぶように言われる。このときの報酬は、マシュマロやオレオクッキーといったお菓子だった。実験者は子どもにこう話す。「君にオレオを1つあげる。いまでも後でも、好きなときに食べていいよ。だけど、私が戻ってくるまで食べるのを我慢していたら、オレオを全部で3つあげるね」。待つことができずにどうしても食べたくなったら、テーブルの上にあるベルを鳴らす。すると実験者がすぐに戻ってくるが、ベルを鳴らした場合には、小さな報酬しかもらえず、オレオは1つしか食べられない。

大半の子どもにとって、このタスクは大変な試練となるが、重要だったのは、子どもがどのような環境で待っていたかである。あるバージョンでは、お菓子はお皿に載せられて、子どもの目の前に置かれた。オレオが見えるようにすることで、セイレンの歌声がオデュッセウスに与えたのと同じ効果を、大半の子どもに与えた。このケースでは、子どもたちが待つ時間は平均で1分強だった。しかし、オレオを見えないようにして、意識の外に追いやると、子どもたちがオレオを食べるのを我慢する時間は平均で11分になった。同じように、報酬のことを考えずに、何か〝愉快な〟ことを考えるように言われたときも、我慢できる時間は長くなった。

こうした実験が始まったのは、1960年代後半から70年代初めのことだった。それから

10年後、ミシェルと同僚らは、被験者だった子どもたちがその後、どうなったかを追跡調査すると興味深いことがわかるのではないかと思い立った。500人ほどいた参加者にできる限り連絡をとったところ、当初の参加者の約3分の1が、10年に一度聞き取り調査を受けることに同意した。その結果、子どもが実験で待った時間と、成長後の社会的な成功度の間に、当初予期していなかった相関性があることがわかった。オレオを食べるのを我慢できた子どもは、オレオを食べた子どもよりも大学進学適性試験（SAT）の点数が高く、高収入の職業についていて、薬物依存も少なかったのだ。ミシェル自身が、いわゆる性格特性は行動傾向を予測するうえではあまり役に立たないことをさまざまな研究で示していたことから、性格が現在の行動を左右するばかりか、将来に大きく影響するというこの結果は、大きな驚きを持って受け止められた。[2]

初期の実験の一部を隠しカメラで撮影し、子どもたちが一生懸命自制心を働かせようとするようすを記録した非常に貴重な映像を、ミシェルが保存している。私がとくに興味をそそられた男の子が1人いる。この子はいちばん過酷な環境にあり、最初に持ってこられる報酬がオレオクッキー3つと他の子どもより大きく、それも目の前に置かれていた。男の子は少し待ったものの、我慢できなくなった。しかし、ベルは鳴らさず、クッキーを1つひとつそうっとはがして、サンドされているおいしいクリームをなめて、元に戻した。オレオに手をつけたことがばれないように、ありったけの知恵を働かせて、偽装したのである。この子の行く末を想像すると、バーナード・マドフ（訳注／元NASDAQ会長。2008年、各国の金融機関や投資家に計4兆円以上の損失をもたらす巨額詐欺事件が明らかになった）になる未来がありありと浮かんでくる。

私が関心を持ったもう1人の行動科学者が、ジョージ・エインズリーという精神科医である。エインズリーは退役軍人病院の精神科医として勤務するかたわら、空いた時間を使って研究を続けていた。1975年に発表した論文では、当時のセルフコントロールに関するあらゆる研究が網羅・総括されており、私はスタンフォード時代にこの論文をむさぼるように読んでいた。

エインズリーの論文を読んで、ラットやハトなど、人間以外の動物を対象に満足の遅延を研究した文献がたくさんあることを知った。[3] ミシェルの例と同じように、実験者は、すぐに小さい報酬を与えるか、後でより大きな報酬を与えるかを動物に選択させる。動物が報酬を得るには、レバーを押すかつつくかしなければならない。何度も訓練すると、左右2つあるどちらのレバーを何秒間押すと、エサがどれだけ出てくるか学習するようになる。遅延時間と報酬の大きさをいろいろ変えることで、実験者は動物の時間選好を計測でき、大部分の研究結果で、人間の選好逆転を導くものと同じ割り引きのパターンを動物が示すことが明らかになった。何と、動物も効用を双曲線的に割り引いていて、セルフコントロール問題を抱えていたのだ！＊

エインズリーの論文は、セルフコントロール問題に対処するさまざまな戦略についても長く論じている。1つは、選択肢をあらかじめ減らしておくコミットメントである。カシューナッツを片づけたり、自分の体をマストにしばりつけさせたりすることがこれに当たる。もう1つは、誘惑に負けたときのコストを引き上げることだ。たとえば、あなたがタバコをやめたいと思ったら、よく会う人に高額の小切手を書いて渡し、あなたがタバコを吸っているところを見たら現金にしていいと告げる。その賭けを自分自身に対してしてもいい。エインズリーはこれを「プライベート・サイドベット」と呼んでいる。「(あなたが先送りしてしまいそうなタスクをここに入れる)を終わらせなかったら、今夜はテレビでバスケの試合を観ない」と自分に対して誓うのだ。

＊

ストロッツ、ミシェル、エインズリーの知見で武装した私は、経済学者がまだ経済学の領域だとみなすであろうこれらの問題を議論するための概念的枠組みを構築する作業にとりかかった。私が答えを出したいと思っている理論上の大きな疑問は、次のようなものだった。「私が自分の選好について心変わりをすることがわかっている(カシューナッツをあと少しだけ食べるつもりなのに、我慢できずに全部食べてしまう)としたら、将来の選択肢を制限するための行動をいつ、何のためにとるのだろうか」

心変わりすることは誰にでもある。しかしふつうは、最初に立てた計画から外れないようにするための特別な手立てをとらない。自分で自分の選択肢をしばろうと思うとしたら、それは、選好を後で変えると、まちがいを犯すことになると信じる十分な理由があるときだけだ。

カシューナッツを片づけることが賢いのは、ナッツをボウル1杯食べるとお腹がふくれてしまうし、せっかくのディナーをカシューナッツで終わらせるようなことはしたくないからである。同じように、ミシェルの実験に利口な子どもが参加したら、実験者にこう言うだろう。「次にオレオを持ってくるときには、『いまクッキーを1つ食べる』という選択肢をなくしてください。オレオっていう言葉も出さないで。15分待ったらクッキーを3つ持ってくる、だけにしてください」

こうした疑問についてあれこれ考えていると、偶然、社会学者のドナルド・マッキントッシュの引用文を見つけた。「セルフコントロールという概念は、精神に2つ以上のエネルギー系があり、それらのエネルギー系がある程度まで相互に独立していると仮定しないと、矛盾してしまう[4]」。この言葉は私の考え方に大きな影響を与えた。引用元は『人間社会の基礎』というあまり知られていない本だ。この引用文をどうやって見つけたのかよく覚えていないのだが、これを読んで腑に落ちた気持ちがした。セルフコントロールの核にあるものは、

＊マシュマロ／オレオ実験の動物バージョンを試した研究もある。大半はすぐに報酬に飛びついたが、グリフェンという名の特別に賢いヨウムは、大半の未就学児以上のセルフコントロールを示した(Zielinski, 2014)。

葛藤である。そして、葛藤が起きるには（少なくとも）2つの欲求が同時に存在していなければならない。私に必要なのは、ひょっとすると2つの自己を想定したモデルなのかもしれない――。

　私はこれだと思ったのだが、「2つの自己」を想定するモデルは、経済学では過激とみなされ、心理学では時代遅れとみなされるという欠点があった。この組み合わせはよろしくない。情念と中立の観察者との間のせめぎ合いに関するアダム・スミスの議論を知っている経済学者はほとんどいなかった。この研究に取り組み始めたときの私もそうだった。大方の人には、このアイデアは突飛にしか見えなかった。また、当時の心理学者の間では、人の心をイド、自我、超自我の3つの領域からなる1つの装置と考えるフロイトの理論に対する熱が冷めつつあり、いま大流行の「2つのシステム」[5]という概念はまだ出現していなかった。[*]私はこのアイデアを友人におそるおそる打ち明けた。この概念の大枠は私が書いた論文「消費者選択の実証的理論に向けて」に示されていたが、もっと形式的なものが必要であることは、私もわかっていた。経済学で「形式的」とは、数学を多用することを意味する。そこで、同じ時期にロチェスター大学[6]にいた数理経済学者のハーシュ・シェフリンに、一緒に研究をしないかと話を持ちかけた。

　私はこれまで、たくさんの人と論文を共同執筆してきたが、初めての共同執筆者が、このハーシュだ。ハーシュとこうした疑問について話し始めると、この人は数学に強いと感じた。それに、私のアイデアを頭から否定しなかった。私よりも数学ができる経済学者はそこらじゅうにいるので、こちらのほうが条件としては重要だった。ハーシュと私は、多くの点で対照的だった。ハーシュはまじめで、緻密で、勤勉だった。信仰心もあつく、古代ユダヤの学者が書いた口伝律法を編纂したタルムードの学習者でもある。私はそうした資質は1つも持ち合わせていなかったが、それでもどうにかうまくいった。何と言っても、ハーシュが私のジョークに笑ってくれたのは大きかった。エイモスとダニエルがそうだったように、私たちは納得のいく答えが見つかるまで徹底的に話し合った。そして、初めての共著論文を書く段になると、エイモスとダニエルがしていたように、2人で文章を1つひとつ読み上げていった。私たちが対話を始めたときは2人ともロチェスター大学にいたが、私はすぐコーネル大学に移り、ハーシュも温暖なカリフォルニアにある、スタンフォードにほど近いサンタクララ大学へ旅立った。私たちは2つほど共著論文を書いたが、ハーシュは行動経済学の研究に没頭するようになり、すぐにサンタクララ大学の同僚で行動ファイナンスを研究しているメイア・スタットマンと共同研究を始めて、大きな成功を収めた。

私たちのモデルは完全にメタファーに依拠している。人間の中には2つの自己がいるとす

＊カーネマンが『ファスト＆スロー』で提示した2システム・モデルは、彼とトヴェルスキーが当初考えていたものとはちがう。カーネマンが同書を書いた主な理由の1つは、速い思考をする自動的なシステムと、遅い思考をする熟考型のシステムという枠組みを使って元の研究を再構築することで、これまでの発見を新しい視点でとらえ直し、理解を深められると考えたからだった。

るモデルだ。1人は常に先を見通す「計画者」で、意志が強く、将来のことをきちんと考える。もう1人は向こう見ずな「実行者」で、まさにいまを生きている。[†] こうした行動モデルの場合は、計画者と実行者の相互作用をどう特徴づけるかが大きな鍵になる。1つの選択肢として、ゲーム理論と呼ばれる数学と経済学の分科を中核モデルとして使い、計画者と実行者をゲームの競争相手として相互作用するプレーヤーとすることもできた。私たちがこのアイデアを退けたのは、実行者は戦略的な行動に関与しているとは考えなかったからだ。彼はもっと受動的な生き物で、その瞬間だけを刹那的に生きている。目の前にある快楽に反応し、欲求が満たされるまで消費する。そこで、組織論のプリンシパル＝エージェント・モデルを援用して定式化する方法を選んだ。この方法を選んだのは、ロチェスター大学で教えていたときにエージェンシー理論（当時はこう呼ばれていた）が学内の議論の焦点になっていたことが強く影響した。マイケル・ジェンセンと、当時のロチェスター大学経済学部長、ウィリアム・メクリングが、1976年にこの理論に関する有名な論文を書いていたのだ。[7] 自分たちのアイデアをこのような形で応用することを彼らが認めるかどうかはわからなかったが、だからこそ面白いと思ったのだ。

　プリンシパル＝エージェント・モデルでは、プリンシパルは上司《ボス》である。たいていは企業の所有者だ。そしてエージェントは、プリンシパルの権限を委譲された人である。組織の文脈では、エージェントはプリンシパルの知らないことを知っており、また、エージェントの行動を逐一監視するのはプリンシパルにとってコストがかかりすぎるため、緊張が生まれる。

こうしたモデルのエージェントは、最小限の労力で、最大限の報酬を手に入れようとする。これに対し企業は、プリンシパルと、従業員であるエージェントとの間の利益の相反を最小限にするためのルールや手続きを定める。インセンティブ制を取り入れることや、会計制度を整えることがこれに当たる。たとえば営業マンだと、歩合給制が多く、交通費の領収書を提出しなければならないし、飛行機のファーストクラスを利用することは禁じられていたりする。

1人の人間の中にプリンシパルとエージェントがいると考える私たちの枠組みでは、エージェントは次々に生まれては消えていく実行者たちである。具体的には、私たちは一定の期間ごと、たとえば毎日、新しい実行者が現れると想定している。彼は自分が楽しければそれでいい。将来の実行者のことなど気にも留めない、完全に利己的な存在である。これとは対照的に、計画者は完全に利他的である。彼女は実行者たちの効用を気にかける（心やさしい独裁者だと考えてみてほしい）。実行者全体の幸福をできるだけ大きくしたいが、実行者の*

† 私がこのトピックに取り組み始めた直後に、トーマス・シェリングが研究にとりかかった。私たちの見解には共通する部分が非常に多かったが、トーマスは、遠視眼的な選好のほうが「正しい」可能性が高いということを私ほど強くは確信していなかった。たとえば、Schelling（1984）を参照。

＊ エイモスはいつも計画者を女性としていた。エイモスに敬意を表して、私も同じようにする。そして、男性は一般に女性よりも実行者のようにふるまうので、実行者は男性とする。ええ、どうせ私は性差別主義者ですとも。

行動をコントロールするにも限度がある。食べ物やセックス、アルコール、あるいは晴れた日に仕事をほっぽり出してどこかに行ってしまいたくなる衝動など、実行者が欲望をかきたてられている場合はとくにそうだ。

計画者には、実行者の行動に影響を与えるために使うことができるツールが2つある。1つは、実行者に報酬や罰を与えて、裁量を残しながら、実行者の意思決定に影響を与えること。報酬や罰は金銭でもいいし、金銭以外でもかまわない。もう1つは、コミットメント戦略のようにルールを課して、実行者の選択肢を制限することである。

試しに、ちょっと不自然なところはあるが、単純な例で考えてみよう。ハリーは1人でキャンプに出かけようとしている。行き先は人里離れた小屋で、外部と連絡をとる手段はない。小屋には小型機でやってきて、10日後にまた迎えにくることになっている。食糧は十分に持ってきたし、水もたっぷりある。ところが、お腹を空かせたクマが現れて、食糧をごっそり奪っていった。残されたのは、10本のエナジーバーだけ。クマはそれに気づかなかったか、グルメのクマの口に合わなかったのだろう。飛行機と連絡をとる方法はなく、ハリーにはサバイバル能力もない。飛行機が迎えにくるまでの10日間を10本のエナジーバーで食いつながなければいけない。もちろん、ハリーの中には計画者と実行者がいる。計画者はこの問題にどう対処するのだろう。

計画者は、それぞれの実行者の消費の価値はすべて等しいと考えているとしよう（したがって、後の実行者の消費を割り引かない）。実行者が食べ物から得る限界効用は逓減する。

つまり、エナジーバーを食べる喜びは1本目がいちばん大きく、2本目、3本目と食べるにつれて、喜びは小さくなるということだ。しかし、実行者たちは最後の1口を食べても新たな喜びが生まれなくなるまでエナジーバーを食べて、そこで食べるのをやめる。この状況では、計画者は1日1本エナジーバーを食べることが最善の結果だと考え、10人の実行者に等しく効用を割り当てる。* 言い換えると、消費を均《なら》すようにさせるということだ。これはエコンがライフサイクル仮説に従った場合にするとされることと同じである。計画者はある程度まで、実行者をもっとエコンのように行動させようとする。技術的に可能なら、計画者は実行者に裁量を残さないコミットメント戦略をとって、誤ったふるまいをするリスクを排除するだろう。理想は、プログラムタイマーで制御できる金庫を10個、小屋に備えつけて、指定した時間になったら開くようにセットすることだろう。† 計画者にとっては、これがいちばんいい結果である。

＊　問題を単純にするために、1日にエナジーバーを1本しか食べられないせいで、時間がたつにつれて実行者の空腹感が増していく可能性は無視する。

†　このような技術は実在する。キッチンセーフ（thekitchensafe.com）は、時間をセットするとその時間が来るまで絶対に開かないプラスチック容器である。キャンディからスマートフォン、車の鍵まで、あなたを誘惑するありとあらゆるものをこれに入れることをメーカーは勧めている。私は思慮深い学生から、これを1つもらった。当然ながら、それにカシューナッツを詰め込んだ。エコンの世界では、このような商品に対する需要は生まれないだろう。

しかし、小屋にはそんな金庫はありそうにない。だとしたら計画者には何ができるのだろう。エナジーバーは10本とも食器棚にぽんと置かれている。するとどうなる？　計画者が介入しなければ、1日目の実行者は、将来の実行者の厚生など気にもせず、お腹がいっぱいになるまで、つまり、エナジーバーをもう1口食べると幸福度が下がる時点まで、エナジーバーを食べてしまう。その時点がエナジーバーを3本食べた後に来ると仮定しよう。2日目の実行者も、エナジーバーを3本食べる。3日目の実行者も同じことをする。そして4日目になって、4人目の実行者が朝食に残る1本のエナジーバーを食べると、すぐにお腹がへってくる。残りの6日間は、全然楽しくない。

計画者は何とかして、最初のほうの実行者たちが最初の数日間でエナジーバーをばか食いしないようにしなければならない。コミットメント戦略を使えないなら、私たちのモデルでは、残されたツールは、実行者に罪悪感を抱かせることだけになる。計画者本人か、親や社会かを問わず、何らかの形で教化することで、実行者を、将来の実行者に食べ物を残さなかったことに罪の意識を感じるようにすることができる。しかし、罪悪感を植え付けるのはコストが高くつく。エナジーバーの例で言うと、計画者が実行者に罪の意識を持たせるようにできるのは、実行者がエナジーバーを1本消費した後になるからだ。となれば、彼女はむしろ、エナジーバーを1口食べて得られる喜びを小さくしなければいけない。

この状況をグラフ化したものが、次の図6である。いちばん高い線は、罪悪感を持たずにエナジーバーを食べたときの実行者の効用を表している。実行者は効用が最大化される時点

図6

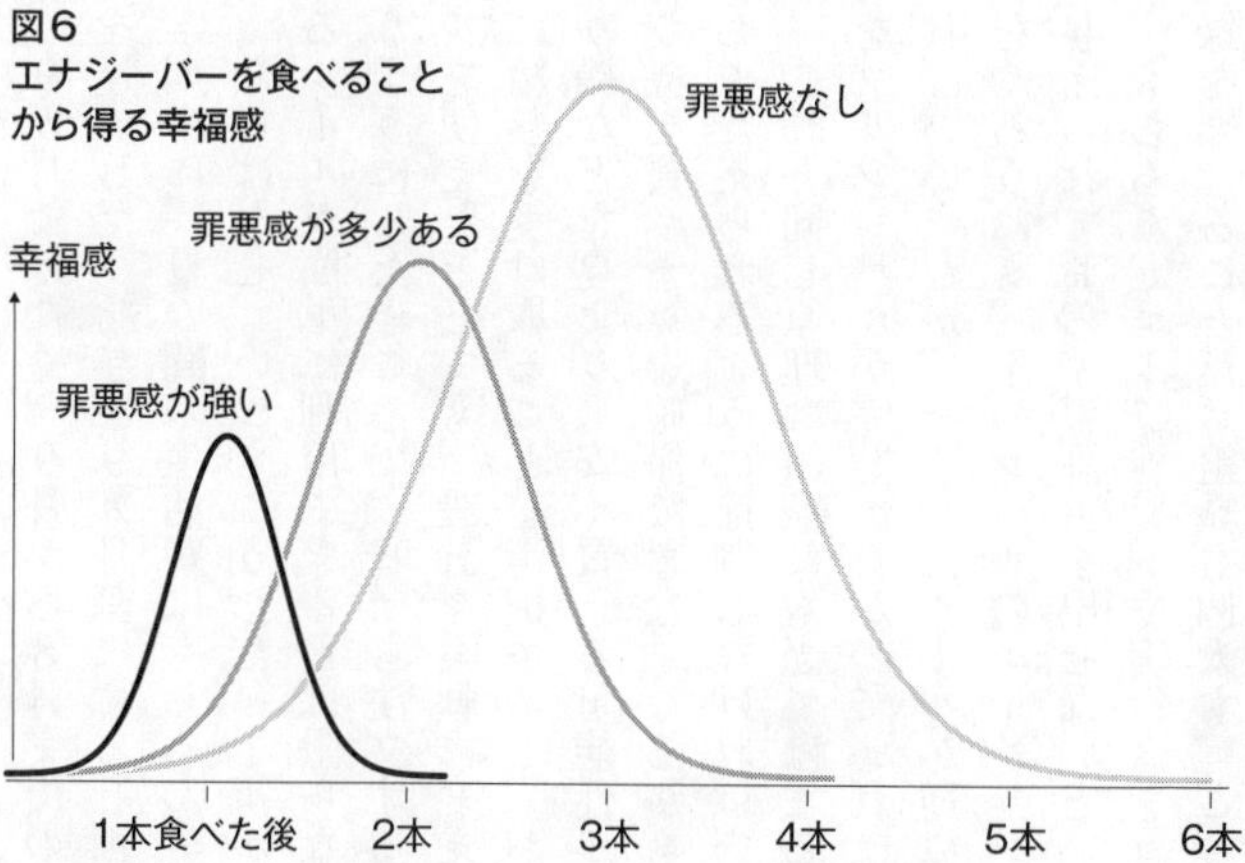

エナジーバーを食べることから得る幸福感

まで、つまり、エナジーバーを3本食べるまで、消費を続ける。2番目に高い線は、エナジーバーを2本食べた後に罪の意識を感じて、食べるのをやめる場合の効用の変化を、いちばん低い線は、1本食べて食べるのを止める場合の効用の変化をそれぞれ示している。この図で注目してほしいのは、罪悪感が生まれると、人生が楽しくなくなってしまうことだ。実行者がエナジーバーを食べる量を少なくする方法は1つしかない。エナジーバーを食べる喜びを小さくするのである。言い換えるなら、意志力を働かせるには努力が必要になるということだ。

完璧なルールを導入できれば、人生はより幸せになることを、この分析は示唆している。プログラム可能な金庫に1本ずつエナジーバーを入れる戦略を使うと、罪悪感にかられてエナジーバーを食べるのを止めるときより、満足はぐんと高まる。ストロッツは給与の支払い方法を、9月から5月の9カ月ではなく、9月から8月までの12カ月に分けるように大学に頼むことで、この目標を達成した。給与を9カ月割にする計画だと、お金が早く入ってくるので利息は増えるが、学期中に、夏の間の生活費はもちろん、バカンス費用も貯めておかなければならない。

ならばなぜ、いつもこうしたルールが使われないのだろう。1つには、外部から強制されるルールが簡単に利用できるとは限らない。ヘルシーな調理済みの夕食を毎晩配達してもらうようにしたところで、ピザも注文することを止める手立てはない。それに、そうしたルールを使えたとしても、設計を柔軟に変えることができない。ストロッツ教授が9月から5月に給与を受け取ることを選択すると、お金が早く入ってくるので、冬のセールで新しい芝刈り機などを夏よりも安く買える可能性がある。しかし、給与を12カ月割にすると、冬に芝刈り機を買う予算を確保できなくなるかもしれない。もちろん、お金が早く入れば、夏の間持ちこたえられるように節制しなければいけなくなる。

これと同じ原理は組織にも当てはまる。あらゆる状況下でエージェントがどうするべきかをプリンシパルが完璧にわかっていれば、彼女はルールブックをつくって、それを厳守させればいい。だが、そうしたルールが逆に足かせになることもある。どう見てもやるべきことをやろうにも、下のレベルのエージェントがそうすることを想定されていないために裁量が与えられておらず、許可を出せないといった経験は、誰にでもあるはずだ。

もちろん、エージェントや実行者をコントロールするテクニックは他にもある。経費の記録をつけることだ。組織も個人も、この方法を使っている。組織では、こうしたテクニックは会計と呼ばれる。ヒューマンも、前に見たように、メンタル・アカウンティング、つまり心の会計を使う。封筒や広口ビン、退職準備貯蓄制度の助けを借りて、同じ目的を達成しようとする。ここで注目してほしいのは、エコンとちがって、お金の入ったさまざまなビンを代替可能なものとして扱わないからこそ、そうした会計戦略が実行できるようになることである。

ハーシュ・シェフリンと私は、人の頭の中にほんとうに2人の別の人間がいると考えていたわけではない。この点は強調しておくべきだろう。私たちのモデルは「あたかも」モデルであり、セルフコントロール問題について考えるのに役立つ枠組みを提供するためにつくったものだ。論文の第2版には脚注をつけて、計画者は脳の中で意識的で合理的な思考をつかさどる前頭前皮質に住んでいて、実行者は情動の動きに関与している大脳辺縁系と関係があると考えることもできると記した。カーネマンが『ファスト&スロー』で記したような2つのシステムに基づくモデルをよく知っている人なら、計画者は遅い思考をする思慮深くて熟考型のシステム2であり、実行者は、速い思考をする衝動的で直感的なシステム1であると考えるのももっともだ。神経経済学の最近の研究によって、この解釈が裏付けられている。[8]しかし実際には、このモデルが生理学に裏打ちされているかどうかは重要ではない。これはセルフコントロールを経済学にどう組み入れるかを考えるためのメタファーである。

私はいままでも、この計画者＝実行者モデルはセルフコントロール問題を考える最も有効な枠組みになると思っているのだが、次世代の行動経済学者の間では、選択の形式的モデルとしてあまり浸透していない。ハーバード大学の行動経済学者、デヴィッド・レイブソンが1997年に発表した博士論文で、[9]後に選択モデルへと発展するアプローチを開発し、これに別の2人の経済学者、マシュー・ラビン、テッド・オドナヒューが磨きをかけた。[10]いまでは大半の経済学者がこのアプローチを、重要な変数を表す2つのギリシャ文字をとって、ベータ＝デルタ・モデルと呼んでいる。このモデルを一言で説明するのは難しい。巻末の注に重要な論文を載せているので、ぜひ参考にしてほしい。[11]ベータ＝デルタ・モデルを計画者＝実行者モデルと比べた場合の重要な長所は、数学的な簡潔さである。ベータ＝デルタ・モデルは、サミュエルソンの基本モデルに最低限の修正を加えて、セルフコントロールの本質をとらえられるようにしている。

ベータ＝デルタ・モデルとはどういうものであるのか、簡単な例で考えてみよう。「後」と認識されるある時点から先は、どれだけ時間がたっても人は価値を割り引かないとしよう。つまり割引率はゼロということだ。しかし、「いま」と考えられる時間は高く評価され、魅力的に見えてくるので、「後」と考えられる時間は価値が半分になってしまう。第11章で取り上げたウィンブルドンの例で言うと、今年の1回戦の価値を100とすると、来年以降の1回戦の価値は半分の50になり、再来年以降もずっと50のままだ。このような選好は「現在バイアス」がかかっている。このように「後」よりも「いま」に大きな重きが置かれていると、時間非整合的な選択をすることにつながる。

非常に単純化されたこの例でさえ、異時点間選択には興味深い小さな特徴がたくさんあることがよくわかる。そうした特徴は、人々がセルフコントロール問題を認識しているかどうかによっても変わってくる。デヴィッド・レイブソンがこの問題に関する最初の論文を書いたとき、行為主体は〝洗練されている〟と想定していた。平たく言うと、主体はこの時間選好のパターンを知っている、ということだ。レイブソンは行動経済学理論の論文を書いて職を得ようとしている大学院生であり、当時はこのカテゴリーはほとんど知られていなかったので、彼がこのような設定を置いたのは賢明なことだった。レイブソンの主体は生粋のエコンだったが、1つだけエコンらしからぬことがある。時間選好が一定していないのだ。オドナヒューとラビンが研究に加わることを決めたとき、2人はさらに大胆なアプローチを考えた。2人のアプローチでは、行為主体の選好には現在バイアスがかかっているが、自身の選好が時間非整合的であることに気がついていない。このような主体は〝無知《ナイーブ》〟だとされる。

当然ながら、こんな単純な定式化では、人間の行動を完全に正確に記述することはできない。3人とも「〝真実〟は2つの極端の間のどこかにある」と考えており、「部分的に単純な意思決定者」を前提にしている。この点については私も同じ意見である。ほとんどの人は自分がセルフコントロール問題を抱えていることをわかっているが、それがどんなに大きな問題であるかはわかっていない。私たちは自分の洗練度に対して無知なのである。とくに影響が大きいのが、ジョージ・ローウェンスタインが「ホット＝コールド感情移入ギャップ」[12]と呼ぶ現象である。落ち着いていて理性的な「コールド」状態にあるとき、たとえば、日曜日にとても満足のいくブランチを食べ終わったばかりで、水曜日にディナーに何を食べようか考えているときには、平日の夕食は低カロリーでヘルシーなものにするという計画を問題なく守れると考える。ところが、水曜日の夜がやってくると、クラフトビールがおいしいと評判の新しいピザハウスに行こうと友人から誘われる。店に行けば、試飲できるビールがずらりと並ぶリストはあるし、薪釜からはおいしそうな匂いが漂ってくる。そして結局、誘惑に負けて、日曜日に予測していたどころか、水曜日に店に着く前に予測していた以上に食べたり飲んだりしてしまう。こうしたケースでは、「平日は外でビールを飲んだりピザを食べたりしない」というルールをあらかじめ設定して、そのルールをどう実行するかを考える計画者が必要になるだろう。

私がカシューナッツのボウルを片づけたあのときから、行動科学者はセルフコントロール問題について、多くのことを学んできた。この後で見ていくように、社会の大きな問題の多くに対処するにあたって、こうした知識が重要な意味を持つことが明らかになり始めている。

幕間

第13章　行動経済学とビジネス戦略

行動経済学は、人がどのように行動するかをより現実に即して記述するものとされている。そうであるなら、現実社会のさまざまな場面で役に立つはずだ。私は研究者としての道を歩み始めてから、メンタル・アカウンティングとセルフコントロールに関する学術研究に没頭していたが、現実社会に繰り出す機会がときおりあった（とは言っても、イサカという限られた社会ではあったが）。するとすぐ、こうしたアイデアは実際のビジネス、とくに価格設定に応用できることがわかった。ここでは2つの事例を紹介したい。

スキー場の黒字化作戦

コーネル大学にいたとき、デヴィッド・コブという学生と親しくなり、兄のマイケルに会ってもらえないかと頼まれた。イサカで生まれ育ったマイケルはスキーが大好きで、イサカ近郊にある同族経営のスキー場、グリーク・ピークでマーケティング担当責任者として働いていた。当時、グリーク・ピークは深刻な資金難に陥っていた。雪不足の年が続いたうえ、景気が低迷していたこともあって、オフシーズンを乗り切るために多額の借り入れをせざるをえなくなっていた。それも信用度の高い企業でさえ借り入れ金利が高い時期で、信用度に劣るグリーク・ピークには厳しい状況だった。収益を増やして、負債を減らさなければ、倒産に追い込まれることは目に見えていた。マイケルは私に助けを求め、バーター取引を申し出た。マイケルが私と子どもたちにリフト券を提供し、子ども用のスキー用具一式を用意するという条件で、私は業績を黒字に戻す手助けをすることになった。

グリーク・ピークの業績が黒字化するには、値上げをしなければならないことがすぐに明らかになった。しかし、利益を確保しようとしたら料金を大幅に引き上げる必要があり、リフト券の価格はバーモントやニューハンプシャーにある有名な大型スキーリゾート並みに高くなってしまう。スキー客1人当たりの運営コストは、大型スキー場とそれほど変わらなかったが、グリーク・ピークにはスキーリフトが5台しかなく、ゲレンデ面積も小さい。大型スキー場と同じ水準の価格設定をどうすれば正当化できるか。料金を値上げしても利用客を大幅に減らさないようにするにはどうすればいいか。そして、コーネル大学など近隣の大学の学生を含めて、価格に敏感な地元客をどうすればつなぎとめられるのか。

この状況をメンタル・アカウンティングで読み解くと、次のことがわかる。グリーク・ピークの顧客にとって、有名なバーモントのスキー場のリフト券の価格が明確な参照点になる。そして、商品が質の点で劣っているのは明らかなので、グリーク・ピークの料金のほうが大幅に安いにちがいないと思っているはずである。グリーク・ピークの強みは立地のよさだった。イサカはニューヨーク州中部でスキーをするには最高の場所だ。バーモントに行こうとしたら自動車で5時間かかる。イサカの真南にあるスクラントンやフィラデルフィアはもちろん、ワシントンDCに住む人にとっても、グリーク・ピークはいちばん近いスキー場だった。週末になると、こうした都市からスキー客をいっぱい乗せたバスがグリーク・ピークにやってきた。

私は、行動経済学の知見を活用してグリーク・ピークの収益モデルを見直すことを、マイケルに強く勧めた。最初の難題は、顧客を大量に失うことなくリフト券の価格を上げるにはどうすればいいか、ということだった。私たちは数年かけて価格を少しずつ段階的に上げていく計画を採用した。これだと価格が突然跳ね上がって顧客の反発を招く事態を避けられる。また、値上げを一部正当化するために、利用客のスキー経験を向上させて、ぼったくり感を和らげるようにした。*私が出した初期のアイデアに、こんなものがある。グリーク・ピークのあるコースの横に短いレース用のコースがあった。スキーヤーはスラロームゲートを通過しながらゴールまでのタイムを競い、公式タイムはスピーカーで放送される。若いスキーヤーはレース感覚を手軽に味わえるし、ゲートの間隔が狭いので、スピードが出すぎる危険もなかった。このレースコースの利用料金は1ドルだった。料金は高くはないのだが、それを払うのがとんでもなく面倒だった。スキー場でお札や小銭をやりとりするのは意外に大変だ。まず厚くてゴワゴワしたグローブを外し、かじかんだ手をスキーウェアのどこかに突っ込んで、お金を入れておいたところを探さなければいけない。しかもこのコースの場合は、自動販売機のコイン投入口のような細長いすき間に1ドル札を入れなければならなかった。通常の環境でもうまく入れるのは難しいのに、ゲレンデのような過酷な環境になれば失敗率がどれくらい高くなるかは想像がつくというものだ。

私はマイケルとオーナーのアルに、このレースコースからどれだけの収益を上げているのか尋ねた。収益はわずかで、1年に数千ドルといったところだった。だったらこれをタダにしたらどうかと、私は提案した。そうすれば、ほんのわずかなコストで利用客のスキー経験を向上させることができる。このアイデアは即採用された。これをきっかけに、マイケルとアルは、自分たちの商品の質を高めて、何よりも重要なポイントとして知覚価値を上げるために、他にできることはないか考え始めた。

もう1つの改善案は、スキーのインストラクターに関するものだった。インストラクターの主な仕事は、初心者、とくに児童の団体にスキーを教えることだった。顧客基盤を拡大するための重要な仕事であることは言うまでもないのだが、いかんせん稼働していない時間が長い。すると、山の上で無料のスキークリニックを始めたらどうだと、誰かがすばらしいア

＊　メンタル・アカウンティングの用語を使って言うと、グリーク・ピークに行って正規料金を払うことは、大半の顧客にとってはプラスの獲得効用になった。車で30分ほどでスキー場に着いて、1日スキーを楽しんで、夕食は家で食べて、ホテル代がかからずにすむという地元客はとくにそうである。それはソルトレイクシティなどのスキーリゾート近郊の住人に許されるぜいたくであって、大半の人は関係ない。問題は、知覚される取引効用にあった。大型スキー場の価格とそう大きくちがわないため、お得感がない。

イデアを出した。スキー客はコースの指定された場所で待ち、いくつかあるゲートを滑って、そのようすをビデオカメラで撮影する。その後、コースの下にいるインストラクターがスキー客にビデオを見せて、ここをこうするといいなどとアドバイスするのだ。このアイデアには、「フリーレッスンか！」と驚きの声があがった。

こうした改善によってリフト券の値上げが受け入れられやすくなったとしても、価格に敏感な地元客にどう対応するか、という問題が残る。この点については、すぐれた既存のモデルがあった。グリーク・ピークは大学生を対象に、10月15日までに購入すると格安料金になる平日リフト券の6枚セットを販売していた。このセットは人気が高く、早い段階で収益を確保する強力な手段になっていた。ビールの6缶パックを連想させる「シックスパック」というネーミングもよかったのではないか。参照点としてはわかりにくくても、大学生には訴求する。

そこで私たちは、大学生以外の地元のスキー客にも、シックスパックのようなものを提供できないかと考えた。狙いは、年に一度か二度車でやってくる他の町のスキー客は利用できないようなメリットを、地元のスキー客に提供することだった。遠方からくるスキー客にとって、リフト券の価格は、交通費、食費、宿泊費を含めたスキー旅行の総費用のほんの一部にすぎない。リフト券が数ドル高かったところで、スキー旅行に行くかどうかの決断を左右することはおそらくないだろう。近くに競合するスキー場がなければなおさらだ。そうして私たちがたどり着いた解決策が、「テンパック」である。週末チケット5枚と平日チケット

5枚をセットにし、10月15日までに購入すると販売価格の4割引きで買えるようにしたのだ。

テンパックは地元客の間で大きな評判を呼んだ。テンパックが支持されたことは、いくつかの行動学的な要因で説明がつく。第1に、あらためて言うまでもなく、4割引きというのはお得感が大きいので、取引効用が大きくなる。第2に、リフト券を事前購入する形にしたことで、購入するかどうかの決定が、スキーに行くかどうかの決定から切り離された。[1] ワインのメンタル・アカウンティングと同じように、事前購入はお金を節約する〝投資〟とみなすことができるので、雪が降った後の晴れた金曜日にスキーに行こうと思い立ったときに、その決定を実行するコストはゼロになる。その顧客が前の週末に豪華なディナーを食べに出かけていたとしても、娯楽費のメンタル・アカウントの収支は赤字にならない。スキーは「タダ」でできるからだ。そして、グリーク・ピークの視点に立てば、それはタダよりよいものだった。そう、サンクコストである。* シーズンが進むと、スキー客はテンパックに投資

---

* もちろん、全員がこの罠にはまるわけではない。マイケルが私たち家族に無料のリフト券をくれるようになる前は、中学1年生だった娘のマギーのために有料の放課後スキープログラムの講習費を一括で払っていた。ある週、マギーはレッスンを休んで学校のパーティーに行きたいと言った。次の週も、友だちの誕生日会があるから休むと言った。私はマギーをとがめた。「マギー、お前は自分が何をしているのかわかっているのか？　このスキーレッスンに高いお金を払っているんだぞ！」。するとマギーはこう言い放った。「サンクコストよ！」。まあ、こんな答えを返してくるのは、経済学者の娘ぐらいのものだろうが。

したお金を無駄にしたくないのでリフト券を使ってしまおうと考えるだろうし、正規料金を払ってくれる友だちを連れてきてくれるかもしれない（テンパックは他人に譲渡できないきまりになっていた）。

テンパックが売れた理由はもう1つある。スキーは、来年はもっとやるぞと心に決める人が多い活動の1つであることだ。「去年はスキーに3回しか行かなかったなあ。グリーク・ピークはすぐ近くにあるっていうのに。よし、今年は何日か仕事を休んで、人が少ないときに行こう」という具合である。もっと運動しようとジムの入会金を払うのと同じで、スキーヤーの内なる計画者は、この冬はもっとスキーに行くというアイデアを気に入る。テンパックを購入するのは、もっとスキーに行って、なおかつお金も節約できる絶好の手段だった。

数年もすると、シックスパック、テンパック、シーズンパスがグリーク・ピークの収益の大部分を占めるようになり、早い段階で収益を確保できるようになったことで、スキーシーズンが始まる12月まで何とか持ちこたえるために借り入れをする必要がなくなった。また、リフト券を事前販売することで、暖冬で雪不足になるリスクをヘッジできるようにもなった。人工雪をつくる手もあるが、降雪機は寒くなければ使えない。それに、たとえ寒くなったとしても、市街地に雪がなければ、スキーに行こうと考える人は少なくなってしまう。スキー場の雪の状況はまったく考慮されないので、オーナーにとっては非常に頭の痛い問題だ。

テンパックを発売してから3年後、マイケルは状況を分析して、その結果を私に電話で報告してきた。テンパックはレギュラーシーズンの販売価格の60％で売られていたことを思い出してほしい。「リフト券の何%が実際に使われたと思いますか?」。マイケルは私に質問した。「60%ですよ!」。グリーク・ピークはテンパックを販売価格の60%で販売していたが、リフト券は60%しか使われていなかった。つまり、リフト券を正規の価格で売って、数カ月前倒しでお金を手にしていたのと同じことだ。これはもう大勝利である。

それでも顧客は腹を立てなかったようで、テンパックを買った人のほとんどが翌年も購入した。リフト券をほとんど使わなかった人でさえ、悪いのはこんな商品を売ったグリーク・ピークではなく、リフト券を使わなかった自分のほうだと考えたのだろう。もちろん、シーズン末にリフト券をほとんどすべて使い残すことになりそうな人もいた。リフト券を次のシーズンに使うことはできないかと、だめもとで問い合わせてくるケースもあったが、グリーク・ピーク側は、申し訳ないがきまりなのでそれはできないと応じた。テンパックには今シーズン限り有効と明記してあった。しかしアルは、こうした顧客に特典を用意していた。今年もテンパックを購入すれば、前年の未使用のリフト券をそのままお使いいただけます、と伝えるのである。もちろん、前の年に2〜3回しかスキーに行かなかった人が、次の年に10回以上行くとは思えないが、この特典はスキーヤーの心をくすぐった。多くの人はこう言われたからテンパックをまた買ったわけではないと思うが、グリーク・ピークは「公正」であろうと努力していると好意的に受け止められたようだ。このすぐ後で見るように、公正さが顧客の満足度を維持する鍵になることがある。

価格設定の最後の課題となったのは、シーズン当初の対応だった。初雪が降った直後には、スキー場は開いているが、リフトはたいてい1台しか動いていない。そこに、スキーシーズンの幕開けを3月から待ちわびていたスキーヤーが新しいシーズンの初滑りにやってくる。そんなスキー客にどのような価格を設定すべきなのか。アルは、部屋の窓から山と天気を見て、リフト券の販売員にその日の価格を伝えていた。価格はたいてい正規料金の半額だった。もちろん、初滑りにくるスキーヤーのほとんどは、価格がいくらになるのか知らない。彼らが知っているのは定価だけだ。シーズン当初のアルの価格戦略を見抜いてやってくるごうつくばりなど、そうそういるものではない。私はこれを「シークレット・セール」と呼んでいる。顧客がレジにやってきて正規料金を支払おうとすると、販売員はこう告げる。「ああ、それはいまセールで、50％オフです」。こうすればいい気分になってもらえるかもしれないが、価格戦略としては上出来とは言えない。なぜなら、この顧客は定価で買うつもりがあったからだ。値下げをするのが合理的であるのは、顧客ロイヤルティが築かれて、現在、ひいては将来の売上高が増加するときだけである。

マイケルと私は新たな戦略を編み出した。シーズン初めや、スキー場の一部しか開放されていないときの価格設定に、一定の基準を設けることにしたのである。利用客は当日は正規料金を支払うが、次回に使える最大50％の値引きクーポンを受け取る。値引き率はリフトが何台動いているかによって決まる。顧客は正規料金を支払うつもりでいたので、この特典は気前がいいと受け止められた。それにクーポンをもらったスキーヤーはまた来ようという気になるかもしれないし、うまくいったらランチやビールも買ってくれるかもしれない。

マイケルは以前、この値引きクーポンがどんなに好評だったかを物語るこんな話をしてくれたことがある。ある男性が未使用のテンパックを手に、初滑りにやってきた。リフト券売り場で1枚をリフト券に交換しようと列に並んでいると、販売員が自分の前に並んでいる客に、次回購入時に使える50%値引きクーポンをお渡しします、と説明しているのを耳にする。男性はこれはいいと思い、手にしていたテンパックをポケットに戻し、正規料金を払ってリフト券を買う――。私は、その人がテンパックを使い切る前に半額クーポンを使ったかどうかずっと知りたいと思っているのだが、それは神のみぞ知ることだ。

グリーク・ピークが借金経営から脱却し、シーズン中の積雪量に経営状態が左右されにくくなったのは、スキーシーズンが始まる前に確固とした収益基盤を築けるようになったからである。マイケルも私もいまは経営に関与していないが、グリーク・ピークは現在も営業を続けている。*

GMの在庫問題

アメリカの自動車メーカーは長年にわたって、夏に売り上げが落ち込むという問題を抱え

＊　残念ながら、マイケルはこの本が完成する直前に亡くなった。この節を書いていたとき、どちらのほうがこのエピソードの記憶が薄れているか、2人で競い合って楽しんだ。もう会えないと思うと、さびしくてしかたがない。

ていた。自動車のニューモデルは毎年秋に発売されるので、その時期が近づくと、顧客が〝去年〟のモデルを買おうとしなくなるのだ。メーカー側はこのパターンに気づいていなかったようで、8月になるときまってディーラーの展示場には売れ残った車の在庫が積み上がり、ニューモデルをお披露目するためのスペースがなくなってしまう。過剰在庫を一掃しなければならない自動車メーカーは、販売奨励策を打ち出さざるをえなくなるのだった。[2]

イノベーションの1つがリベートだった。[3] これは1975年にクライスラーが導入したもので、すぐにフォードとGMが続いた。自動車メーカー各社は、新車を購入した人にキャッシュバックをする期間限定のキャンペーンを発表していた。金額はだいたい数百ドル程度だ。リベートは期間限定セールの言い方を変えただけのように思えるが、同じ額を販売価格から値引きするより評判はいいようだった。これはメンタル・アカウンティングによって説明がつく。ある車の店頭表示価格が1万4800ドルだったとしよう。これを1万4500ドルに値引きしても、たいしたことではないように思える。これは丁度可知差異ではないからだ。しかし、値引きをリベートと呼ぶことで、消費者は300ドルを別会計で考えるようになり、重みがぐんと増す。このメンタル・アカウンティングは、少なくとも私が暮らしていたニューヨーク州では高くついた。というのも、消費者はリベートに消費税を払わなければならなかったからだ。さきほどの例の数字を使うと、消費者は1万4800ドルの定価に対して消費税を支払い、その後、自動車メーカーから300ドルが小切手で戻ってくる。300ドルに消費税分が上乗せされて返金されるわけではない。だが、それ以上に重大だったのは、リベートが特別なことのように感じられなくなって、ディーラーの展示場に在庫がまた積み上がっていたことである。

その後、GM本社の誰かにあるアイデアがひらめく。フォードとクライスラーはリベートを代替・補完する手段として、自動車ローンの金利を下げていた。[4] もし、GMが販売奨励策として超低金利ローンを提供したらどうだろう？　自動車ローン金利の相場が10％超である時代に、GMは金利がわずか2・9％の自動車ローンを提供し、消費者はリベートか低金利ローンかを選べるようにした。この超低金利ローン・キャンペーンは空前絶後の効果をあげた。ディーラーの店先で目当ての車が他の誰かに買われないようにボンネットに覆い被さる消費者の姿は、ニュースでも報じられた。

その頃、私がウォールストリート・ジャーナル紙を読んでいると、ある小さな記事が目にとまった。記者が低金利ローンの経済的価値を試算したところ、リベートの価値よりも低いことがわかったというのだ。[5] わかりやすく言うと、消費者がリベートを使って自動車の頭金を増やし、借り入れ額を減らすと、金利は高いものの、こちらのほうがお金を節約できる。低金利ローンを選ぶのは大馬鹿者だったのである。それなのに自動車はたくさん売れていた。これはじつに興味深い。

当時、コーネル大学の同僚の1人、ジェイ・ルッソがGMのコンサルタントを務めていたので、ジェイのところに行って、このパズルのことを話し、心理学で簡単に説明がつくかもしれないと言った。リベートの金額は自動車の価格に比べればごくわずかだったが、自動車ローンの金利は相場の3分の1以下だった。そのほうがずっといい取引であるかのように響く。それに、会計士やウォールストリート・ジャーナル紙の記者を除けば、それぞれの価値をわざわざ計算する人などほとんどいないだろう。しかも当時はスプレッドシートもホームコンピューターもまだ登場していなかった。

すると、この考察を簡単な覚書にまとめてほしいとジェイに頼まれた。GMにも提出するのだという。1週間ほどすると、驚いたことにGMの本社から電話がかかってきた。私の覚書がマーケティング部門の幹部の目にとまり、私と話がしたいという。承知しました、いつでもおいでくださいと、私は答えた。

マーケティング部門の幹部はデトロイトから空路はるばるシラキュースに向かい、そこから車で1時間15分かけてイサカにやってきた。私のアイデアについて2人でいろいろ話したが、それでもせいぜい1時間にすぎない。彼はキャンパスを何時間か散策して、デトロイトへと帰っていった。私はジェイのところに行き、あの人はいったい何をしにきたのかと訊くと、ジェイはぶっきらぼうに答えた。「あの人は、お前の頭がいくつあるか数えにきたんだよ」。は？　「だから、頭が2つあったり、風呂に入っていなかったりしたら、安心して上司に会わせられないだろ？　そうじゃないことを確かめたかったんだよ」

私はどうやらテストをパスしたようだ。数日後、デトロイトに一度お越しいただけないでしょうかと、電話がかかってきた。これはコンサルティングの仕事を初めて獲得するチャンスかもしれない。そうすればそのお金を研究に使える。そう皮算用した私は、デトロイト行きを快諾した。それより何より、好奇心を強くかきたてられた。

マイケル・ムーアのドキュメンタリー映画「ロジャー＆ミー」を観たことがある人なら、私が訪れた場所を知っている。GM本社ビルだ。そこはまるで別世界だった。巨大なビルに入ると、玄関からロビーから、建物の中のいたるところに新車が展示してあった。最初に会ったマーケティング担当のバイスプレジデントから、1日のスケジュールの説明を受けた。私はその日、マーケティング部門のいろいろな人と30分ずつ面会することになっていた。その多くもバイスプレジデントのようだ。そこで、誰が低金利ローン・キャンペーンを評価しているのか質問した。このキャンペーンの場合、金利の一部を億ドル単位でメーカー側が負担することになる。案内役のバイスプレジデントは、はっきりとはわからないが、これから私が会う人たちの中の誰かであるはずだと教えてくれた。今日中にはわかるというわけである。

その日、何人かの話を聞いて、金利がどのように2・9％に決まったのかが明らかになった。CEOのロジャー・スミスが会議を招集して、その年の過剰在庫をどうするか話し合い、そこで誰かが自動車ローン金利を下げるキャンペーンを実施したらどうかと提案していたようだ。これはいいアイデアだという点では全員の意見が一致した。しかし、金利は何％にするべきなのか。ある幹部は4・9％にすることを提案し、別の幹部は3・9％はどうだと言った。それぞれが自分の意見を述べた後、最終的に、誰かが2・9％にすることを提案し、響きがいいとの理由でロジャーがこれに決めた。金利が2・9％に決まるまでに、1時間もかからなかった。

ところが、誰がこのキャンペーンを評価して、来年どうするかを決めるのかと質問すると、誰もがぽかんとした顔で見つめ返してきて、こう言った。「私ではない」。1日のスケジュールを終えて、案内役のバイスプレジデントのオフィスに戻った。私の見た限りでは、キャンペーンの効果を評価しようとは誰も考えていなかったようだと報告し、私にはこのやり方はまちがっているとしか思えないと伝えた。すると、どんな対応策があるか、提案書にまとめてほしいと言われた。

デトロイトを訪問してみて、このコンサルティングの仕事は引き受けたくないと思ってはいたのだが、ともかく短い提案書を送ることにした。その中でGMがするべきだと私が考えたことを2つ提言した。1つは、このキャンペーンが大きな成果をあげた理由を解明すること。もう1つは、将来に向けた計画を立てることだ。何しろ成功したGMのキャンペーンをフォードやクライスラーがコピーする可能性は高く、それに備えておかなければいけなかった。

1カ月後、素っ気ない返答がきた。私の提案は、最高幹部によって協議された結果、却下されていた。GMは、生産計画を改善して、夏場に在庫が積み上がらないようにするとしていた。そうであれば、低金利ローン・キャンペーンを評価して、将来に向けた計画を立てる必要はなくなる。モデル年式終盤に値引き販売する必要がなくなるからだ。私は驚いた。巨大企業が販売促進策に何億ドルも投じておきながら、それがどう展開され、なぜうまくいったのか検証もしないというのである。産業界の巨人たるGMよりも零細企業であるグリーク・ピークのマイケル・コブのほうが、よほど状況をきちんと分析し評価していた。

　実験し、テストし、評価し、学習することは大切であるのに、私がGMで経験したように、そうしようとしない企業や政府があまりにも多い。私はこの問題を長いこと見てきており、この後の章でさらにくわしく議論していく。こうした傾向はいまも変わっていないが、最近では、政府の意識を変革しようとする取り組みがさまざまな国で始まるようになり、私もそうした試みにたずさわっている。

　ところで、GMはあのとき、今後、夏場に過剰在庫が積み上がらないようにする計画を立てたと言っていたが、それからどうなったのだろう。次の夏も、次の次の夏も、結局、過剰在庫が生まれており、私の知る限り、約束は一度も果たされていない。自信過剰とはかくも恐ろしい。

第４部　カーネマンの研究室に入り浸る　1984〜85年

スタンフォードでともに1年を過ごした後、エイモス・トヴェルスキーとダニエル・カーネマンは北米に移住することを決めた。エイモスはそのままスタンフォード大学の心理学研究科に残り、ダニエルはバンクーバーにあるブリティッシュコロンビア大学（UBC）の心理学研究科に移った。UBCに魅力を感じた理由の1つは、スタンフォードとバンクーバーが飛行機で2時間の距離にあることと、標準時間帯が同じだったことだ。2人は共同研究を続け、毎日話をして、ひんぱんに行き来した。

3人とも同じ年に新しい仕事についたので、研究休暇（サバティカル）のスケジュールが同じだった。1984～85年になると、私は最初の研究休暇をとれるようになり、エイモスとダニエルも休暇に入る。スタンフォードでの1年は人生が変わるようなすばらしい時間だったので、いつ研究休暇をとるか考えるようになったとき、自然とエイモスかダニエル、あるいは2人と一緒に過ごしたいと思った。そうしてあれこれ画策した結果、バンクーバーでダニエルと共同研究できることになった。エイモスはイスラエルに向かった。

UBCではビジネススクールに研究室をあてがわれた。UBCビジネススクールにはすぐれたファイナンス研究科があり、私はその分野をもっと学ぼうと取り組んでいた最中だったので、入り浸るには最高の場所だった。しかし、その年に私がした主な仕事は、ダニエルと、ダニエルの共同研究者で、近くのサイモンフレイザー大学で教えていた環境経済学者のジャック・クネッチとの共同研究だった。バンクーバーでの1年も、ひたすら研究に打ち込む貴重な機会となった。スタンフォードで過ごした1年を別にすれば、私の人生で最も実り多い年となった。

第14章　何を「公正」と感じるか

ダニエル・カーネマンとジャック・クネッチは、2人が始めたばかりの研究プロジェクトに私を誘ってくれた。このプロジェクトは、私の「ビーチのビール」問題と密接に関連していて、経済的取引はどんなときに「よい取引」であるように見えるのか（つまり、人はなぜ、高級リゾートホテルのビールにはさびれた商店のビールよりも高いお金を払おうとするのか）という疑問を扱っていた。ダニエルとジャックが研究し始めていた課題は次のようなものだ。「どのような経済的取引が〝公正〟と感じられるのか」。高級リゾートホテルと同じ値段で商店でビールが売られていたら、店主がそんな高い値段をつけるのは公正ではないと判断して、商店のビールを買わない人もいるかもしれない。

このプロジェクトが実現できたのは、ジャックが電話アンケート調査を無料でできるようにカナダ政府と話をつけていたからだった。カナダ政府は失業者が電話調査員としての技能を身につける職業訓練制度を設けていたらしく、どんな内容でもいいので、新しい質問を次々に用意する必要があったのだ。毎週月曜日の朝に質問内容をファックスで送ると、木曜日の夜に回答がファックスで送り返されてくる。金曜と週末にその週の質問から何がわかるか分析して、翌週の質問を新しく作成する。いまではこの手の調査はアマゾンの「メカニカルターク」のようなサービスを使ってオンラインでできるが、その当時は、オンタリオ州に住む（次いでブリティッシュコロンビア州に住む）数百人の住民を毎週、無作為に抽出して電話調査するなど、とてつもない贅沢だった。理論に裏打ちされた直感を試行錯誤しながらテストするという、願ってもない調査手段を手に入れた私たちは、いろいろなアイデアを試しては、すぐにフィードバックを受け取って、そこから学ぶことができた。

次に示すのは、私たちが質問していた内容の一例である。

金物屋はこれまで雪かき用のシャベルを15ドルで売っていました。大雪が降った翌朝、この店はシャベルを20ドルに値上げしました。

この行為についてあなたはどう思いますか。次のいずれかを選んでください。

まったく公正である　容認できる　やや不公正である　きわめて不公正である

私たちは、データの表示を簡素化するため、最初の2つの回答を「容認できる」、残る2つを「不公正である」として分類・集約することにした。この質問に対する回答は次のとおりだった（各質問の回答者数は約１００人）。

容認できる　18%　　不公正である　82%

この質問を読んで、あなたはいま、「大雪の降った翌朝に雪かきに使うシャベルを値上げする？　とんでもない悪徳店主だ！」と憤《いきどお》っているかもしれない。しかし、それはまさに経済学の理論が示すとおりの展開であり、そうならなければいけないのである。これはそのままビジネススクールの経済学基礎クラスの問題にできそうだ。「雪かき用シャベルの供給が一定である中で、需要が急増する。この場合、価格には何が起きるか」。そのクラスでの正解はこうだ。「その価格を支払ってもいいと考えるすべての人が雪かき用シャベルを手に入れるまで、価格は上昇する」。支払い意思額で判断して、雪かき用のシャベルの価値をいちばん高く評価している人のところにシャベルが行き渡るようにする唯一の方法が、値上げなのである。

MBAコースの学生は、エコンのように考えることを学ぶが、それと同時に、ヒューマンのように考えるというのがどういうことなのかを忘れてしまう。これもカーネマンの言う「理論による眩惑」の事例である。実際、「雪かき用シャベルの公正性」に関する質問をMBAコースのクラスでしたところ、学生たちの反応は、標準的な経済理論に沿うものとなった。

容認できる　76%　　不公正である　24%

私たちの研究は純粋に記述的なものだった。道徳哲学者になろうとしたわけでも、何が〝公正である〟か、何が〝公正であるべき〟か、審判を下そうとしたわけでもない。私たちは「実験哲学」とでも言えるものを試みようとしていた。[1] ふつうの市民（カナダ人限定ではあるが）が何を公正だと考えているのかを知ろうとしていたのだ。もっと具体的に言うと、企業のどのような行動が人々の怒りをかうのかを明らかにしようとした。たとえば、大雪が降った後に雪かき用シャベルを値上げすると、人々はそれを不公正だと考えることがわかっている。このような慣行を表す名前まである。「便乗値上げ」（gouging）がそれだ。英語の「gouge」という単語は元々は「鋭い道具で穴を開けたり溝を彫ったりする」という意味がある。大雪の翌日に店が値上げをすると、人々はまるでお金をえぐりとられているかのように感じる。実際に、便乗値上げを法律で禁止している地域はたくさんあり、人々が便乗値上げは許しがたいと思っていることがうかがえる。ヒューマンはこれ以外に企業のどんな行為に反感を持つのか、私たちは探ることにした。

興味深い結果が得られた質問があれば、別のバリエーションを使ってもう一度質問し、それがたとえば雪かき用シャベルに限ったものではないことを確認した。3歳になる私の娘のジェシーと、いつも一緒にいる人形のジョーイに着想を得た例もある。ジョーイはただの人形ではない。キャベツ畑人形だった。何でこれが流行るのか私にはちっともわからなかったが、小さな女の子のハートをわしづかみにして大流行していたのだ。クリスマスが迫ると、キャベツ畑人形が店頭から姿を消してしまい、大勢の親が途方にくれた。そこでこんな質問をした。

ある店では人気商品のキャベツ畑人形が1カ月ほど品切れになっています。クリスマスの1週間前、倉庫で人形が1つだけ見つかりました。店の運営管理者たちはたくさんの顧客がこの人形を買いたいと思っていることを知っています。そこで店内放送を使って、この人形をオークションにかけて、いちばん高い価格で入札した人に販売すると告知します。

容認できる　26%　　不公正である　74%

この回答からは、また別の興味深い疑問がわく。なぜこのオークションは評判がよくないのか。オークションで落札したお金持ちのところに人形がいくことになるからか。それとも店のオーナーが、クリスマスイブを指折り数えて待っている小さな子どもを持つ親の弱みにつけ込んでカネを搾《しぼ》り取ろうとしているからなのか。

この疑問を解き明かそうと、私たちは別の回答者グループに同じ質問をしたが、今度は「売り上げはユニセフに寄付されます」という一文を付け加えた。すると79%の人がこの行為は「容認できる」と答えたのだ。人形をオークションにかけるのは、売り上げが寄付されるのであればいいが、店のオーナーの懐に〝寄付〟するとなれば話は別、というわけである。

この結論でさえ、まだ補強しなければならない。別のシナリオでは、小さな町でインフルエンザが大流行していて、治療薬があと1つしか残っていないという状況を設定した。この薬を薬剤師がオークションにかけるのは公正なのだろうか。もちろん人々はこのオークションを嫌ったが、このケースでは、売り上げを寄付したとしても、答えは変わらなかった。多くの贅沢品は裕福な人しか手に入れられないことはみんなわかっている。しかし、少なくともほとんどの人にとって、医療は次元がちがう。大半のヨーロッパ諸国は、公的医療保険制度を国民の基本的権利として提供している（カナダもそうである）。アメリカでは公的医療保険制度に反対する人もいるが、そのアメリカでさえ、医療保険に入っていないという理由で、交通事故にあった人が救急外来で受け入れを拒否されることはない。同じように、どの国でも臓器売買は許されていない。イランには腎臓を売買する市場が現実に存在するが、世界の大部分の国では、お金持ちが貧しい人にお金を払って腎臓を寄付してもらうのを認めるべきだという考え方は、経済学者のアルビン・ロスがこのような市場取引を表すのに好んで使う言葉を借りれば、〝不快〟だとされている。[2]

多くの状況で、ある行動の公正感は、それから誰が利益を受けて、誰が不利益を被るかだけでなく、どうフレームされるかにも左右される。この種の効果をテストするために、質問に2つのバージョンを用意して、それぞれ別の回答者グループに出していた。たとえば、次の1組の質問を考えてみてほしい。太字で示したのが、ちがっている部分である。

自動車の人気モデルが品薄状態になっていて、いま購入しても納車まで2カ月待たなければなりません。**あるディーラーはこのモデルを店頭表示価格で販売していましたが、いまは店頭表示価格に200ドル上乗せして売っています。**

容認できる　29%　不公正である　71%

自動車の人気モデルが品薄状態になっていて、いま購入しても納車まで2カ月待たなければなりません。**あるディーラーはこのモデルを店頭表示価格から200ドル値引きして販売していましたが、いまは店頭表示価格で売っています。**

容認できる　58%　不公正である　42%

第2章でクレジットカードの利用客に手数料を上乗せする例を取り上げたが、その議論の要点が実際に役立つものであることを、この2つの質問が雄弁に物語っている。どの企業も、想定される価格設定のうち最も高い価格を「通常価格」とし、そこから外れるときには「セール」か「割り引き」と表示するべきである。そうすれば、割り引きをやめても、割り増しをするときのようには反感をかわない。

　私たちの研究から、ある原則が浮かび上がってきた。それは、公正感は保有効果と関連がある、ということだ。買い手も売り手も、自分たちが慣れ親しんでいる取引の条件は、当然受け取るべき権利だと思っており、そうした条件が少しでも悪化すれば、それを損失と受け止める。この感覚がとりわけ強く表れるのは、売り手がこれまでは無料で提供してきたものや、価格に含まれていたものに対して料金をとり始めるときだ。このときには、現在の状況が参照点になる。もしレストランで食事をしているときに座れるようにすることに追加料金がとられるようになったら、ディナーには、必ずしも座り心地がよいとは限らないが、イスが含まれているという既存の規範が破られることになる。しかし、企業や雇用主には（妥当な）利益を確保する権利があると考えられている。企業が自社の商品を無償で提供することは期待されていない。そうだとしたら、コストが上昇したから値上げするというのであれば、ほとんどすべての場合において公正だと受け止められるはずだ。

　経済学で長年にわたって議論されている次の難題も、公正感で一部説明がつく。それは、どうして賃金は不況でも下がらないのか、というものだ。エコンの国では、経済がリセッションに陥り、企業が提供する財やサービスに対する需要が落ち込んでも、真っ先に従業員がレイオフされるようなことはない。均衡理論に従うと、何かに対する需要（この場合は労働に対する需要）が減少すると、価格も低下して、供給と需要が等しくなるように調整されるはずである。そのため、景気が悪化すると企業は賃金を下げて、自社の商品の価格が下がっても利益を確保できるようにするだろうと予想がつく。だが、現実にはそうなっていない。

賃金や給与はなかなか下がらないように見える。[3] リセッションに陥っても、賃金はまったく下がらないか、たとえ下がったとしても、全員の雇用を維持できるほどには下がらない。それはなぜなのか。

1つには、賃金を下げると労働者が猛反発するので、企業にしてみれば賃金は下げずに、余剰な人員をレイオフしてしまうほうがいいからである（レイオフされたら、もう文句を言えなくなる）。ところが、ある程度のインフレ状態にあれば、労働者からさほど反発されずに、〝実質〟賃金（インフレ率を調整した後の賃金）を引き下げられることがわかっている。次の2つの質問を見ると、それがよくわかる。

ある会社は何とか利益をあげている状況にあります。会社がある地域はリセッションに見舞われていて、大量の失業者が出ていますが、インフレは起きていません。大勢の労働者がこの会社で働きたいと思っています。会社は今年、賃金や給与を7％下げることを決めています。

容認できる　38％　　不公正である　62％

ある小さな会社は何とか利益をあげている状況にあります。会社がある地域はリセッションに見舞われていて、大量の失業者が出ており、**インフレ率は12％に達します**。会社は今年、賃金や給与を5%しか上げないことを決めています。

容認できる 78% 不公正である 22%

ここで注目してほしいのは、従業員の消費力はどちらも同じであることだ。しかし、反応はまったくちがう。名目賃金の引き下げは損失とみなされ、不公正だとそしられる一方、賃上げ率がインフレ率に追いついていなくても、名目賃金そのものが上がっていれば、容認される。金融危機後、私を含め一部の経済学者が、さまざまな理由から中央銀行はインフレ率の若干の上昇を黙認するべきだったと考えたが、これもその1つである。大半の国で雇用はなかなか回復していない。たとえインフレ率が3%になったとしても、企業は実質賃金を十分にカットできることになるので、雇用の回復ペースは速くなっていたかもしれない。

＊

もちろん、企業のどのような行為が人々の怒りをかうのかを明らかにすることと、企業が公正の規範を守るかどうかを問うことは、まったく別の話だ。この問題を体系的にとらえようとする研究は、私の知る限りでは存在しない。だが、成功している企業の大半は、私たちが浮き彫りにした規範を直感的に理解しており、少なくとも不公正なふるまいをしているように見られないようにしているのではないだろうか。

同じ顧客と長期にわたって取引をしようとしている企業にとっては、公正だとみなされる価値はとくに高いはずである。不公正なふるまいをしているように見られることで失うものは、他の企業よりも大きいからだ。実際、ハリケーンの後にベニヤ合板の価格が最も安くなるのは、被害がいちばん大きかった地域であることが多い。[4] たとえば、ハリケーン・カトリーナが直撃し、甚大な被害を受けたニューオーリンズでは、ホームデポなどのチェーンストアが食糧や水などの緊急援助物資をトラックで届け、無料で配った。その一方で、こうした自然災害時には、近くの都市で合板を買い込み、それをトラックで被災地に持ち込んで高値で売りさばく商魂たくましい輩が現れる。この場合、どちらの売り手も利益を最大化している。チェーンストアは公正な取引をしているという評判を築いている。これは長い目で見てプラスに働く。一方の「にわか業者」は、何日か荒稼ぎして帰っていく。罪の意識が頭をよぎるか、稀少な資源の配分を効率化するのに一役買ったと胸を張るかは、業者しだいだ。

しかし、企業がいつも正しい判断をするわけではない。私のＭＢＡコースの教え子は、猛吹雪の後に雪かき用のシャベルを値上げするのは、一点の曇りもなく正しいと考えている。この事実は、すべての企業幹部への警鐘となるはずだ。経営幹部は、顧客や従業員の目には何が公正であると映るのかということに関する自分の直感を、いくらか微調整しなければいけないかもしれない。

ここで、ファースト・シカゴが１９９０年代半ばに打ち出した取り組みを考えてみよう。

ファースト・シカゴは当時、シカゴ大都市圏で最大の銀行だったが、経営トップはリテールバンク部門の収益力が不足していることを問題視していた。そこで、コストを削減するため、導入したばかりの現金自動預け払い機（ATM）を顧客にもっと使ってもらうようにする必要があると判断した。ほとんどの利用客はATMで現金を引き出すことに慣れてきていたが、ATMで小切手を入金することには抵抗を感じる人もいた。そういう人は窓口に行って小切手を入金していたし、重度のハイテク恐怖症の人は、現金も窓口で引き出していた（ついでにお気に入りの窓口係とおしゃべりも楽しんでいたことだろう）。ファースト・シカゴは顧客が窓口からATMに切り替えるようにインセンティブを与えることにし、ATMでできる取引を窓口でするときには、3ドルの手数料をとることに決定した。

ファースト・シカゴはこのイノベーションを自賛し、新型当座預金口座の導入と併せて、大々的に発表した。ところが市民はこれに猛反発した。地元紙はこのニュースを一面で報じている。見出しは「ファースト・シカゴ、人と人のつながりを絶つ[5]」。記事はこう続く。「ファースト・ナショナル・バンク・オブ・シカゴは本日、1990年代の銀行の新しい形を顧客に提供すべく、当座預金口座の革新的なラインアップを導入した。同行が考える銀行の新しい形とは何か。それは、銀行の窓口を利用できる特権を獲得するのに3ドルの手数料を払うことだ」

競合する他行はすぐさま攻勢をかけた。ある銀行は地元の高速道路のすぐ近くにある支店に「窓口無料で使えます」という掲示を貼り出した。別の銀行はこんなラジオCMを流している。
客の男「銀行預金残高証明書を調べていたんだが、ここは……」
窓口担当者「それはご質問でしょうか」
客の男「え？　ああ、まあそうだね」
窓口担当者「ご質問には6ドルの追加料金がかかります」
客の男「ええ?!」
窓口担当者「合わせて9ドルの手数料を申し受けます」

このニュースは、コメディアンのジェイ・レノまでが深夜のトークショーでネタにしていた。「要は、人間と話がしたいなら3ドル出せ、ってことだ。だけど、3ドル95セント払えば窓口のお嬢さんと下ネタトークできるっていうから、まあ許す」

3ドルの窓口利用手数料はさんざんに叩かれ、実際に手数料を支払った人はほとんどいなかった。それでも制度は継続され、ファースト・シカゴがバンク・ワンに買収された後、2002年12月になってようやく、新しい経営陣がこの方針を廃止すると発表した。「われわれは市場シェアの高さにあぐらをかいていた。シカゴのためになることを何一つしていない」

コカ・コーラのCEOも、公正の原則を破るとしっぺ返しを食らうことがあると、身をもって知ることになった。52歳のダグラス・アイヴェスターは、会長への道を順調に歩んでいるかのように見えたが、突然、辞任を表明した。伝説の投資家、ウォーレン・バフェットを含む数名の取締役会のメンバーが退任を迫ったためだ。アイヴェスターが失脚した原因はいくつかあるが、いちばん注目を集めたのが、ブラジルでの発言だった。ある記者会見で、価格が動的に変化する自動販売機をコカ・コーラが試験的に導入していることについて質問され、アイヴェスターはこう答えた。「コカ・コーラという商品は、効用が刻一刻と変化する。真夏に決勝戦が行なわれるとなったら、ファンがスタジアムに集結して盛り上がるので、冷たいコカ・コーラの効用はとても高い。だから、値段は上がってしかるべきだと考えるのが妥当である。新しい自動販売機は、このプロセスを自動的に処理しているだけだ」。コカ・コーラCEOの失脚を伝えるウォールストリート・ジャーナル紙の記事を読む限り、アイヴェスターは空気が読めない人物だったようだ。[6] コカ・コーラの缶を手に自販機を通り過ぎようとした顧客がふと振り返ると、自販機から手が伸びてきて、ポケットからカネをすりとっていく――そんな場面を描いた風刺画が、世間一般の感情を見事に切り取っている。

消費者にとっての公正性を守るという基本原則を破る企業は、後を絶たない。2012年2月11日に急逝したアメリカのポップス歌手、ホイットニー・ヒューストンの例を考えてみよう。ホイットニーの訃報が伝えられた後、楽曲に対する需要が急増するものと予想されていた。楽曲はいまでは主にiTunesなどのオンライン・サイトで販売されている。アップルと、録音権を所有するソニーは、ホイットニーの死にどう対応したのだろう。これは値段をつり上げる絶好の機会なのだろうか。

　どうやらそう考えた人がいたようだ（あるいは、価格設定のアルゴリズムがそう判断したのかもしれないが）。ホイットニーの死去から12時間後、イギリスのｉＴｕｎｅｓで、１９９７年に発売されたベストアルバム「アルティメイト・ホイットニー」の価格が４・99ポンドから７・99ポンドへと、60％上がった。その後、別のベストアルバム「ザ・グレイテスト・ヒッツ」も７・99ポンドから９・99ポンドへと、25％値上げされた。

　これをガーディアン紙がいち早く報じた。[7] 顧客の怒りの矛先は、最初はアップルに向けられたが、やがてソニーが卸値を上げていたことがわかると、ソニーに非難が集中した。真犯人が誰かに関係なく、ファンの怒りは大きかった。デイリー・メール紙はある顧客のこんな言葉を引用している。「怒っているなんてもんじゃない。ｉＴｕｎｅｓはホイットニーの死を食い物にして儲けることしか考えていない。こんなの、まるでたかりじゃないか」[8]。このケースでは、アルバムはオンラインでダウンロードするため、アルバムが品薄になっているということはないので、顧客の怒りはとりわけ激しかったのではないか。猛吹雪の後の雪かき用シャベルとはちがい、ｉＴｕｎｅｓでアルバムが在庫切れになってダウンロードできなくなることはありえない。

　価格が急騰しなかったアメリカではこの話は広まらず、売り上げに影響が及んだ形跡はまったくない。アメリカのマーケット調査会社、ニールセン・サウンドスキャンによると、ホイットニー・ヒューストンの訃報が報じられた翌週のダウンロード回数は、アルバムが10万

1000回（前の週は1700回）、楽曲単体が88万7000回（前の週は1万5000回）だった。[9] イギリスの売り上げがこれほど高かったかどうかはわからないが、たとえそうだとしても、値上げしたのは賢明ではなかっただろう。需要が突然急増しているときはいつもそうだが、売り手は、目先の利益と、信用を失う長期のリスクとを秤《はかり》にかけなければならない。信用は一度傷ついてしまうと、その損失は計り知れないものがある。

だとすると、当然、次のような疑問がわく。「不公正」なふるまいをした企業は必ず報復を受けるのだろうか。なるほどファースト・シカゴは3ドルの窓口利用手数料をとってメディアで叩かれた。だが、航空各社は次々に新たな手数料を導入しているものの、先行した航空会社や航空業界全体が立ち直れないほどのダメージを受けているようすはない。それはなぜなのだろう。受託手荷物に手数料がかかるようになり、そのせいで機内持ち込み荷物の収納棚がいつもパンパンになっている。そんな現状を利用客が喜んでいるはずがない。ここで鍵になるのは、他の多くのケースと同様、不公正だとみなされかねない新しい手数料を先行者が導入した後にどうなるかだ。先行者に競合他社が追随すれば、顧客はいらつくだろうが、その商品を消費しなければいけないなら、選択の余地はほとんどない。ファースト・シカゴの先例にならって、シカゴの他の主要銀行が窓口利用手数料をとるようになっていたら、顧客は新しい手数料に慣れて、いやいやながらも受け入れていただろう。しかし、どこであろうと大きな会社が先行者として公正の規範を破る行動を起こすのであれば、競合他社がそれに続かないと、非常に大きなリスクを背負い込むことになる。

猛吹雪であれ、ロックスターの死であれ、何らかの理由で需要が一時的に急増しているときに強欲だと見られる行動をとるのは、どの企業にとっても最悪のタイミングである。それがこうした例から私が学んだ教訓だ（がめつく見えていいタイミングなどないが）。この助言を無視しているかのように見える新興企業の顕著な例が、スマートフォンを使った革新的な配車・相乗りサービスを世界の数多くの国で展開しているウーバーだ。ウーバーのビジネスモデルの特徴の1つは、需要に応じて料金を変動させることであり、ウーバーはこのシステムを「サージプライシング」と呼んでいる。どのような理由であっても需要が増加すると料金は上昇し、配車を依頼する顧客には、現在の料金が通常料金の何倍になっているかが通知される。それを見た顧客は、このピーク料金を受け入れるか、配車を依頼するのをやめて別の移動手段を探すか、すぐに通常料金に戻ることを期待して「ピーク料金が下がったら通知」を設定するかを選べる。ウーバーは料金の算出法を公表していないが、メディアの報道によると、ピーク料金が通常料金の10倍を超えるケースもあるという。予想されるとおり、これには苦情が相次いでいる。

ウーバーは、需要のピーク時に料金が上がれば、運転手の供給増加を促すインセンティブとして働くと、サージプライシングを擁護している。運転手の反応に関する社内のデータを見ないことには、評価するのは難しいが、一見したところでは、この主張に説得力は感じられない。何と言っても、その場の思いつきでウーバーの運転手になるかどうかを決断することはできないし、ウーバーに登録している運転手でさえ、家でくつろいでいたり、別の仕事をしていたりするときに、いま料金が上昇していますと通知されても、すぐに車に飛び乗って指定場所へと向かえるとは限らない。ピーク料金が通常の10倍にまで達しているという事実そのものが、需要の増加にすみやかに対応する運転手の供給能力には限界があることを示している。ピーク料金の適用が通知されると、何千人もの運転手がすぐに自動車に乗り込むのであれば、料金は下がるはずだからだ。

ニューヨーク市がハリケーンに襲われたときも、ウーバーはピーク料金を適用した。そうすることで運転手の供給をすぐに増やせるかどうかに関係なく、料金が大幅に引き上げられたという事実がニューヨーク州検事総長の目にとまる[10]（吹雪のときに値上げされて人々が激怒するのは、何も雪かき用のシャベルだけではない）。便乗値上げを法律で禁止している地域はたくさんあると少し前に述べたが、ニューヨーク州はその1つだったのだ。具体的には、「市場が崩壊する異常事態」に「過度に高い価格」を適用することを企業は禁じられている。異常事態には、嵐から停電、市民暴動まで、あらゆる種類のものが含まれる。ここで注目してほしいのは、この法律の文言に、市民がこうした問題に対して抱くある種の感情が透けて見えることである。「高い」という表現で十分なように見えるのに、ニューヨーク州法は「過度に高い価格」を適用することを禁止しているのだ。

その後、ニューヨーク州とウーバーは、市場が崩壊する異常事態が発生したときにはサージプライシングによる割増料金に一定の上限を設けることで合意した。ウーバーはまず、「異常事態」発生前の60日間に遡って、割増倍率の高い順に4日分の料金を割り出す。その

4番目に高い料金が、異常事態に適用される割増料金の上限になる。加えてウーバーは、割増料金を適用した期間の増収分の20%をアメリカ赤十字社に寄付することを申し出た。

私が思うに、検事総長が譲歩を迫るまでウーバーの経営陣が何もしなかったのはまずい判断だった。顧客と長期的によい関係を築きたいと思っているのなら、自発的に対応をとるべきだった。ウーバーが2001年9月11日に存在していたと想像してみてほしい。世界貿易センタービルに飛行機が突入したときに、ウーバーが通常の20倍の「9・11サージスペシャル」料金を適用して、近くにいる車をグリニッジに大量に送り込むのは、ウーバーにとって賢い対応と言えるだろうか。* ウーバーは参入先の都市で政治家を巻き込んだ議論の嵐を次々に起こしていることから、公正の規範に対するこのような無神経さは非常に高くつくことになりかねない。1年に何日か利益を増やすために敵をつくってどうするというのか。†

誤解しないでほしいのだが、私はウーバーのサービスをとても気に入っている。しかし、私がウーバーのコンサルタントだったら、あるいは株主だったら、割増料金を最大で通常料金の3倍程度にすることを提案するだろう。ここを読んで、「3倍」という数字はどこから出してきたんだろうと首をかしげる人もいるかもしれない。これは、ホテルの客室や航空機のチケットなど、価格が需給によって決まる商品はだいたいこれくらいの幅で変動しているのではないかという、私のざっくりとした印象だ。さらに、こうしたサービスは最繁忙期には売り切れており、企業側がピーク期の価格を意図的に低く抑えていることがうかがえる。

私は以前、スキーロッジのオーナーに、なぜクリスマス休暇シーズンの料金をもっと高くしないのかと尋ねたことがある。クリスマスシーズンは需要がピークに達するので、1年近くも前に部屋を予約しておかなければならない。オーナーは最初、私が何を言っているのかわからなかったようだ。価格がいちばん高くなるこの時期になぜ料金がこれほど低いのかと訊かれたことなど、これまで一度もなかったからだ。私は経済学者なんです、と説明すると、オーナーは合点がいったようで、こう即答した。「クリスマスに便乗値上げしたら、そのお客さまは3月に戻ってこなくなるじゃないですか」。顧客ロイヤルティを築くことに関心があるすべての企業にとって、これはいまでもよい助言になる。

この教訓を誰よりも深く理解しているビジネスマンが、ニック・ココナスだ。ココナスは、シカゴを代表する2つのレストラン、アリニアとネクストを、有名シェフのグラント・アケッツと共同で経営している。ネクストのコンセプトは非常に斬新だ。4カ月に1回、さまざ

＊　私はカリフォルニアで、あるウーバーのドライバーに、もしどこかの町で山火事が起きて、住人が避難しようとしているときにサージプライシングが適用されたらどう感じるかと質問した。ドライバーの答えはこうだった。「その状況だったら、料金はタダにするよ！」

†　オーストラリアのシドニーでも、これと同じ出来事が起きた。シドニー中心部で人質をとって立てこもる事件が発生したときに、料金が値上げされたのだ。これは料金設定のアルゴリズムが特別な事態のために微調整されていなかったためだと思われる。この対応がネット上で非難されたことを受けて、ウーバーにいるヒューマンが料金をタダにすることを決定し、利用者に代金を返金することになった(Sullivan, 2014)。

まなテーマに合わせて料理ががらっと変わる。料理のテーマは、１９０６年のパリのディナーから、タイの屋台、さらには、２０１１年に閉店したスペイン・カタルーニャにあった伝説のレストラン、エル・ブジへのオマージュまで、じつに多彩だ。ネクストを２０１１年4月にオープンするにあたって、2人はレストランでの食事をすべてチケット制にすると発表した（アリニアもチケット制である）。チケットの価格は曜日や時間に応じて変わる。だが、一般的な公正の規範に従って、変動幅はそれほど大きくはない。いちばん高い土曜日の夜8時でも、いちばん安い水曜夜9時45分より約25％高いだけだ。そのため、プライムタイムと呼ばれる最も人気の高い時間帯のテーブルはほぼ瞬時に売り切れてしまい（その年の3種類の料理をすべて食べられるシーズンチケットを買う人もいる）、たいていは割安なオフピークの時間帯しかテーブルに空きがない。

　ネクストがオープンして熱気が最高潮に達したとき、ノースウェスタン大学の2人の経済学者がレストランを訪れて、ココナスのやり方は全部まちがっており、予約をすべてオークションにかけて利益を最大化するべきだったと諭そうとした。ココナスはこの助言を頑として受け入れず、その理由をブログでくわしく説明している。重要な部分を以下に引用する。「需要がどんなに大きくても、財やサービスの価値を上回る料金を顧客に請求しないことは、どんなビジネスにとっても非常に大切である。たとえ顧客がもっと支払ってもいいと思っていても、それは変わらない」[11]。その顧客がネクストで食事をするのに２０００ドル支払ってもいいと思っていたとしても、「おいしかったけど、２０００ドルはないな」と思いながら店を後にすることになる。そして決定的に重要なのは、そんな顧客は店には二度と戻らないし、料理に対する不満を他の潜在的な顧客にもらすかもしれないと、ココナスが考えていることだ。*

ココナスはいまではこのオンライン・チケット販売ソフトを他の高級レストランにも公開している。チケット制モデルを導入したレストランが、ピーク時に（高価な）テーブルの価格を意図的に低く抑えるココナスの〝アンダープライシング〟戦略も導入するかどうかは、興味深い。長く事業を続けたいのであれば、導入することをお勧めする。

＊注目すべきは、もっと大きな組織であるNFLも、この助言の重要性を認識し、それが成功の一因だとしていることだ。経済学者のアラン・B・クルーガーとのインタビューで、NFLのグレッグ・アイレオ広報担当部長は、NFLは価格設定について、少なくともスーパーボウルに関しては、「長期の戦略的視野」に立っていると説明した。スーパーボウルのチケットは需要が高水準にあるので、価格を大幅に上げても正当化されるかもしれない（そうすれば短期の利益は大きく伸びる。同部長は、広告の総収益の伸びと同規模の増益になると試算している）。それでもNFLは「ファンや提携企業との継続的な関係」を育むために、意図的に価格を抑えている（Krueger, 2001）。

第15章　不公正な人は罰したい

公正性を研究するプロジェクトに取り組んでいるとき、ダニエル・カーネマン、ジャック・クネッチ、私の頭には、ある疑問が強くあった。人は不公正なふるまいをする企業を罰したいと思うのだろうか。通常のタクシー料金が50ドルのときに500ドルを請求された利用客は、たとえサービスを気に入っても、そのタクシーを二度と使わなくなるのか。そこで私たちは、ゲーム形式の実験を設計して、この問題を調べることにした。

「提案者」役の人はある金額を渡される。このお金は「パイ」と呼ばれる。そして、そのパイを「応答者」役の人とどう分けるかを決定し、相手に提案するように指示される。応答者は、その申し出を受け入れるか、拒否するかを選ぶことができる。応答者が申し出を受け入れたなら、応答者は提示された金額をもらい、残金は提案者の手元に残る。しかし、相手が申し出を拒否した場合には、パイは没収され、2人とも何ももらえない。

このゲームは本物のお金を使ってすることが重要な意味を持っていたので、私たちはアンケート調査の質問リストを作成する仕事をやめて、ブリティッシュコロンビア大学とコーネル大学の学生を対象に実験を行なった。与えられた研究予算でできるだけ多くのデータを集めるため、とてもシンプルなゲームを考案した。ゲームの参加者は、提案者役と応答者役にランダムに振り分けられ、その後、簡単な質問用紙に記入する。次に示すのは応答者の用紙である。私たちのゲームのパイは10ドルだった。

10ドルを提示されたら、あなたは受け入れますか　はい／いいえ
9・50ドルを提示されたら、あなたは受け入れますか　はい／いいえ
……
0・50ドルを提示されたら、あなたは受け入れますか　はい／いいえ
0ドルを提示されたら、あなたは受け入れますか　はい／いいえ

私たちがこのような質問のしかたにしたのは、多くの提案者が半分ずつ分け合うことを申し出るのではないかと考えられたからだ。それだと、この実験で注目される応答者の選好について、多くの洞察を得られなくなってしまう。

人は利己的で合理的であるという標準的な経済学の前提を使うと、ゲーム理論が予測するこのゲームの結果は明快である。提案者は最もゼロに近い金額（私たちのバージョンでは50セント）を申し出て、応答者はこれを受け入れる。なぜなら、50セントはゼロよりも多いからだ。これに対し、少額の申し出は〝不公正〟だとして拒否されるだろうと、私たちは予想

した。その予想は正しかった。パイの20％（私たちのゲームの場合は2ドル）以下の申し出はたいてい拒否されたのだ。

この愛すべきささやかなゲームの結果に私たちは気をよくしたが、それもつかの間、ヴェルナー・グース率いる3人のドイツの経済学者チームが、まさにこのゲームに関する論文を3年前に発表していることがわかった。[1] 3人はまったく同じ手法を使い、「最後通牒ゲーム」というセンスのある名前をつけていた。自分にはもうこれ以上アイデアなんて生まれないといつも心配しているダニエルは、この知らせを聞いてがっくりと肩を落とした（そんな男が、齢《よわい》77にして世界的なベストセラーを書くことになるのである）。

ジャックと私は、まだまだすばらしいアイデアが生まれるはずだとダニエルを励まし、3人で2段階ゲームを設計した。第1段階では、学生を教室に集めて、次のような2つの選択肢を提示した。「いまから20ドルを渡しますので、それをこのクラスにいるもう1人の匿名の学生と2人で分け合ってもらいます。選択肢は2つあります。1つは、18ドルを手元に残して、相手に2ドル渡すこと、もう1つは、お金を半分ずつ分け合って、それぞれ10ドルずつ受け取ることです」（全員がこの選択をしたが、被験者には、お金を受け取るのは参加者の中からランダムに選ばれた一部の人だけだと伝えられた）。相手は申し出られた金額を必ず受け入れなければいけないので、このゲームは「独裁者ゲーム」と呼ばれるようになっている。[2]

独裁者ゲームがどのような結果になるかについては、とくに強い考えはなかった。私たちが注目していたのは、第2段階のゲームである。これを「懲罰ゲーム」と呼ぼう。私たちは別のクラスに行って、そこにいる学生に独裁者ゲームの実験について話した。その後、学生に次のような選択をしてもらった。「みなさんには、（独裁者）ゲームに参加したけれども、お金の受け取り人に選ばれなかった2人の学生と組んでもらいます。1人はお金を半分ずつ分け合うことを選択した学生です。この人をE（evenly を表す）と呼びます。もう1人は、お金を半分ずつ分け合わず、自分で18ドルとって、相手に2ドル渡した学生で、こちらはU（unevenly を表す）と呼ぶことにします。では、質問です。Uと12ドルを半分ずつ分け合うのと、Eと10ドルを半分ずつ分け合うのと、どちらか1つを選ぶとしたら、あなたはどちらを選びますか」

懲罰ゲームの選択肢は、こう言い換えることもできる。「強欲なふるまいをした学生とお金を分け合うより、1ドル損をしても、同じ状況で他人を思いやる行動をした学生とお金を分け合いたいと思いますか」。最後通牒ゲームと同様に、懲罰ゲームの結果から、人は何かを犠牲にしても、〝不公正〟とみなされるふるまいをする人に罰を与えたいと思っているかどうかがわかるだろうと、私たちは考えた。

いささか意外なことに（少なくとも私にはそうだった）、第1段階の独裁者ゲームに参加した学生は思いやりに満ちあふれていた。4分の3近い（74％）学生が、お金を半分ずつ分け合うことを選んだのだ。それ以上に興味深かったのは、第2段階の懲罰ゲームの結果である。被験者のじつに81％が、「不公正」な配分をした人と12ドルを分け合うより、「公正」

な配分をした人と10ドルを分け合うことを選んだ。

　ここで強調しておかなければいけないのは、この2つの実験の結果から何を読み取るべきで、何を読み取ってはいけないか、ということである。人は不公正な申し出を嫌い、そうした申し出をした人には金銭的な損害を与えて罰を下そうとすることは、明確な証拠で裏付けられている。しかし、道徳的義務として公正な申し出をしようとするとは言い切れない。最後通牒ゲームで最も多い配分の申し出はたいてい50%であるのはたしかだが、だからといって、提案者は公正であろうと努めていると結論づけることはできない。むしろ、申し出を拒否される可能性をきわめて合理的に判断した結果であるかもしれない。応答者のふるまいに関する実証的証拠に基づくと、最後通牒ゲームで利益を最大化する戦略は、提案者がパイの約40%を相手に渡すと申し出ることである。それよりも低いと申し出が拒否されるリスクが生じ始めるので、50%の申し出が合理的かつ利己的な戦略だと言うのも、あながちまちがってはいない。

　提案者の申し出が、公正であろうと意識したものか、利己的なものであるかはさておき、最後通牒ゲームの結果は、とても安定しているように見える。提案者はパイの半分近くを分け与えることを申し出て、応答者は20%を切る申し出はたいてい拒否する。このゲームはこれまでに世界各地で行なわれており、一部の孤立した部族を除いて[3]、ほとんど同じ結果が出ている。しかし、長くくすぶり続けている疑問が1つある。最後通牒ゲームでは、少額の申し出は拒否される傾向があるが、これは金額が大きくなっても変わらないかどうか、というものだ。金額が大きくなると、応答者が受け入れる最低額は、パイの総額との比較で見て下がる——多くの人が直感でそう考える。だとしたら、10ドルを分け合うゲームで、応答者が受け入れる最低額が2ドルである場合に、パイが1000ドルに上がったら、200ドル未満でも受け入れられるのだろうか。

この仮説を調べるには、2つの問題がある。高額の最後通牒ゲームを実施するには費用がかさむこと、そして、ほとんどの提案者が「公正」な申し出をすることだ。アメリカで100ドルを分け合う最後通牒ゲームが行なわれているが、結果は金額が小さいときとそれほど変わらなかった。[4] それ以上に有力になるのが、貧しい国でゲームをして得られた証拠である。貧しい国では生計費の水準が低いので、ゲームの利害の規模をさらに大きくすることができる。たとえば、リサ・キャメロンはジャワ島で少額のバージョンと非常に高額のバージョン（対象者の月給のほぼ3カ月分）の両方を使った最後通牒ゲームの実験をしている。その結果、金額を大きくしても、提案者のふるまいにほとんどちがいは認められなかった。[5]

＊

エコンは純粋に利己的であるとされているが、人は（少なくとも見知らぬ他人と相対するときには）ほんとうに利己的なのかという疑問を解き明かそうとするゲームは他にもある。それが協力ゲームと呼ばれるものであり、この種の古典的なゲームが、有名な「囚人のジレンマ」だ。オリジナルの条件設定は次のとおりである。ある事件の共犯と考えられている2人の容疑者が逮捕され、それぞれ別室で取り調べを受けている。ここで2人が取りうる選択肢は、罪を自白するか、黙秘するかの2つとなる。2人とも黙秘したら、懲役1年の軽い刑しか求刑できない。2人がともに自白したら、2人とも懲役5年になる。しかし、1人が自白し、もう1人が黙秘したら、自白したほうはその場で釈放されるが、黙秘したほうは10年の刑を受ける。

これを2人のプレーヤーによるゲームとして一般化すると、プレーヤーが取りうる戦略は、協力（黙秘）か裏切り（自白）かの2つとなる。ゲーム理論では、2人とも裏切りを選択すると予測される。なぜなら2人にとって、相手がどうしようと、そうすることで自分の利益が最大化されるからだ。だが、このゲームを実験室で行なうと、40～50％の人が協力を選択する。これは、プレーヤーの約半数がゲームのロジックを理解していないか、協力することこそが正しいことだと感じているか、あるいはその両方だということになる。

囚人のジレンマのストーリーはよくできているが、ほとんどの人はそうそう逮捕されるものではない。このゲームは、日常生活とどう関係してくるのだろう。この問題と関連のある「公共財ゲーム」と呼ばれる実験を考えてみよう。このゲームが持つ意味合いを理解するために、偉大な経済学者であるポール・サミュエルソンに立ち返ってみたい。サミュエルソンは1954年に発表された3ページの論文で公共財の概念を定式化した。サミュエルソンの主張はいつも簡潔かつ明快だ。

公共財とは、ある人が消費したからといって他の人が消費できる量が減るということがなく、全員が共同で消費できて、特定の誰かの消費を妨げることができない財・サービスである。打ち上げ花火が古典的な例だ。サミュエルソンは、公共財の供給を市場経済に任せると、その供給量は最適供給量と比較して過少になるのは、公共財はタダで消費できるので、誰もその対価を支払おうとしなくなるためであることを証明した。サミュエルソンがこの論文を発表してからというもの、経済学者はずっと、公共財の問題を解決するには、政府が介入して公共財を供給して、その代償として税を徴収し、費用を負担させるしかないと想定していた。

もちろん、周りを見回せば、この結果に対する反例はいつでも見つかる。チャリティーに寄付したり、キャンプ場を清掃したりする人もいるし、これはもう奇跡としか言いようがないが、少なくともアメリカでは、都市部のイヌの飼い主のほとんどがいまではイヌを〝散歩〟させるときには排泄物を処理するビニール袋を持参していく（この規範を徹底させるための法律が定められてはいるが、実際に取り締まりが行なわれることはまずない）。言い換えると、協力が自分の利益を最大化することにつながらなくても、そうする人はいるのである。

経済学者、心理学者、社会学者はそろって、次のようなさまざまなバリエーションの単純なゲームを用いて、この問題を研究している。いま、お互い面識のない10人に実験室に来てもらって、それぞれに1ドル札を5枚ずつ与えるとする。そして、〝公共財〟に拠出したいかどうか、拠出するとしたらいくら拠出するかをそれぞれ決めてもらう。お金は無記名の封筒に入れて回収されるので、誰がいくら拠出したかはわからない。実験者は拠出額を合計し、それを2倍にした金額を全員に均等に分配する。

公共財ゲームにおける合理的かつ利己的な戦略は、何も拠出しないことだ。いま、ブレンダンは1ドル拠出することを決めるとしよう。これを2倍した2ドルが全員に分配されるので、ブレンダンの取り分は20セントになる。つまり、ブレンダンは1ドル拠出するごとに80セント失うということだ。他の被験者も20セントもらえるので、ブレンダンが匿名で拠出したことをもちろん歓迎するが、拠出は匿名だったので、ブレンダン個人に感謝することはない。サミュエルソンのロジックに従うと、経済理論に基づくなら、誰も何も拠出しないと予測される。ここで注目してほしいのは、被験者グループがこのように利己的かつ合理的にふるまうと、全員が与えられた金額をすべて拠出していたら手にしていたであろう金額の半分しか受け取れないで終わることだ。全員が5ドル出していたら、分配される総額は50ドルの2倍の100ドルになって、全員が10ドルもらって家に帰ることになる。著名な経済学者であり哲学者のアマルティア・センは、このゲームにおいてつねに何も拠出しない人を、物質的な私利私欲だけを盲目的に追求する「合理的な愚か者」と呼んだことは有名である。「純粋な経済人はむしろ、社会的には愚者に近い。これまでの経済理論は、こうした合理的な愚か者に大きく占領され続けてきたのである」[6]

標準的な経済学では、公共財ゲームでは誰も協力しないと予測されるが、四人のジレンマと同様、この予測も外れる。平均すると、参加者は与えられた金額の約半分を公共財に拠出するのだ。しかし、まだ問題が残っている。全員が協力することで合意できた場合でも、公共財は求められるだけの量が供給されないが、供給不足の程度は、合理的・利己的モデルから予測される程度の約半分になる（ただし、重要な条件が1つつく）。経済学研究科の大学院生が公共財ゲームをしたときには、拠出率は20％にとどまり、この実験を論文に書いた社会学者のジェラルド・マーウェルとルース・エイムズは、論文に次のようなタイトルをつけた。「タダ乗りするのは経済学の研究者だけ？」[7]

マーウェルとエイムズの論文のタイトルが提起するこの疑問に対しては、経済学の研究者なら、「経験を積んだプレーヤー」はタダ乗りをすると答えるかもしれない。公共財実験では、被験者グループが同じゲームを何度も繰り返すと、回を追うごとに協力率は下がり、たいてい50％から0％近くまで落ち込んでしまう。この結果が最初に観察されたとき、一部の経済学者が、1回目の協力率が高くなったのは、被験者がゲームの仕組みをよくわかっていなかったからであり、ゲームを何度も繰り返し行なうと、合理的・利己的戦略が正しいことを学び取るようになったと主張した。1999年、実験経済学者のジェームズ・アンドレオーニは、ゲームの設計にじつに巧みなひねりを加えて、この解釈をテストした。[8] 5人の被験者は、10回に分けてゲームを行なうと告げられる。ゲームを10回繰り返すうちに、協力率はどんどん下がっていった。それが終わると、被験者は同じ顔ぶれでもう10回ゲームをすると告げられた。さて、どんなことが起きるだろう。

利己的になることの有利さに被験者たちが気づいていたのであれば、ゲームが再開された後も、協力率は低いままであるはずだ。だが、そうはならなかった。追加ゲームの1回目で、協力率は最初のラウンドの1回目で観察されたものと同じ水準に振れ戻ったのだ。つまり、公共財ゲームを繰り返し行なっても、参加者はタダ乗りを決め込むようにはならない。むしろ、参加者の中にはズルいやつが1人あるいは複数いることに気づく。誰もそんな人間のカモにはされたくない。

エルンスト・フェールらがさらに調査を進め、その結果、アンドレオーニの発見と同様に、多くの人は、他の人が協力的であるならば、自分も協力するという**条件付き協力者**(conditional cooperators)であることを示している。[9] 最初は他の参加者を好意的に解釈しようとするが、協力率が低いことがわかると、こうした条件付き協力者はタダ乗りに転じる。ところが、協力しない人を罰する機会が与えられると、ゲームが繰り返し行なわれる場合でも協力率が低下しないケースがあることが、公共財ゲームの実験で確認されている。先に述べた懲罰ゲームが実証しているように、人々は自分のお金を使って、不公正なふるまいをした人にそんなことをしたらどうなるか思い知らせようとする。そして、そんな懲罰行動がタダ乗りをしようとする人間への戒めとなり、協力関係が拡大し、維持される。

＊

ダニエルとバンクーバーで研究の場をともにしてから数年後、協力行動に関する論文を、心理学者のロビン・ドウズと共同で執筆した。[10] 論文の結びに、イサカ周辺の農村地域でよく見られるような、道ばたの無人販売所のアナロジーを置いた。農民たちは、自分の農場の前に台を置いて、そこに新鮮な野菜を並べて売っている。台には箱が置かれていて、そこに代金を入れるきまりになっている。代金箱には細長い切れ目があり、お金を入れることはできても、取り出すことはできない。箱は台にクギで打ちつけてある。私は当時、このシステムを使っている農民たちは、人間の本性を正しくモデル化していると考えたのである。その考えはいまも変わっていない。正直な人は世の中にたくさんいるので、農家にとって、とれたてのトウモロコシやルバーブを台に並べて置く価値はある（小さな町はとくにそうだ）。しかし、代金箱にふたがついていなくて、誰でもお金を取り出せるような状態のままにしておいたら、きっと誰かが持っていくであろうこともわかっている。

経済学者に必要なのは、農民たちが持っているような多面的な人間観だ。全員がいつもタダ乗りするわけではないが、隙あらば相手を食い物にしてやろうとする連中もいる。私は野菜の無人販売所の写真を1枚、研究室に貼って、思考に刺激を与えている。

第16章　マグカップの「インスタント保有効果」

バンクーバーに滞在中、当時、実験的手法にどっぷり浸かっていた経済学者のアルビン・ロスが、ピッツバーグ大学で学術会議を開いた。会議の目標は、後に『経済学におけるラボ実験――6つの視点』[1]という小さな本の中で出版されることになる論文の原案を提出することだった。寄稿者には、ロスの他、ヴァーノン・スミス、チャールズ・プロットと、実験経済学界の大御所が名を連ねていた。ダニエルと私は、実験経済学界の新しい分派である行動経済学の代表として参加した。

ダニエルと私にとって最も興味深かったのが、私が愛してやまない保有効果に関する議論である。スミスとプロットは、この現象に関しては説得力のある実証的証拠が示されていないと批判した。私たちが提示していた証拠は、ジャック・クネッチがオーストラリアの経済学者、ジョン・シンデンと共同執筆した論文に基づいていた。[2] 2人の実験はすばらしくシンプルだった。被験者はランダムに2つのグループに振り分けられ、1つのグループは3ドル受け取り、もう1つのグループは宝くじを渡される。宝くじに当たった人は、賞品として50ドルの現金か、地元の本屋で使える70ドルのバウチャーかのどちらか1つを選ぶことができる。被験者には他のタスクが与えられ、しばらくしてそれが完了すると、それぞれのグループに選択肢が用意される。宝くじを持っていない人はくじを3ドルで買うことができると告げられ、宝くじを持っている人はくじを3ドルで売ることができると告げられた。

ここで注意してほしいのは、どちらのグループも同じ質問をされていることだ。「あなたは宝くじと3ドルのどちらが欲しいですか」と尋ねられているのである。経済理論に従えば、被験者が最初にお金をもらっていようと、宝くじをもらっていようと、それは何の関係もないはずである。宝くじには3ドルを上回る価値があると思えば、宝くじを選ぶべきだし、宝くじに3ドルの価値がないと考えれば、3ドルを選ぶべきだ。実験の結果はしかし、この予測を大きく裏切るものとなった。最初に宝くじを持っていたグループは、82％が宝くじを売らないことを選び、最初に現金を持っていたグループは、38％しか宝くじを買おうとしなかった。つまり、たとえそれがランダムに割り振られたものだとしても、人はすでに持っているものを交換するより、そのまま持ち続けようとする傾向があるということだ。この結果はこのうえなく強力かつ明快だった。

スミスとプロットの批判は、まさに第6章で論じた「棒打ち刑」そのものだった。2人は、まず、被験者は自分たちが何をしているかよくわかっていなかったのだろうと考えた。被験者に学習する機会が与えられる実験であれば、結果はちがっていたはずだ、というのである。さらに、市場を想定し、買い手と売り手が取引して、価格が変動する設定の下で被験者が選択をしていたら、クネッチとシンデンの実験で観察されたおかしなふるまいはなくなっただろうと、「見えざる手ぶり」で主張した。保有効果は実際に存在するのだとプロットとスミスを納得させる実験をデザインする――ダニエルと私はこのミッションを胸に刻み、バンクーバーへと戻った。

ジャック・クネッチは私たちの公正性研究チームのメンバーだったこともあり、私は自然な流れで、ジャックと力を合わせて実験の新しい設計を練った。[3] スミスとプロットとの議論で、もし保有効果がほんとうに存在するのだとしたら、その作用で市場での取引量は減るということにも気がついた。あるものをすでに持っている人はそれを手放そうとしないし、持っていない人はそれをそんなに強くは欲しがらないからだ。私たちはこの予測を実験で確かめようとした。

基本となる考え方は、ジャックのオリジナルの研究をもとに新たに市場を設定する、というものだった。私たちの主張を完璧なものにするために、実験の結果はある特定の手法がもたらした意図せざる結果ではないということを示したかった。そこで、スミスが好んで使う実験装置の1つである誘導価値を、ここぞとばかりに利用することにした。第5章で触れたように、スミスは実験経済学と呼ばれる分野の創始者であり、市場がいかにうまく機能するかを示す初期の実験の多くで、この手法を使っていた。誘導価値に基づく手法を使って実験するときは、被験者は実験室の外では価値を持たないトークンを売り買いすることを思い出してほしい。このトークンは実験が終了したときに現金に換えることができるが、トークンの交換価値は、参加者によって異なる。セスは、実験が終わったときにトークンが手元に残っていたら、実験者に（たとえば）トークン1枚当たり2・25ドルで買い戻してもらえると言われているが、ケヴィンはトークン1枚につき3・75ドルで交換すると言われている、といった具合だ。私たちがこの方法を使ったのは、トークンの保有効果が20ドル札の保有効果よりも高いとは思えないからだった。

図7は、この市場がどのように機能すると考えられているかを例示したものである。被験者は12人いて、それぞれに誘導価値を25セントから5・75ドルまで、ランダムに割り振っているとしよう。そして、与えられた誘導価値が最も高い人がいちばん左、最も低い人がいちばん右になるように、一列に並ばせる（パネルA参照）。次に、6枚のトークンをランダムに選んだ6人の被験者に配る（パネルB参照）。準備が整ったところで、被験者に簡単な質問をして、市場を再現する。トークンを持っている人には、次のような質問用紙が配られる。

価格が6ドルだと　売ります／売りません
価格が5・50ドルだと　売ります／売りません

売り手がトークンを手放してもいいと考える最低価格は、**留保価格**（reservation price）と呼ばれる。トークンの価値を4・25ドルと評価している人は、4・50ドルなら売ってもいいと思うだろうが、4ドルでは売ろうとは思わないので、この人の留保価格は4・50ドルということになる。買い手役の人には、同じ価格について、トークンを買ってもいいと思うかどうかを質問する用紙が配られる。経済理論に照らし合わせると、何が起きると予測されるだろうか。市場がうまく機能するなら、トークンに高い価値を認める6人の被験者、つまり、列の左半分にいる人の手元にトークンが集まるはずである。この例で言えば、右から数えて7、8、11番目の被験者が、2、5、6番目の被験者からトークンを買うということだ（パネルC参照）。

分布の両端から中央へと突き合わせていくと、この市場が〝清算〟される価格、つまり、供給と需要が均衡する価格を割り出すことができる。被験者11は、被験者2がトークンを手放す価格を問題なく提示できるので、取引は成立する。被験者8と5も同様である。しかし、被験者7が被験者6からトークンを買うには、価格が2人の留保価格の間でなければいけない。この実験の価格は50セント刻みなので、市場清算価格は3ドルになる。

価値もトークンもランダムに割り当てられるため、実験の結果は毎回変わるが、平均すると、トークンの評価額の高い6人にトークンの半数が配られており、この例と同じように、市場が清算されるにはトークンを3つ買わなければいけない。言い換えると、取引量は配られたトークンの数の半分になると予測される。

では、私たちはこの実験を追試するが、今回は、チョコレートバーなどの財を使って行なうとする。この設定でも、チョコレートバーをどれだけ好きかを基準に、被験者を高い順から低い順にランク付けすることはできるが、ここでは、その財をどれだけ好きであるかは被験者には指示せず、被験者自身に決めてもらう。そして、トークン実験とまったく同じよう

図7

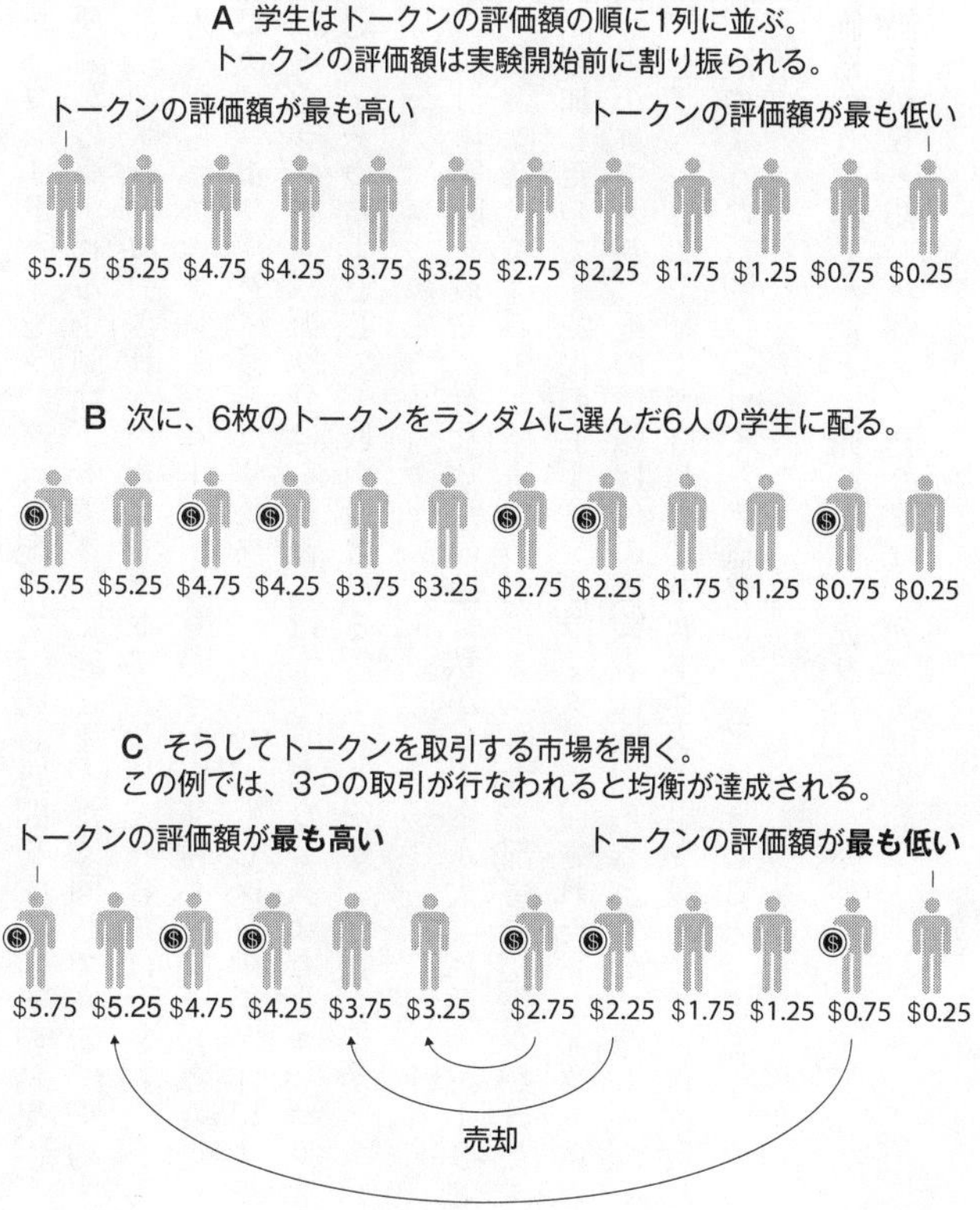
A 学生はトークンの評価額の順に1列に並ぶ。
トークンの評価額は実験開始前に割り振られる。
トークンの評価額が最も高い
トークンの評価額が最も低い
$5.75 $5.25 $4.75 $4.25 $3.75 $3.25 $2.75 $2.25 $1.75 $1.25 $0.75 $0.25
B 次に、6枚のトークンをランダムに選んだ6人の学生に配る。
$5.75 $5.25 $4.75 $4.25 $3.75 $3.25 $2.75 $2.25 $1.75 $1.25 $0.75 $0.25
C そうしてトークンを取引する市場を開く。
この例では、3つの取引が行なわれると均衡が達成される。
トークンの評価額が最も高い
トークンの評価額が最も低い
$5.75 $5.25 $4.75 $4.25 $3.75 $3.25 $2.75 $2.25 $1.75 $1.25 $0.75 $0.25
売却

に、チョコレートバーをランダムに配って、同じ質問をする。その結果、どうなるのだろう。経済理論から導かれる予測は、トークン実験とまったく同じである。平均すると、チョコレートバーの半分が取引され、チョコレートがそれほど好きではない人（あるいはダイエット中の人）から、チョコレートバーにかじりつきたい気持ちを抑えられない、ワーカホリックならぬチョコホリックに移るはずである。しかし、もし保有効果が作用するなら、チョコレートバーをランダムに振り分けられた人は、そうでない人よりもチョコレートバーに高い価値を認め、その結果として、取引量は減る。これこそが、私たちがテストしたかった予測である。

この設計の実験を最初に行なったのは、私がコーネル大学に戻った1985年秋のことだった。実験に際しては、法と経済学の上級クラスの学部生に招集をかけた。実験には44人の学生が参加したので、22枚のトークンがランダムに渡された。トークンにはその価値となる金額が書かれており、その情報は他の被験者には知らされない。そして、トークンを持っている学生は、需給によって価格が決まるトークン市場を設定すると告げられる。彼らのタスクは、次のような質問にそれぞれの価格について答えることである。

価格が6・25ドルだと　売ります／売りません
価格が5・75ドルだと　売ります／売りません

このタスクの意味を理解するには、被験者は、自分の評価額がたとえば6・50ドルだと、6・50ドルよりも高い価格では売ることに同意し、それより低い価格だと売ることを拒否しなければいけないということだけ認識すればいい。被験者がトークンを売ってもいいと思う最低価格は、売り手の〝留保価格〟と呼ばれる。買い手にもトークンの評価額が割り振られ、その情報は他の被験者には伏せられる。買い手も同じ質問用紙に記入し、その結果から、買い手の留保価格、つまり、トークンを買ってもいいと思う最高価格が決まる。全員が自分たちは何をしているのか確実に理解できるようにするために、これを3回繰り返した。

そして、私たちは学生たちの目の前で市場を模擬的に再現させた。それには、基礎経済学クラスで必ず教えられる需給曲線というツールを使うだけでいい。具体的に言うと、売り手の留保価格を低い順から高い順にすべて並べ、買い手の留保価格を高い順から低い順に並べた。買い手がつけたいちばん高い買い値が、売り手がつけたいちばん低い売り値より高ければ、少なくとも1つ、取引が成立する。さらに、2番目に高い買い値が、2番目に低い売り値より高ければ、取引が2件成立する。その後、最も高い買い値が最も低い売り値を下回るまで、これを繰り返す。取引はすべて同一の価格で成立する。つまり、トークンの需要数と供給数が等しくなる価格である。

ここで、取引が約11件成立すると予測されていることを思い出してほしい。経済理論に従うなら、22人の買い手の半分と、22人の売り手の半分の間で、トークンが売買されることになる。3回のテスト実験では、実際に成立した取引はそれぞれ12件、11件、10件であり、市場はうまく機能していて、被験者は自分たちが何をするように言われているのか理解していることが確認された。

そしていよいよ、本命の実験の準備に入った。トークンの代わりに本物の財を使うのである。私は実験に使う財を用意するため、大学のキャンパスにある書店に行って、どんな品物が買えるか調べてみた。私は学生たちが欲しがりそうで、値段が高すぎないものを探した。何しろ品物は22個ずつ必要なので、高いものは買えない。最終的に、コーネル大学のロゴが描かれたマグカップと、化粧箱に入ったボールペンの2つに決めた。マグカップは1個6ドル、ペンは1本3・98ドルだった。ボールペンの外箱には、値札シールを貼ったままにしておいた。

実験では、まず、1人おきに学生の前にマグカップを置いた。マグカップを割り当てられた学生は売り手役となり、それ以外の学生は買い手役となる。そして、売り手は自分のマグカップ、買い手は隣の人のマグカップをよく見るように指示される。これは全員が品物に関して同じ量の情報を得るようにするためだ。そして、トークンの取引に使ったものとまったく同じ市場を再現した。プロットとスミスの要求の1つである学習する機会を確保するために、実験は4回行ない、試行の中から1回をランダムに選んで結果を集計すると伝えた。トークン同様、経済理論では取引の成立件数は約11件になると予測されるが、私たちは、保有効果が作用するために取引数はかなり少なくなると予測していた。

正しかったのは、私たちの予測のほうだった。4回続けて市場を再現した結果、取引の成立件数は順に4件、1件、2件、2件となり、11件には遠くおよばなかった。理由は明白だった。マグカップを手に入れた人がそれを売ろうとしなかったのだ。売り手の留保価格の中央値は、4回とも5・25ドルだった。しかし、マグカップを持っていない人はマグカップをそれほど強くは欲しがらず、買い手の留保価格の中央値は、1回が2・75ドルで、残る3回が2・25ドルだった。

私たちは次に、ボールペンを使って再度実験をした。マグカップをもらわなかった人にペンを渡し、全員が買い手役と売り手役の両方になれるようにした。学生たちはペンをそれほど欲しがっていたわけではなかったが、取引の成立件数は4〜5件、売り値と買い値の比率は、このときもほぼ2対1だった。

私たちは経済学者や学術誌の査読者からの批判の1つひとつに答えを出そうと、さまざまな変更を加えて実験を繰り返したが、結果はいつも同じだった。市場を設定しても、学習する機会を与えても、買い手が支払おうとする価格は、売り手が求める価格の約半分だったのだ。ここでも、損失の痛みは利得の喜びの2倍強く感じられており、この現象はその後、長年にわたって何度も繰り返し発見されている。

＊

保有効果の実験が示すように、人は自分が持っているものに固執する傾向があり、少なくともその一部は損失回避によって説明がつく。マグカップを渡されたとたん、私はそれを自分のものだと考えるようになるので、マグカップを手放すことは損失になる。それに、保有効果には即効性がある。私たちが行なった実験では、被験者がマグカップを〝保有〟していたのは、取引が始まるまでの数分間のことだった。ダニエルはこれを「インスタント保有効果」と好んで表現していた。そして、損失回避性が私たちの発見を説明する要因の1つであることはまちがいないが、それと関連する現象がある。惰性だ。物理学では、静止している物体は、外部から力を加えられない限り、静止状態を続ける。人もこれと同じように行動する。別のものに切り替える十分な理由がない限り、というよりおそらくは切り替える十分な理由があるにもかかわらず、人はすでに持っているものに固執するのである。経済学者のウィリアム・サミュエルソンとリチャード・ゼックハウザー[4]は、こうしたふるまいに「**現状維持バイアス**（status quo bias）」という名前をつけている。

損失回避と現状維持バイアスが結びつくと、変化を妨げる力として作用しがちである。こんな例を考えてみよう。工場や鉱山が閉鎖されて失業し、次の仕事を見つけるには、これまでとはちがう仕事をしなければならず、友人や家族と別れ、愛着のある家から離れなければいけない。こういう人が新しい仕事を探すのを手助けしようとしても、惰性に足が引っぱられることも多い。この概念については、この後の公共政策の議論の中でもう一度取り上げる。ここでは、現状維持バイアスのおもしろい例を紹介するにとどめよう。

マグカップ実験に関する私たちの論文が1990年に発表されてから、数多くの、それこそ何百件もの追跡研究が行なわれている。私たちの発見に批判的なものもあれば、心理学者の言う「現象の境界条件」（その現象が観察されるときとされないときの境界を規定する条件）を探究するものもあった。こうした一連の研究のほぼすべてに共通して用いられているものが1つある。マグカップだ。経済学者と心理学者が、大学のロゴ入りマグカップを何千個も買って、配っているのである。それもすべて、あの日、コーネル大学の書店でマグカップが私の目にとまったからだ。ロゴ入りマグカップをつくっているみなさん、いつか私にディナーをごちそうしてください。

＊

バンクーバーでの1年が終わろうとする頃、ダニエルが何気なく、深い一言をつぶやいた。2人が知っているある学者のうわさ話をしていたとき、ダニエルはこう言った。「誰でもいつかは、〝将来有望〟とはもう言えなくなる年齢に達するときが来るものさ。40歳になるときが、そうなんじゃないだろうか」。ダニエルはきっと、私が何歳だか知らなかったのだろうが、そのとき私は39歳だった。講義が再開してコーネル大学に戻るときには、40歳になる。なんということだ。「将来有望」と呼ばれるのはけっこう気に入っていたのに。

第5部　経済学者と闘う

１９８６～94年

バンクーバーからコーネル大学に戻る頃には、行動経済学というリスクの大きな研究に専任で取り組み始めてから、8年がたとうとしていた。そして、にもかかわらずと言うべきか、だからこそと言うべきかは、訊く相手によって答えが変わるが、私は何とかコーネル大学で終身在職権を認められ、数本の論文が権威ある学術誌への掲載が内定し出版されるのを待っている段階にあった。かつては無駄骨にしか見えなかった研究プロジェクトはいよいよ楽しくなってきていたし、それで家族を養うこともできていた。実験経済学界との関わりは別にすると、いちばん大きな問題は、エイモスとダニエルと私が主に対話を重ねることで研究を進めていたことだった。そんな日々も、終わりを迎えようとしていた。

第17章　論争の幕開け

行動経済学が初めて大規模な公開討論会の議題になったのは、私がバンクーバーからコーネル大学に戻って間もなくのことだった。1985年10月、シカゴ大学ビジネススクールのロビン・ホガース（心理学）、メル・レダー（経済学）両教授が、シカゴ大学で学術会議を開いた[1]。そこは、経済学の伝統的な手法を熱烈に信奉する一団のホームグラウンドだった。合理主義者と行動主義者が一堂に会し、心理学と行動経済学と正面から向き合うべき理由がほんとうにあるのかどうか、決着をつけようとしたのである。この論争でどちらが勝つか賭けをしている人がいたなら、ホームチームが大本命となっていたことだろう。

行動主義チームを率いるのは、ハーバート・サイモン、エイモス、ダニエルで、これに経済理論家のケネス・アローが助っ人として加わった。アローは、ポール・サミュエルソンと同じく、ノーベル経済学賞を何度もらってもおかしくないすぐれた業績をいくつも残していたが、受賞は1回にとどまっていた。ロバート・シラー、リチャード・ゼックハウザー、そして私をはじめとする若手メンバーは、討論者として意見を述べることになっていた。

合理主義チームは強敵で、シカゴ大学のロバート・ルーカスとマートン・ミラーがキャプテンを務めていた。ユージン・ファーマと、私の博士論文の指導教官であるシャーウィン・ローゼンがパネルディスカッションの司会進行役だったが、2人とも、どこをどう見てもホームである合理主義チーム側の人間だった。会議は2日間にわたって大講堂で開かれ、会場のすべての席が埋まっていた。いま振り返ってみると、この学術会議はきわめて異例だった。このような形の会議に出席した記憶は、後にも先にもこの一度きりだ。

エイモスは、この日のためにダニエルと共同で執筆していた新しい論文を発表した。その中で、経済学の原則を破る現象がいくつか報告され、これに対する経済学者の当惑はとりわけ強かった。1つは、いまでは有名になっている「アジア病問題」である。その内容は次のようなものだ。

被験者を2つのグループに分けて、600人がアジア病という伝染病にかかっていると伝える。対策の選択肢は2つある。最初のグループには、次の2つの選択肢が示される。

- 対策Aを選ぶと、200人が確実に助かる。
- 対策Bを選ぶと、3分の1の確率で全員が助かるが、3分の2の確率で600人全員が死ぬ。

この選択を示すと、ほとんどの人が確実な対策Aを選ぶ。

別のバージョンでは、被験者に今度は次の2つの選択肢が示される。

- 対策Cを選ぶと、400人が確実に死ぬ。
- 対策Dを選ぶと、3分の1の確率で1人も死なずにすむが、3分の2の確率で1人も助からない。

このケースでは、大多数の人がリスクの高い対策Dを選んだ。

一見すると、これらの選択肢はどうということはなさそうに見えるが、ちょっと足し算引き算をすれば、対策Aは対策Cと同じで、対策Bは対策Dと同じであることがわかる。そのため、回答者がAをBより選好するが、DをCより選好するのは、つじつまが合わない。それだけでなく、医者のグループに同じような問題を出したときも、同じ結果が得られたのだ。このような結果に、合理主義陣営は不快感を隠さなかった。ここまであからさまに経済理論に反するふるまいを、エコンがするはずがないからだ。

ダニエルは次に、公正さに関する私たちの研究をいくつか発表し、最後通牒ゲームや独裁者ゲームの実験結果などを報告した。こちらの発見も受けが悪かった。経済学者の間では、公正さとは愚にもつかない概念で、たいていは自分の思いどおりにならない子どもが使うものだとされており、懐疑派は私たちの調査データをまったく取り合わなかった。いくらか厄介だったのは本物のお金が使われていた最後通牒ゲーム実験のほうで、もちろんそれほど大きな金額ではなかったため、おなじみの批判を許すことになった。

私がいちばん考えさせられ、いちばん読み返しているのがアローの討論だ。アローは光速で回転する頭脳の持ち主で、彼の話はたいてい、重層的なフーガを奏でるかのように展開していく。本題から外れた話の中にそこからまた外れた話が組み込まれ、口頭で脚注を差し込んで何世紀も前の無名の学者に言及するかと思えば、突然、彼の頭の中で組み立てられている論理が2、3段階いきなり飛ぶ。何でもないような一言に埋め込まれた深い意味を読み取ろうとしていると、話はいつの間にか本題に戻っていて、聞いている人は置いてきぼりにされてしまう。しかし、このときのアローの主張は、一言で要約できる。合理性（要するに最適化）は、すぐれた経済理論を構築するのに必要でもなければ、十分でもない、ということだ。

アローはまず、合理性が必要だという考え方を攻撃した。「数多くの著作の中で、必ずしもはっきり書かれているわけではないだろうが、暗黙の前提になっているように見える考え方を退けておこう。経済の理論は合理性に基づいていなければいけない。それが原則であり、そうでなければ理論たりえないとされているように見える」[2]。アローは、経済学者が合理的とは呼びたくないであろう行動に基づいて、厳密で形式を備えた理論をたくさんつくることができるだろうとした。たとえば、標準的な消費者理論では、価格が変化すると、消費者は新しく生まれた最適化問題を解決し、予算の制約を引き続き満たす財やサービスの新しい〝最良の〟組み合わせを選択するとされている。[3] だが、「価格が変化すると、消費者は予算の範囲内で自分がそれまで消費していたものにいちばん近い組み合わせを選ぶ」といったように、たとえ人間は自分の利益を最大化するように合理的に行動すると仮定しなくても、人間の慣習という面から理論を簡単に組み立てることができる。もっと言うなら、アローはそこからさらに深く踏み込めたかもしれない。たとえば、「『K』の文字の発生頻度を最大化するブランド名の組み合わせを選ぶ」といった突飛な理論を厳密に定式化することだってできるのだ。言い換えれば、形式的モデルは合理的である必要はない。妥当なものである必要すらない。そのため、他に選択肢がないという理由で、合理性という仮定を擁護するべきではない。

合理性だけで〝十分〟かどうか、つまり、合理性だけで重要な予測を生み出すことができるかどうかという点については、アローは、合理性だけではうまくはいかないと断じた。有用な結果を導こうとしたら、理論家は補助的な仮説を加えなければならない。全員の効用関数が同じ、すなわち全員の好みが同じである、というのがその例だ。この前提は明らかにまちがっているだけでなく、事実と矛盾する予測ばかり生まれることにつながってしまう。私たちはエコンではないし、仮にエコンであったとしても、全員がまったく同質のエコンでないのはたしかだ。

アローはまた、経済理論家の行動がそもそも矛盾をはらんでいると指摘した。自分たちは複雑な経済問題の最適解を何カ月もかけて苦労して見つけるというのに、自分のモデルの行為主体は、あたかもそれと同じ問題を解決する能力があるかのようにふるまうと平気で仮定しているというのだ。「われわれは、分析対象が科学的なふるまいをするとみなし、それを科学的に分析するという奇妙な状況にある」[4]。そして最後に、アローはこう忠誠を示した。「私はまぎれもなく、合理性には限界があることを認識する重要性を説いたハーバート・サイモンの洞察に与《くみ》する」[5]

しかし、この学術会議での私の役割は、憧れの研究者たちの意見を拝聴することだけではなかった。ハーバート・サイモン、ダニエル・カーネマンとエイモス・トヴェルスキー、そしてヒレル・アインホルンとロビン・ホガース（この会議の主催者）がそれぞれ執筆した3つの論文に関する討論者を務めるという、恐れ多いタスクを与えられていたのだ。私は論文の著者たちが言っていることにほぼ同意していたので、何をしたらいいかわからなかった。討論者には、報告された内容を批判し詳細に検討することが期待される。「はい、この人はこう言っています」ですませるわけにはいかない。概念に大きな問題があると私が考えていた論文は、この後のセッションで議論される予定になっていた。そのうえ、私は「子どもの席」に座らされている立場にあることもわきまえておかなければいけなかった。ノーベル経済学賞の受賞者が、会議の出席者の中に2人（アローとサイモン）、聴衆の中にさらに数人、後に受賞することになる有力な候補者にいたっては片手では足りないほどいる。そんな大御所たちを前に、生意気に見えないように自分の意見を述べるには、いったいどうすればいいのか。

あれこれ考えた結果、私の最善の戦略は、ユーモアを取り入れることだと判断するにいたった。この戦略にはリスクもあるが、私のこれまでの経験に基づくなら、人は笑っているときはより寛大になる傾向が認められる。そこで、ジョージ・スティグラーの無名の小論を議論の土台にした。スティグラーは彼の世代で屈指のウィットの持ち主であり、シカゴ大学教授として、大講堂の合理主義チームの応援席に座っていた。スティグラーの小論は「学術会議ハンドブック」と題されており、この小論はある古いジョークが土台になっていた。

> 長く収監されている囚人ばかりの刑務所に、新しい囚人がやってくる。新入りはほどなくして、誰かが番号を叫ぶと、囚人全員が笑い出すことに気づく。それを不思議に思い、番号が言われただけでどうしてみんな笑っているのかと、同房者に尋ねる。すると、みんなここが長いもんだから、同じジョークを何回も聞かされているので、時間を節約するために、ジョークに番号を振ったのだという。その後も、誰かが数字を叫んでは四人が大笑いするので、新入りもやってみることにして、「39!」と叫ぶ。ところが誰も笑わない。どうして誰も笑わないのか同房者に訊くと、こんな答えが返ってくる。「まあな、冗談の飛ばし方っていうもんをわかっていないやつもいるってこった」[6]

スティグラーの小論は、ジョークに番号を割り振るこのシステムを、聞き飽きたコメントが何度も何度も繰り返される学術会議やセミナーに取り入れようと呼びかけるものだった。スティグラーは前置きとして、いくつかの例にアルファベットをつけて紹介した後で、32のコメントに番号を振ってずらっと並べた。私は前置きの例の「F」を引用した。このコメントをすぐに聞くことになるだろうと当たりをつけたからである。コメントFとはこういうものだ。「非専門家にわれわれの問題を見てもらうのはいいことだ。斬新な視点がもたらされるかもしれないからだ。だが結局は、分業の利点を再確認することになる。今回もそうだ」[7]

スティグラーの精神を引き継いで、私は「心理学・経済学学術会議ハンドブック」と銘打ったものを提示した。その中で、私が意見を述べるときに必ず耳にしていた退屈なコメントを、反論の模範例をつけてリストアップした。それを前もって発表しておけば、後で会議の出席者の誰かがそうした批判を持ち出すのを封じられるかもしれないと考えたのだ。第6章で「棒打ち刑」についてすでに論じているので、リストの項目は、もう察しがついていることと思う。1つ、その意思決定に関わる利害の規模が大きければ、人は正しい判断をするようになる。1つ、現実の世界では、人は学習して、そうした判断ミスをしなくなる。1つ、エラーは互いに打ち消し合うので、全体としての影響は軽微になる——といった具合である。私はコメントの1つひとつについて、それがなぜ、そう発言している人が考えるほど大きな打撃を与えていないのか、理由を説明していった。

そして、結論に入った。

最後に、討論の結びとして、誤った言明を2つあげたいと思います。

1　合理的モデルは役に立たない。

2　すべての行動は合理的である。

この2つの言明をあげたのは、この会議や、今後開かれる同じような会議で起こるであろう論争で、両陣営が相手側の見解を誤って述べる傾向があるからです。こうした発言は誤りであると全員が認めれば、それをいちいち否定して時間を無駄にすることがなくなるでしょう。[8]

この議論は気に入られたようだ。演壇を後にするとき、スティグラーは親指をぐっと立ててくれたほどだ。そうして会議の初日はつつがなく終わった。

最終日の2日目の朝、フランコ・モジリアーニがノーベル経済学賞を受賞したことが発表された。受賞理由の1つはマートン・ミラーとの共同研究とのことで、そのミラーは2日目の主要講演者の1人だった。モジリアーニは当時、MITにいたが、それ以前はカーネギーメロン大学に在籍しており、ハーバート・サイモンの同僚だった。サイモンの強い希望で、会議はモジリアーニに祝電を送った。その朝、ミラーが自分のメンターと共同研究者にとってはいいニュースでも、自分にとっては悪いニュースだと考えていたとしても、誰も責める人はいなかっただろう。モジリアーニは単独受賞だったので、自分が受賞する機会を逃したとミラーは感じていたのではないか。ミラーは5年後にノーベル賞を受賞することになるのだが、そのときは知るよしもなかった。それに、まだインターネットがない時代だったので、主な受賞理由は、企業金融に関するミラーとの共同研究ではなく、貯蓄と消費に関する研究（ライフサイクル仮説）であることも、その朝の時点ではまだわからなかった。

会議が祝賀ムードに包まれる中、ミラーはモジリアーニの研究に少しだけ触れた。モジリアーニとの共同研究を簡単に説明してほしいとメディアに求められていたミラーは、いつもながらの鋭いウィットで、あるポケットから10ドル札を1枚取り出して、別のポケットに入れたとしても、あなたの富は変わらないことを示したのだと語った。これに会場がどっと沸くと、ミラーはこう切り返した。「笑わないでほしい。私たちはそれを厳密に証明したんだ！」[9]

このジョークは、2人が提唱したいわゆる「**無関連性命題**（irrelevance theorem）」に絡めたものだった。この命題によれば、一定の前提の下では、企業が配当を支払おうと、その原資を使って自社株を買い戻したり負債を削減したりしようと、企業の価値に影響を与えない。つまり、企業の資金がどこに配分されて、どのように使われようと、投資家は気にするべきではない、ということである。しかし、このジョークはライフサイクル仮説にも同じように当てはまった。というのも、その理論では、家計の消費を決定する唯一の要因は家計の富であり、富がどのように保有されているか、たとえば現金か、老後のための貯蓄か、ホームエクイティかは関係ない。どちらの理論も、お金は代替可能であるという作業仮説を立てている。すでに見たように、ライフサイクル仮説の場合、この前提はまちがっている。先ほどのジョークはさておくとして、この前提は企業金融の理論でも疑問符がつくものであり、そして企業金融は、その日の午後にミラーが話すトピックだった。

ミラーの論文に対しては、私のセルフコントロール問題の共同研究者であるハーシュ・シェフリンと、シェフリンのサンタクララ大学の同僚であるメイア・スタットマンが共同執筆した行動ファイナンスの論文が疑義を投げかけていた。[10] 2人はとくに、合理性では説明のつかない事実を、人間の行動の非合理性で説明していた。ミラー＝モジリアーニ無関連性命題の重要な前提の1つは、税金がないことである。配当への課税と、株主に利益を還元する他の方法への課税で扱いがちがう場合には、企業が配当を支払うと、無関連性命題は成り立たなくなる。そして、当時のアメリカ税法を考えるなら、企業は配当を支払わなくてもよかったはずである。それなのに、ほとんどの大企業が配当を支払っていた。[11]

なぜ税金が問題になってくるかというと、所得は当時、配当所得を含めて、50％を超える高い税金がかかっていたが、株式の売却益に対する税率は25％だったからだ。さらに、売却益に対する税金は、株式の売却益が実現したとき、つまり、株式を売ったときにしかかからない。このように税金の効果が異なるので、株主は配当よりもキャピタルゲインを得るほうがずっといいはずである。少なくとも株主がエコンである場合はそうだ。ここで重要になるのは、企業は、配当の支払いにあてるはずだった資金を使って自社株を買い戻すようにすれば、配当からキャピタルゲインに簡単に切り替えられたことである。株主は、配当を受け取る代わりに、保有する株式が値上がりし、節税もできる。そうだとすると、こんな疑問がわく。配当を支払うと税金を支払っている株主には不利に働くのに、どうして企業はそうしたのだろう（大学基金や非課税口座で貯蓄している人など、税金を支払わない株主の場合は、配当でもキャピタルゲインでも、どちらでもかまわない）。

この疑問に対して、シェフリンとスタットマンは、セルフコントロールとメンタル・アカウンティングを組み合わせた答えを示した。一部の株主、たとえば退職者は、心の中で〝所得〟に分類される収入は、そのお金を生活費として使っても罪悪感がないので、そのほうが好まれる、というのである。合理性の世界では、これはナンセンスだ。退職したエコンは、配当を支払っていない企業の株式を買って、その株式の一部を定期的に売り、節税しながらそのお金で暮らせばいい。しかし現実の世界では、利息や配当は使うが、元本には手をつけないことが賢明だというのが通説であり、長くそう信じられている。1985年頃の退職者世代は、大恐慌を生き抜いてきた世代であるため、そのように考える人がとくに多かった。*

マートン・ミラーは、シェフリンとスタットマンの論文のファンだったというわけではなかったと言っていいだろう。ミラーは軽蔑の色を隠さず、行動学的アプローチは、自分の親戚のおばさんなど、ごく一部の人には当てはまったかもしれないが、それだけのことにすぎないと語っている。

出版されたミラーの論文は、口頭発表ほど執拗《しつよう》ではなかったものの、とても奇妙なものだった。論文の大部分は、シェフリンとスタットマンの仮説を批判するのではなく、2人が説明しようとしていたまさにその問題をわかりやすく解説することに費やされた。実際、エコン国では当時の税制度の下でなぜ企業が配当を支払わないのか、その理由をこれほど明快に説明したものを、私は他に知らない。企業は配当を支払わないはずだが、実際にはほとんどの企業が配当を支払っていることを、ミラーは認めた。また、企業がどれだけ配当を支払うかをどのように決めるかを最も正しく記述したモデルは、金融経済学者のジョン・リントナーが提唱したモデルであることも認め、ミラーはそれを「行動モデル」と名づけた。リントナーのモデルでは、企業が配当を増やすのは、収益が十分に増加していて、将来、配当を減らさなくてすむと確信しているときだけである（このモデルがもっと後に書かれていたら、リントナーは損失回避を使って、企業が配当を減らすことをなぜこれほど嫌がるのかを説明しようとしていたかもしれない）[12]。リントナーは、多数の大企業の最高財務責任者（CFO）に聞き取り調査するという時代遅れの戦略を使うことで、このモデルにたどり着いてい

＊財団や大学基金は長い間同じように運営され、元本には手をつけず「所得」を使っていたので、債券と高配当の株式を保有する傾向が強かった。この慣行は好ましくないという認識が次第に広がり、基金の評価額の3年移動平均の一定割合（たとえば5％）を支出するといった、より適正なルールが採用されたため、配当性向よりも長期的な成長力を重視した投資を選択できるようになった。この方針転換を受けて、大学基金は、何年もリターンを確保できないことが多いベンチャーキャピタル・ファンドのような新しい資産クラスに投資することが可能になった。

た。このモデルについて、ミラーは次のように語っている。「私はこれを行動モデルだと解釈している。形式がそうだというだけでなく、30年間試みているのに、誰もまだ最適化問題の解としてそれを演繹できていないからでもある！」[13]

ミラーの論文を要約してみると、このようになる。理論上では、企業は配当を支払うはずがないのに、企業は配当を支払っている。そして、企業が配当を支払うパターンを最もよく記述しているのは行動モデルであることは否めない。これはまるで、行動ファイナンスを称賛するようになった人が書いた論文であるかのようだ。ミラーはしかし、行動ファイナンスを称賛しようとも、認めようともしなかった。「この論文の目的は、ファイナンス全般、とりわけ配当政策における合理性に基づく市場均衡モデルはいまなお健在であること、少なくとも、分析対象の集計水準が一致している経済学の他のモデルよりも悪い状態にあるわけではないことを示すことにある」と書いている。[14]そのため、ミラーに言えるのは、金融市場の標準的な合理性モデルである効率的市場仮説は完全に死んだわけではない、ということまでだった（効率的市場仮説については、次の部で取り上げる）。

ミラーは、企業の配当行動を表す最もすぐれたモデルは行動モデルだと認めただけでなく、個人投資家の行動についても、そう進んで認めた。ミラーはこう語っている。「個々の資産の背景には、家庭の事情、家族の諍い、遺産の受け取り、離婚調停など、われわれのポートフォリオ選択理論からほぼ完全に抜け落ちているさまざまなストーリーがあるだろう。われわれのモデルを構築する際にこうした話をすべて取り払うのは、それがつまらないからではない。むしろあまりにもおもしろすぎて、われわれが何よりも重視するべきであるはずの市場の力の問題から関心をそらしてしまうおそれがあるからだ」[15]。ミラーの言っていることをゆっくり咀嚼《そしゃく》すると、こういうことだ。人がなぜこのようなことをするのか、その理由を無視するべきなのは、それがおもしろくないからではなく、おもしろすぎるからである――。ミラーの話を聞いていて、彼がいったいどちらの側に立っているのか、私にはどうにもつかみきれなかった。

ミラーが登壇したのは最終日である2日目の午後のセッションで、司会を務めたのは、シカゴ大学の教授であり、合理性の熱烈な信奉者であるユージン・ファーマだった。このセッションでは、ミラーの他に、アラン・クレイドンが意見を述べた。ミラーと同様、自分自身の新しい研究についての報告はほとんどなく、むしろロバート・シラーの論文を攻撃することに終始した（シラーの論文については、第24章でくわしく述べる）。シラーは、効率的市場の擁護者であるリチャード・ロール、スティーブ・ロスとともに、討論者に指名されていた。シェフリンとスタットマンは傍聴席からヤジを飛ばすことしかできなかった。このセッションはどう考えても、ホームアドバンテージが効いていた。

シラーは、批判を受けている研究についてくわしく報告する機会を与えられることなく、自分自身の研究を批判した論文について議論するという、異例の立場に置かれた。それでもシラーの見解は、彼らしく冷静で、理路整然としていた。ミラーもクレイドンも、トーマス・クーンの科学革命のモデルに言及していると、シラーは指摘した。クーンのモデルでは、数多くのアノマリー（例外）が実証的に確認され、それが既存の常識を覆すものとして受け入れられてはじめて、パラダイムの革新が起きるとされる。クレイドンとミラーの論文は、幸いにも革命はまだ起きていないと宣言するものだった。シラーの回答の冒頭部分を以下に引用する。「もしかすると科学革命のような劇的な何かが起ころうとしているのかもしれない。しかし、だからといって、その革命が『合理的期待仮説を破棄して、集団心理学を取り入れる』ことにつながるわけではないだろう」。シラーはこうも説いている。「私はどちらかといえば、こうした効率的市場モデルを行動学的に拡張した研究は、ある意味で、効率的市場モデルを向上させることにつながると見ている。効率的市場モデルはより現実的なモデルへと移行する前の極端に特殊なケースであると説明できるのであれば、もっと楽しく学生たちに教えられるだろう」[16]。まさにむべなるかな、である。

　こうした会議や、選挙の立候補者同士の討論の後はいつもそうであるように、両陣営とも、自分たちが勝っていたと胸を張った。行動ファイナンスの研究者と、効率的市場仮説の擁護者との論争はとば口に立ったにすぎず、それから30年たったいまも続いている。だが、すべてはシカゴのあの日の午後から始まったと言っていい。あの論争が私たちをどこに導くことになったのかは、次章で見ていくことにしよう。

第18章　アノマリーを連載する

シカゴでの学術会議の最後に登場したトーマス・クーンの科学革命モデル。その重要な側面は、現在のパラダイムでは説明できないアノマリーがたくさんあると専門家が考えない限り、パラダイムシフトは起こらない、というものだ。通念を覆すには、説明のつかない事実がいくつかまばらにあるぐらいでは足りないのである。クーンのアイデアと私がやろうとしていたことの関連性が頭をよぎったのは、あの会議が初めてではなかった。そのトピックはずっと考えていたのだが、誰にも話すことはなかった。最近まで「将来有望」と呼ばれる段階にいたようなひよっこが、自分の研究が「革命」の一翼を担う可能性があるなどと口にしようものなら、厚かましい、ふざけている、自滅行為だなどとみなされるだろう。私の目標はそんな大それたものではなかった。あといくつか論文を発表して、心理学の要素を経済学に取り入れる価値があるのだということを立証させたいだけだった。しかし、正直に言うと、私はクーンの画期的な著作『科学革命の構造』[1]を読んでおり、ふいに空いた時間ができると、パラダイムシフトのようなことを経済学に起こすことなどはたして可能なのだろうかと、1人思いをめぐらしていた。

パラダイムシフトとは、科学の世界でまれにしか起こらない革命的な出来事の1つであり、人々がそれまで進んできた方向を大きく転換して、新しい方向に進むようになることをいう。いちばん有名な例は、太陽系の中心に太陽を置いたコペルニクス革命だろう。太陽系にある天体は太陽も、惑星も、恒星もすべて地球の周りを回っているとするプトレマイオスの天動説というパラダイムが、コペルニクスの地動説というパラダイムに取って代わられたのである。惑星は地球の周りを回っていないのだから、どうして天動説モデルを構築することができたのか、いまとなっては不思議に感じる。しかし天文学者は何世紀もの間、天動説を使って、惑星の動きをじつに見事に説明していた。ただし、周転円と呼ばれる基本モデルに、その場しのぎとも言える修正をどんどん継ぎ足していくことになった。周転円とは、回転する大きな円の円周に中心を持って回転している小さな円であり、惑星はこの周転円上を回っているとすることで、惑星の運動などがかなり説明できた。

シカゴの会議で、現状を擁護していた論者たちは、パラダイムシフトを明らかに恐れていた。彼らは、革命が目の前に迫っていると考える理由はないと、口々に訴えた。そう訴え続けたというのは、少なくとも伝統主義者たちの間に懸念する理由があったことを暗に示すものにほかならない。伝統的なパラダイムの擁護者はきまって、何か1つの結果を取り上げてあげつらい、なぜそれが見かけほどには重大なものではないかをとうとうと説明する。いざとなったら、悩ましい事実を合理的に説明する、いわば「経済学版周転円」を見つければいいだけのことだった。それに、アノマリーを1回限りの不可解な出来事として退けようとすれば、説得力のある説明は、その気になればいくらでも見つかった。真のパラダイムシフトを起こすには、アノマリーを集めて、1つひとつ解き明かしていくしかないと、私は感じていた。そんなとき、アノマリーの事例を集めて記録する機会がひょっこり舞い込んできた。まさに天啓である。私はそのチャンスを逃さなかった。

＊

バンクーバーからイサカに戻ってしばらくして、私はある学術会議で、経済学者のハル・ヴァリアンと隣り合わせになった。ハルは有名な理論家で、後にグーグルのチーフエコノミストになった人物である。ハルの話では、アメリカ経済学会（AEA）がジャーナル・オブ・エコノミック・パースペクティブズという新しい学術誌を創刊するという。ハルは新雑誌の顧問編集委員だった。編集委員会は連載特集論文の執筆を依頼しようと考えていて、切れ者のバリー・ネイルバフが、経済学をベースとする難問やパズルに関して1本書くことになっていた。ハルとの会話の中で、私がアノマリーについて書いたらどうだ、ということになった。編集委員のジョセフ・スティグリッツは論争を煽《あお》るのが好きで、このアイデアはすんなり受け入れられ、アノマリー特集というコンセプトが認められた。こうして年4回、アノマリーに関する論文を発表する場を与えられた。私は、意思決定とは無関係とされている要因（SIF）がじつは重要な意味を持っていることや、経済学の標準理論とは矛盾する事実があるということを書くつもりだった。

1987年、同誌の第1号が刊行され、アノマリー・コラムの連載が始まった。私は第1回のコラムの冒頭に、トーマス・クーンの言葉を引用した。


「発見は、アノマリーに気づくこと、つまり、通常科学を支配するパラダイムから生じる予測を自然が何らかの形で破っていると認識することから始まる」

——トーマス・クーン

〈なぜアノマリーに注目するのか〉

次の問題を考えてみてほしい。テーブルの上にカードが4枚、図のように並べられている。

この4枚のカードには、「片面に母音が書いてあるならば、もう片面には偶数が書いてある」という規則がある。この規則が成り立っているかどうかを、できるだけ少ない枚数をめくって証明してほしい。それには、4枚のうち、どのカードをめくればいいだろう。どのカードをめくるかはあらかじめ決めておかなければいけない。先へ読み進む前に、みなさんもぜひ、自分でやってみてほしい。

この問題を私の授業で出したところ、学生の答えは、多い順にA、2、3、Bだった。

図8

当然のことながら、ほぼ全員がAをめくると正しく答えている。Aの裏に偶数が書いていなかったら、この規則が成り立たないことは一目瞭然だ。ところが、2番目に人気のある2をめくっても意味はない。2の裏に母音が書いてあれば、仮説と一致する観察が生まれることになるが、2をめくっても、この規則が成り立っていることの証明にも反証にもならない。

仮説を反証するには、3をめくることを選ばなければいけないのだが、3を選ぶ人は2を選ぶ人よりもかなり少ない。いちばん人気のないBも、めくらなければいけないカードだ。なぜなら、裏に母音が書かれているかもしれないからである（問題文には、カードの片面は数字で、もう片面は文字だとはいっさい書かれていないのだが、回答者はよくそう思い込んでしまう）。この問題は、ウェイソンが1968年に考案した4枚カード問題（Wason, 1968）を土台にしたものであり、ここから2つの教訓が導かれる。1つは、人は仮説を支持する証拠だけを探し、反証する証拠を探そうとしない傾向がある。3より2を選んだ人が多いことがその証拠になる。この傾向は「**確証バイアス**（confirmation bias）」と呼ばれる。もう1つは、思い込みによって反証となるような証拠が軽視されるようなときには、確証バイアスが強く作用しやすい。Bをめくると答える人が少ないのはそのためだ。

この連載では、反証となる証拠——経済理論のアノマリー——を見つけ出して報告していく。トーマス・クーンが示したように、経済学のアノマリーは、現在の経済学のパラダイムと矛盾する結果である。経済学には他の社会科学と大きく異なる点がある。それは、経済主体は安定していて明確に定義された選好を持ち、そうした選好と整合する合理的な選択をするので、市場は（やがて）清算されると仮定することで、ほとんど（すべて？）の行動に説明がつくと考えられていることである。実証的な結果がアノマリーとなるのは、それを〝合理化〟するのが難しかったり、既存のパラダイムの枠内で説明するには、およそありえない仮定をする必要があったりするような場合である。もちろん、「難しい」も「およそありえない」もあくまで個人的な意見であるので、私の評価に同意しない人もいるかもしれない。そこで、読者諸氏にも、私が報告するアノマリーの1つひとつについて、既存のパラダイムの枠内か枠外かを問わず、簡単な説明をぜひ投稿してほしい。ただし掲載の対象となるには、投稿される説明は、少なくとも原則として反証可能でなければならない。ここでアノマリーとされていることは実際には税金に対する合理的な反応だと主張するのであれば、たとえば、このアノマリーは税金のない国や、非課税の経済主体、あるいは当該の税金が導入される以前の期間には観察されないだろう、というように、その仮説に基づいて何らかの予測を提示してしかるべきである。取引コストに基づいて説明しようとする人なら、取引コストを取り除くことができる実験的検証を提案するかもしれないが、それを踏まえて、その環境では効果が消滅するという予測を導かなければいけない。

私は4年近くにわたり、毎号（つまり年4回）コラムを書いた。コラムは出版ページ数で10〜12ページほどで、さらっと読める短さだが、きちんと議論するには十分な長さだった。コラムの終わりに「解説」をつけて、その発見がいかに重要であるか、私の見解を記した。

コラムの連載を始めたときに大きな構想を描けていたとは言えない。はじめにトピックをリストアップしたところ、少なくとも10本は書けるだろうという感触を得た。そのため、最初に何を書いて、コラムをどのようなトーンにするかが問題となった。何が人を怒らせるのか、という問題について論文を2本書いたばかりだったので、この企画が逆効果になる可能性があることは重々承知していた。しかもコラムを執筆するには信じられないくらい時間がかかった。テーマの多くは私の専門領域を大きく外れていたため、各分野のスペシャリストに執筆協力を頼むこととなった。それでも、最終稿はすべて私が作成したので、新しい分野を必死で勉強しなければいけないことに変わりはなかった。アノマリー・コラムに時間をとられるということは、大部分の学者が〝ほんとうの研究〟と考えるようなこと、つまり、新しい事実を発見し、新しい理論を構築し、査読誌に論文を発表する時間を削られることを意味した。*

しかし、コラムの潜在力はものすごく大きかった。AEAはあるとき、新雑誌についての感想を会員に聞くアンケート調査を行なった。新雑誌を読んだかどうか、とくに特集記事を読んだかどうかを質問したところ、アンケートに回答したAEA会員の半数が、「アノマリー」コラムを「定期的に」読んでいると答えた（「定期的」が何を意味するのかはわからないが）。客観的に見て、専門性の高い学術誌に書かれた平均的な論文は、100人に読んでもらえれば上出来だろう。そんな中で、私のアノマリー・コラムは、5000人以上の経済学者に届いていたのである。おかげで、共同執筆を依頼するときには、こんなに多くの人に論文を読んでもらえることはこの先ないかもしれませんよと、確信を持って売り込むことができた。もちろん、私にとってもそうだった。私のコラムを読んでいる人がいる。その人たちに何を示せばいいのだろう。

私がめざしたのは、幅広い領域のアノマリーを網羅すること、そして、市場データを用いるさまざまな手法をはじめとする実証的手法で裏付けられる例を見つけ出し、アノマリーは実験室でしか起こらないという神話にくさびを打ち込むことだった。最初の4年間に書いた14のコラムのうち、主に実験データに基づくものは5つしかなかった。他のコラムは多岐にわたっていたが、多くは金融に関連するものだった。理由は単純だ。標準的なパラダイムの擁護者にとって、それが最も意外なことであり、最も不安にさせることでもあったからだ。

どのアノマリーについても行動理論で満足のいく説明ができたわけではないことは、ここで指摘しておくべきだろう。理論が導く予測と一致しない実証的な事実にすぎないものも、中にはあった。たとえば、第1回、第2回のコラムでは、株式市場の「カレンダー」効果を取り上げた。[2] こうした結果は不可思議としか言いようがない。そのほんの一例を紹介しよう。株価は金曜日に上がり、月曜日に下がる傾向がある。1月は株式のリターンが高い。とくにいいのは月初めで、とりわけ小型株が狙い目だ。そして、休日の前の日、たいてい金曜日は、株式にとってとくにいい日である。こうした結果は、さまざまな論文で報告されている。[3] 数多くの研究者がカレンダー効果を論理的に説明しようと試みたが、どれも検証されては否定され、退けられてきた（中には非論理的な説明もあったが）。私もこれを説明できなかったが、それがアノマリーであることはたしかだった。

＊アノマリー・コラムを書く楽しみの1つは、編集委員自身が査読にあたっていて、どの論文も、専門家以外の読者にも理解できるような文章にするために、ほんとうの意味での「編集」も受けられたことだ。一流の書き手でもある経済学者のティム・テイラーは、創刊当初からずっとこの仕事で見事な手腕を発揮している。ほとんどの学術雑誌では、編集委員は論文の内容が経済学的に正しいかを確認し、コピーエディターが誤字脱字や体裁をチェックするが、こうすればもっと読みやすくなるといった提案をすることはない。ティムは早い段階でデフォルトの威力に気づいた。彼は論文1つひとつに修正を入れ、執筆者に論文を返送するときにその新しい草稿を同封して、修正案を採用しないことも選択できると伝えるようにしたのである。ちなみに、ジャーナル・オブ・エコノミック・パースペクティブズ誌はオンラインで無料公開されており（www.aeaweb.org/journals/jep）、バックナンバーも閲覧できる。経済学を学ぶには最高の場所だ。

競馬場にもアノマリーは厳然と存在する。[4] アメリカなど世界の数多くの国の競馬場は、パリミュチュエル方式という仕組みで運営されている（ただし、イギリスは除く）。この方式だと、馬券を買った時点ではオッズが確定せず、各馬の投票券の売り上げによってオッズが変動する。最もシンプルな賭け方で説明すると、販売された馬券の売り上げをいったんプールして、運営者が一定割合、一般に17％前後を差し引き、残りの金額を勝ち馬に投票した人に分配する。そのレースで最も強いと考えられている馬は「本命馬」と呼ばれ、人気が低く、たとえばオッズが10倍以上の馬は「大穴」と呼ばれる。

運営者が賭け金の17％をとり、賭け市場が効率的であるのなら、すべてのベットの期待リターンは同じになるはずだ。そう、マイナス17％である。あなたが100ドル賭けると、手堅い本命馬から大穴中の大穴までの平均で、83％を取り戻せる計算になる。しかし、データはそうはなっていない。本命馬へのベットのリターンは、大穴へのベットのリターンを大きく上回る。たとえば、オッズ1倍の大本命馬に賭けると、1ドル当たり90セントが払い戻されるが、オッズ100倍の大穴の場合は、1ドル当たり約14セントしか戻らない。それに、第10章のギャンブル行動とブレークイーブン効果の議論で触れたように、大穴馬のオッズは最終レースになると下がるのである。

アノマリー・コラムは14回連載されたところで、いったん休載した。その後、各回のコラムを少し補足修正して1冊の本にまとめ、ある回のタイトルからとった『勝者の呪い』という題名で出版した（訳注／邦訳は『セイラー教授の行動経済学入門』）。それからも何度かコラムを書いたが、連載ではないので原稿の締め切りがなくなり、掲載は次第に不定期になっていった。最後のコラムが２００６年に掲載されてからほどなくして、コラムは公式に終了した。当時、編集委員を務めていたアンドレイ・シュライファーは、コラムの目的は果たされたと明言した。アノマリーを集める私の仕事はもう終わったのだと、遠回しに宣告されたのである。こうして私はお役ご免になった。

（以下下巻）

索　引

■数字・アルファベット
10%クラブ　㊦192, 193
２システム・モデル　㊤189, 301
４０１（ｋ）プラン　㊦41, 218-220, 224, 225
４枚カード問題　㊤291
５ファクターモデル　㊦91, 92
ＰＥＲ　㊦77, 80, 81, 88, 98, 100

■あ
アクチュアリー（保険数理士）協会　㊤37
アジア病問題　㊤272
明日はもっと貯めよう　㊦223
「あたかも」説　㊤85
アニマルスピリット　㊦61, 98, 112
アノマリー・コラム　㊤290, 293-296
アノマリー採掘作業　㊦14
アメリカ科学振興協会　㊦271
アメリカ経済学会（AEA）　㊤289　㊦238, 274, 334
アメリカ・ファイナンス学会（AFA）　㊦83, 108
アメリカ連邦準備制度　㊦100
アルフレッド・P・スローン財団　㊦12
安定均衡　㊤86
意思決定論　㊦17
異時点間選択（intertemporal choice）　㊤161-163, 170, 171, 198
一物一価の法則　㊦105, 107, 108, 116-118, 120, 121, 123, 126, 275
いつでも低価格　㊤117, 118
一般化過剰反応　㊦82
命の価値　㊤33, 35, 49, 71, 82, 160
命を救う価値　㊤38
イノベーション・フォー・ポバティ・アクション　㊦269
インスタント保有効果　㊤266
インセンティブ　㊤92, 94, 96, 100, 116, 156, 191, 233, 238, 304　㊦200, 231, 284, 285, 291
ヴァリアン，ハル　㊤289
ヴァン・ドルダー，デニー　㊦203, 205
ヴィニオリ，ラファエル　㊦156
ウィリアムズ，リッキー　㊦169-171, 175
ウィルソン，ラッセル　㊦187
ウーリエ，オリビエ　㊦255
ウェーバー＝フェヒナーの法則　㊤66, 67
ウォールストリート・ジャーナル　㊤213, 214, 235,　㊦97
「ウソつき向け」ローン　㊦130
エイムズ，ルース　㊤253
エインズリー，ジョージ　㊤185, 186
エージェンシー理論　㊤190
エコン（ホモエコノミカス）　㊤22,

24-27, 29, 30, 35, 36, 43, 48, 71, 109, 111, 112, 114, 115, 122, 129, 130, 134, 138, 139, 149, 157, 158, 163, 170-172, 174, 176, 178, 193, 197, 199, 224, 229, 249, 273, 275, 281-283, 305 ㊦10, 11, 17, 43, 52, 73, 92, 108, 113, 118, 120, 121, 127, 129, 136, 139, 140, 166, 217, 220, 228, 233, 234, 241, 243, 262, 276, 291, 297, 298, 300
——のモデル ㊤27, 30 ㊦136, 139
エルスター，ヤン ㊦14, 18
オーディン，テリー ㊦22
オープンエンド型ファンド ㊦106, 111
オズボーン，ジョージ ㊦251
オドナヒュー，テッド ㊤198, 199 ㊦237

■か
カーネマン，ダニエル ㊤43, 49-55, 62, 64, 71, 73, 76, 77, 80, 89, 92, 94, 97, 106, 146-148, 170, 189, 197, 220, 222, 224, 244, 276, 301 ㊦17, 18, 24, 28, 74, 75, 79, 82, 137, 151, 196, 261, 283, 290
カーラン，ディーン ㊤44, 45
科学革命 ㊤285-287 ㊦316
獲得効用（acquisition utility） ㊤112, 115, 116, 123, 205
カシャップ，アニール ㊦159, 161
過剰反応 ㊦75, 76, 80, 82, 91, 127
価値関数 ㊤63, 64, 69, 110, 156
仮定の質問 ㊤38, 76, 78, 148 ㊦196
株価の変動 ㊦95, 339
株式プレミアム・パズル（equity premium puzzle） ㊦34, 36, 45, 52, 201
株式リスクプレミアム ㊦72
カレンダー効果 ㊤295
ガワンデ，アトゥール ㊦288, 289
カン，レイモンド ㊦114
「簡単」スローガン ㊦263
感応度逓減性 ㊤60, 65
機会費用 ㊤42, 43, 108, 109, 111, 112, 126, 129, 135 ㊦175, 176, 290
危険な仕事 ㊤36, 160
期待効用理論（expected utility theory） ㊤60-62, 77 ㊦37, 200, 283
規範的理論 ㊤56, 58, 109 ㊦283
義務的選択 ㊦246, 335
キャメラー，コリン ㊤11, 13 ㊦18, 19, 21, 22, 24, 25, 46, 47, 237
キャメロン，リサ ㊤249
キャンベル，ジョン ㊦100
行政管理予算局 ㊦270
ギロヴィッチ，トーマス ㊤177
均衡（equilibrium） ㊤24, 86, 260 ㊦58, 104, 122
——理論 ㊤229
近視眼的な損失回避 ㊦40, 45
ギンツェル，リンダ ㊦288
グース，ヴェルナー ㊤246
グールズビー，オースティン ㊦282
クーン，トーマス ㊤285, 287,

290, 292 ㊦277
クォータリー・ジャーナル・オブ・エコノミクス ㊦43, 50
クネッチ，ジャック ㊤221, 222, 244, 256-258 ㊦151
クラカワー，ジョン ㊦289
グリーン，ビル ㊤149
グリーンスパン，アラン ㊤29 ㊦100
グリフィン3世，ロバート ㊦186
グリフェン（ヨウム） ㊤185
クルーガー，アラン ㊤243, 305, 334
グルーチョ・マルクスの定理 ㊦72
グレアム，ベンジャミン ㊦76-79, 89, 91, 105, 110, 113, 122
クレイドン，アラン ㊤285, 286 ㊦95
グレーザー，エドワード ㊦334
グレーザー，デヴィッド ㊤92, 94
クレッグ，ニック ㊦253, 254
グロース投資家 ㊦70
クローズドエンド型ファンド ㊦105-116, 125, 138
クンリューサー，ハワード ㊤55
計画者＝実行者モデル ㊤197, 198
経済諮問委員会 ㊦282
経済社会研究委員会 ㊦272
経済理論 ㊤22-24, 28, 30, 33, 39, 40, 48, 58, 80, 85, 92-94, 102, 112, 129, 132, 158, 172, 176, 177, 224, 252, 257, 260, 262-264, 271, 273-275, 292 ㊦35, 37, 67, 200, 215-217, 275, 276
経路依存性 ㊦200, 201, 203,
ケインズ，ジョン・メイナード ㊤172-175 ㊦60-70, 75, 76, 191, 278, 299
ケース，チップ ㊦101
ケース＝シラー住宅価格指数 ㊦101
ゲーム理論 ㊤61, 96, 190, 245, 250 ㊦10, 11, 20, 65, 66, 205, 209, 211
限界効用 ㊤63, 192
——逓減 ㊤61
限界消費性向（marginal propensity to consume） ㊤172-174, 178
限界分析（marginal analysis） ㊤86, 304
顕示選好（revealed preferences） ㊤157
源泉課税 ㊤256
限定意志力（bounded willpower） ㊦136
限定合理性（bounded rationality） ㊤52, 53, 62 ㊦136, 153, 167, 298
限定自己利益（bounded self-interest） ㊦136
限定自制心（bounded self-control） ㊦153
『賢明なる投資家』 ㊦76, 77
公共財 ㊤250, 251, 253, 254
——ゲーム ㊤250, 252-254
公共ラジオ局（NPR） ㊤13, 66 ㊦211
恒常所得仮説（permanent income hypothesis） ㊤173

行動経済学ラウンドテーブル　㊦18
行動洞察チーム（BIT）　㊤31　㊦255, 270, 273
行動マクロ経済学　㊦278, 283, 299
行動ライフサイクル仮説（behavioral life-cycle hypothesis）　㊤175, 178
効用（utility）　㊤60, 64, 66, 112, 121, 139, 163-166, 168, 175, 181, 186, 191, 193-195, 235　㊦175, 297
——関数　㊤60, 65, 275
効率的市場仮説（EMH）　㊤284, 286　㊦54-60, 62, 78, 79, 81, 82, 84-89, 93, 98, 104, 105, 107, 125, 127, 128, 172, 174, 275, 276
合理的期待（rational expectations）　㊤24, 286　㊦34, 60
合理的な予測（rational forecasts）　㊦94
合理的マクロ経済モデル　㊦279
ゴーヴィル，ジョン　㊤124
コース，ロナルド　㊦142-145, 151-153
コースの定理　㊦142-145, 151-153
「ゴールデン・ボールズ」　㊦205, 208-210
ゴールドスタイン，ダニエル　㊦245
ココナス，ニック　㊤241-243
誤差項　㊤52
個人退職勘定（IRA）　㊦218, 337
個人投資家　㊤77, 151, 284　㊦22, 111, 112, 195
コブ，デヴィッド　㊤202
コブ，マイケル　㊤217
コペルニクス革命　㊤288
コミットメント戦略（commitment strategy）　㊤182, 193, 194　㊦139
ごろつきトレーダー　㊤152
コロブキン，ラッセル　㊦155
コンプライアンス　㊦219, 281
服薬——　㊦31

■さ

サー・ガス，オドネル　㊦252, 253
サージプライシング　㊤238, 239, 241　㊦49
最後通牒ゲーム　㊤246-249, 273, 274, 300　㊦20, 141, 150, 152, 205
最適化モデル　㊤25, 26, 28, 56, 84
最適化問題　㊤24, 84, 275, 284　㊦297
サイモン，ハーバート　㊤51, 52, 62, 271, 276, 279
サドフ，サリー　㊦285
サフィ，アミール　㊤143
サマーズ，ローレンス　㊦14, 108, 109, 287
ザミール，エヤル　㊦155
サミュエルソン，ポール　㊤85, 163, 164, 170-172, 180, 181, 198, 250-252, 271　㊦36-41, 43, 58
サミュエルソンの仮説　㊦43
サンクコスト（sunk cost）　㊤48, 99, 120-123, 125, 126, 133, 134, 207　㊦16, 141, 142, 149, 150, 177

——の錯誤（sunk cost fallacy）　㊤122　㊦149
サンクトペテルブルクのパラドックス　㊤59
参照価格（reference price）　㊤112, 113, 116
サンスティーン，キャス　㊦137, 236, 237, 249, 254, 261, 270
残存価値　㊦119-122
シー，デニス　㊦224, 225
シーガー，ピート　㊤122
「シークレット・セール」　㊤210
ジェヴォンズ，ウィリアム・スタンレー　㊤161, 165
シェフリン，ハーシュ　㊤178, 188, 189, 197, 281-283, 285　㊦83, 84
シェリング，トーマス　㊤33-36, 75, 182, 191　㊦13, 18
ジェンセン，マイケル　㊤97, 98, 101, 190　㊦54, 57, 59, 60
シカゴ大学証券価格研究センター（CRSP）　㊦59
時間の価値　㊤48
時間非整合的（time-inconsistent）　㊤168, 170, 198, 199
支出の減価償却　㊤125
市場均衡モデル　㊤284
自信過剰　㊤25, 99, 217　㊦73, 74, 155, 170, 195, 288
自然実験　㊤28　㊦44
実験経済学　㊤80, 82, 92, 253, 256, 258, 270　㊦57
実質賃金　㊤231
自動加入方式　㊦222-227, 231, 233, 247, 267
自動設定運用商品　㊦226
資本資産価格モデル（ＣＡＰＭ）　㊦87, 276
ジャーナル・オブ・エコノミック・パースペクティブズ　㊤289, 295
ジャーナル・オブ・エコノミック・ビヘイビア・アンド・オーガニゼーション　㊤102
ジャーナル・オブ・ファイナンス　㊦83, 84, 113-115
ジャーナル・オブ・フィナンシャル・エコノミクス　㊦60
シャープ，ウィリアム　㊦59, 87, 91
シャクター，スタンレー　㊦13, 16
シャトン，マヤ　㊦44
シャピロ，ジェシー　㊤138, 139　㊦291
シャフィール，エルダー　㊤111, 126, 127, 129, 132　㊦15, 135, 341
ジャミール・ポバティ・アクション・ラボ（J-PAL）　㊦271
シャンカル，マヤ　㊦271
囚人のジレンマ　㊤249, 250, 252　㊦205, 210, 211
周転円　㊤288
銃を携帯する権利　㊦149
シュライファー，アンドレイ　㊤297　㊦14, 90, 109, 113, 124
シュワルツ，アラン　㊦43
純資産価額（NAV）　㊦106
準双曲割引（quasi-hyperbolic discounting）　㊤166
条件付き協力者（conditional

cooperators） ㊤254 ㊦20, 259
消費関数（consumption function） ㊤171-173
消費者主権（consumer sovereignty） ㊦153, 154
消費者余剰（consumer surplus） ㊤112
情報規制問題室（OIRA、オーアイラ） ㊦270
ジョールズ，クリスティーン ㊦22, 136, 137, 140, 154
ショールズ，マイロン ㊦59
ジョンソン，エリック ㊤16, 148 ㊦17, 201, 203, 245
ジョンソン，スティーブン ㊤79
ジョンソン，ロン ㊤118
シラー，ロバート ㊤23, 271, 285, 286 ㊦11, 13, 18, 59, 93-95, 97-104, 112, 116, 130, 274, 278, 339
シルバ，ローハン ㊦250-255
シルバー，ネイト ㊤91 ㊦191
ジンガレス，ルイジ ㊦162, 163
神経経済学 ㊤197 ㊦11, 19, 299
人的資本形成理論 ㊤58
シンデン，ジョン ㊤256, 257
スタインバーグ，ソール ㊤167
スタウ，バリー ㊤122, 123
スタットマン，メイア ㊤189 ㊦281-283, 285
スタルツ，ルネ ㊦113, 114
スタンフォード・ローレビュー ㊦138, 238
スチュアート，ジョン ㊦282
スティグラー，ジョージ ㊤75, 160, 277-279
スティグラー，スティーブン ㊦197
スティグラーの法則 ㊦197
スティグリッツ，ジョセフ ㊤289
ストロッツ，ロバート ㊤180-182, 186, 195, 196
スナイダー，ダニエル ㊦185, 186, 189
スミス，アダム ㊤26, 99, 110, 159-161, 163, 188
スミス，ヴァーノン ㊤80-82, 256-258, 264 ㊦296
スミス，クリフ ㊦56
スミス，ロジャー ㊤215
スロヴィック，ポール ㊤49, 73, 92, 93
制約付き最適化（constrained optimization） ㊤24
セイラー，アラン ㊤37
セイラー，ジェシー ㊤225
セイラー，マギー ㊤207
ゼックハウザー，リチャード ㊤36, 37, 266, 271 ㊦13
狭いフレーミング ㊦25, 30, 31, 33, 40, 49
セルフコントロール ㊤32, 83, 102, 103, 157-161, 172, 180-182, 185-187, 197-200, 202, 281, 282 ㊦11, 17, 50, 215, 222
——行動療法 ㊤159
——装置 ㊦50
——問題 ㊤157-159, 161, 172, 180-182, 186, 197, 199, 200, 281 ㊦11, 215

セン，アマルティア ㊤252
選好逆転 ㊤185
選択アーキテクチャー ㊦244, 291
全米経済研究所（NBER） ㊤72 ㊦103, 116, 278
臓器提供 ㊦245-247, 335
双曲割引 ㊤301, 302
贈与交換 ㊦19
ソール，ジャック ㊤137
ソマン，ディリップ ㊤124
ソロー，ロバート ㊦139
損失回避性（loss aversion） ㊤69, 70, 74, 110, 266, 283 ㊦28, 36, 40, 44, 142, 222, 223

■た

ターボックス，ブライアン ㊦227-230, 233
ダイアモンド，ダグ ㊤161, 165
ダイアモンド，ピーター ㊦238
タイクマン，ドロン ㊦155
退職準備貯蓄 ㊤178, 197 ㊦44, 215, 217, 218, 220-222, 224-227, 231-233, 235, 291, 336
——額 ㊦235
——口座 ㊦221, 232
——制度 ㊤178, 197 ㊦44, 215, 217, 218, 220, 222, 224, 226-228, 231, 232, 291, 336
大数の法則 ㊦39
代替可能性 ㊤136, 137, 139, 148, 178, 197, 281 ㊦233
タイムシェア ㊤133
——型別荘 ㊤133
ダウ工業株平均 ㊦56, 77, 78
ダウ平均採用銘柄 ㊦78
ダウン，ニック ㊦256-258, 260
立場固定 ㊤122
チェティ，ラジ ㊦232, 233, 291
チェン，ナイフー ㊦114
チャルディーニ，ロバート ㊦16, 257, 259, 335
丁度可知差異（just-noticeable difference, JND） ㊤66, 212
懲罰ゲーム ㊤247, 254
貯蓄理論 ㊦215
ティアニー，ジョン ㊦244
「ディール・オア・ノーディール」 ㊦198, 199, 201, 205, 208
ディトカ，マイク ㊦169-172
テイラー，ティム ㊤295
ティロール，ジャン ㊦214
デフォルト ㊤54, 141, 295 ㊦47, 220, 221, 224-226, 231, 233, 245, 291
——設定 ㊦220, 245
——商品 ㊦47
デボン，ウェルナー ㊦71, 72, 74, 80, 81, 83, 84, 87, 93, 97, 167
デロング，ブラッド ㊦109
トヴェルスキー，エイモス ㊤13, 14, 43, 49, 50-55, 62, 64, 71, 73, 76, 77, 80, 89, 92, 94, 97, 106, 146-148, 189, 220, 276 ㊦17, 18, 24, 74, 75, 82, 196, 283, 290
——，オーレン ㊤16, 17
——，タル ㊤16
——，バーバラ ㊤73, 98
投機の不可能性定理 ㊦73
統計上の命 ㊤34, 35

ドウズ，ロビン ㊦255
トークン ㊤80, 81, 258-264 ㊦144, 145, 147, 148
トービン，ジェームズ ㊦58
独裁者ゲーム ㊤246, 247, 273 ㊦20, 205
特売価格戦略 ㊤117
ドッド，デヴィッド ㊦76
ドナヒュー，ジョン ㊦149
ドラフト（NFL） ㊤32 ㊦168
トリーズマン，アン ㊤74 ㊦24
取引効用（transaction utility） ㊤112-116, 118, 119, 123, 124, 130, 205, 207, 301
取引コスト ㊤130, 293 ㊦142, 144, 145, 148
努力（effort）プロジェクト ㊦46
ドレマン，デヴィッド ㊦79, 80, 86, 89
トンプソン，レックス ㊦113

■な
ナーゲル，ローズマリー ㊦66, 67
内部情報 ㊦26-28, 34 ㊦174
ナッジ ㊦141, 239-243, 251, 252, 259, 261, 265, 268, 269, 271-273
——の倫理 ㊦261
ナッシュ，ジョン ㊦65, 340
ナッシュ均衡 ㊦65, 67, 340
偽の価格 ㊤118
偽の合意効果 ㊦171
ニューヨーク証券取引所 ㊦82, 86
認知的不協和 ㊦13
ネイルバフ，バリー ㊤289
ネクスト（レストラン） ㊤241, 242
ノイズ・トレーダー ㊦108, 109, 111, 121, 123
能無しプリンシパル問題 ㊦32, 188
「ノー・フリーランチ」原理 ㊦57, 81, 85, 88, 98, 127
ノーベル賞 ㊤55, 81, 280 ㊦339
ノーマン，ドナルド ㊦243, 244

■は
バーク，ブライアン ㊦190, 337
ハース，ダン ㊤22
ハース，チップ ㊤137 ㊦22
バー＝ヒレル，マヤ ㊤73, 108, 112, 113, 116, 122 ㊦39
バーベリス，ニコラス ㊦55, 283
バーンハイム，ダグラス ㊦216
バイアス ㊤24, 25, 49-51, 54, 55, 72, 89, 166, 304 ㊦26, 49, 135, 154
後知恵——（hindsight bias） ㊤49, 50 ㊦32
確証——（confirmation bias） ㊤291, 292 ㊦288
現在—— ㊤166, 199 ㊦89, 171, 182, 223
現状維持——（status quo bias） ㊤266
ハウスマネー効果 ㊤150, 151 ㊦37, 197
バス，サンジョイ ㊦79
パターナリズム ㊦153, 235, 237-240
最適—— ㊦237
慎重な—— ㊦237

反・反―― ㊦153, 237
非対称―― ㊦237
リバタリアン・―― ㊦237-239, 241
バフェット，ウォーレン ㊤90, 235 ㊦76
バブコック，リンダ ㊦22, 47
バブル ㊤26, 27, 29, 81, 142, 143, 151 ㊦56, 57, 78, 101-103, 126, 128-130, 277
金融―― ㊤29, 151
住宅―― ㊤27, 142, 143 ㊦102
ハイテク株（IT）―― ㊤27, 143 ㊦78, 126, 129
不動産―― ㊦128, 129
バリュー投資家 ㊦70
バルトゥッセン，グイド ㊦196, 203
ハルパーン，デヴィッド ㊦254-256
パレート，ヴィルフレド ㊤170 ㊦299
バロー，ロバート ㊤175-177
パワー，サマンサ ㊦249
バンズ，ロルフ ㊦79, 80, 90
判断・意思決定学会（ＳＪＤＭ） ㊦17
反復練習 ㊤96
ピーターの法則 ㊦192
ピグー，アーサー ㊤162, 165
ビシュニー，ロバート ㊦90, 124
美人投票 ㊦62, 63, 66, 67, 69, 151
ピタゴラスの定理 ㊤56, 58, 62
ヒックス，ジョン ㊤85
ビッグ・ピーナッツ仮説 ㊦207
ヒューリスティック ㊤50, 175 ㊦164
ヒルトン，スティーブ ㊦251, 253, 255
便乗値上げ（gouging） ㊤225, 239, 241
ビンモア，ケン ㊤96, 97
ビンモアの連続体 ㊤96
ファーマ，ユージン ㊤272, 285 ㊦11, 54-56, 59, 60, 79, 85, 89-91, 104, 105, 125, 126, 133, 160-162, 276, 339
ファーマ＝フレンチ３ファクターモデル ㊦90
ファーンズワース，ワード ㊦153
フィッシャー，アーヴィング ㊤162, 163, 170, 172
フィッシャー，スコット ㊦289
フィッシュホフ，バルーク ㊤49, 50, 55, 73
フィデリティ ㊦221, 223
フィナンシャル・タイムズ ㊦66
フェール，エルンスト ㊤254 ㊦19, 21
フェスティンガー，レオン ㊦13, 14
フォン・ノイマン，ジョン ㊤60-62
物価統制 ㊤301
フュックス，ヴィクター ㊤72, 74, 79
フライヤー，ローランド ㊦284
ブラウン，キャリー・Ｅ ㊦36-40
ブラック，フィッシャー ㊦83, 108, 109, 128, 129

ブラック＝ショールズ・モデル（オプション価格生成理論） ㊦59
フランク，ボブ ㊤177
ブランバーグ，リチャード ㊤173, 174
フリードマン，ミルトン ㊤88, 89, 98, 172-175 ㊦215, 298
プリンシパル＝エージェント・モデル ㊤190
ブルーマー，キャサリン ㊤125
ブレークイーブン効果 ㊤151, 296
フレーミング（framing） ㊤43 ㊦25, 30, 31, 33, 40, 49, 285
プレスコット，エドワード ㊦34-36
プレレク，ドレーゼン ㊦15
フレンチ，ケネス ㊤89-91
フロイト，ジークムント ㊤188 ㊦17
プロスペクト理論 ㊤55, 58, 59, 62-64, 72, 74-77, 89, 106, 110, 146, 147, 151, 156 ㊦20, 45, 195-197, 200, 201, 283, 298
プロット，チャールズ ㊤80-82, 92, 94, 256-258, 264 ㊦11, 19
ヘイウッド，ジェレミー ㊦253
平均回帰 ㊦81, 130
ヘイスティングス，ジャスティン ㊤138, 139 ㊦291
ベータ（ベータ＝デルタ・モデル） ㊤198
ベータ値（リスク指標） ㊦88-90, 92, 276
ベータ＝デルタ・モデル ㊤198
ベッカー，ゲーリー ㊤58 ㊦166, 167, 192, 193
ベッカー予想 ㊦166, 167, 192, 193
ベナルチ，シュロモ ㊦33, 34, 36, 40, 41, 45, 52, 72, 221, 223, 227-229, 231, 233
ベルヌーイ，ダニエル ㊤59, 60, 63
ベルヌーイ，ニコラウス ㊤60
返報性 ㊦20
ホイジンガ，ジョン ㊦157
法と経済学 ㊤262 ㊦136-141, 145, 153, 154
ホームエクイティ ㊤141-144, 178
ボーモル，ウィリアム ㊤63 ㊦13, 14
ホール，ロブ ㊦289
ホールズワース，マイケル ㊦259
ホガース，ロビン ㊦271, 276
ポスト，ティエリー ㊦196
ポズナー，リチャード ㊦138-142, 149
ホット＝コールド感情移入ギャップ ㊤199
ホモエコノミカス ㊤22 ㊦297
保有効果（endowment effect） ㊤44, 45, 69, 108, 229, 256, 258, 259, 262, 265, 266 ㊦142, 145, 148, 162
ホワイト，ジェシー ㊦247
ホワイトハウス社会・行動科学チーム（ＳＢＳＴ） ㊦271
ホワット・ワークス・ネットワーク ㊦266
本能的な直感 ㊦193

■ま

マーウェル，ジェラルド　㊤253
マーコウィッツ，ハリー　㊦59
マーレー，ビル　㊤95
マグリオッチ，トム　㊤66, 67
マグリオッチ，レイ　㊤67
マシュマロ／オレオ実験　㊤183-185　㊦13
マス，アレクサンドレ　㊦334
マタイ効果　㊦197
マッカーサー財団　㊦22
マッキントッシュ，ドナルド　㊤187
マッコイ，マイク　㊦174
マッシー，ケイド　㊦167, 169, 170, 174, 185, 186, 193
マドリアン，ブリジット　㊦224, 225, 227
マハループ，フリッツ　㊤87, 88
マリガン，ケーシー　㊦234, 235
マルキール，バートン　㊦113
満足の遅延　㊤182, 185
ミアン，アティフ　㊤143
見えざる手　㊤99-101, 159, 258, 304　㊦60, 136, 277, 291
ミシェル，ウォルター　㊤182-187　㊦13, 223
ミューチュアルファンド　㊤152　㊦105, 112, 115, 221
ミラー，マートン　㊤271, 279-286　㊦55, 59, 113-116, 133, 138
ミン，ヤオ　㊦159
無関係とされている要因 (SIF)　㊤30, 54, 114, 122, 123, 137, 289　㊦43, 81, 92, 109, 150, 200, 217, 243, 279
無関連性命題（irrelevance theorem）　㊤280, 281
ムッライナタン，センディル　㊤111　㊦22, 341
明確に定義された選好　㊤93, 292
メーラ，ラジニシ　㊦34-36, 341
メクリング，ウィリアム　㊤83, 190
メンタル・アカウンティング　㊤32, 103, 106-108, 110, 128, 133-135, 139, 144, 148, 156, 178, 197, 202, 203, 205, 207, 212, 282, 303　㊦17, 25, 37, 45, 135, 166, 197, 291
メンタル・アカウント　㊤140-142, 146, 147, 151, 178, 207　㊦217, 287
モジリアーニ，フランコ　㊤172-177, 279-281　㊦215
モルゲンシュテルン，オスカー　㊤61, 62

■や

誘因両立的（incentive compatible）　㊤114
ゆっくりとした直感　㊤79
余剰価値　㊦179, 180, 181, 184
予測可能なエラー（predictable errors）　㊤51, 53　㊦241, 299

■ら

ライト，フランク・ロイド　㊦156
ライフサイクル仮説（life-cycle hypothesis）　㊤174, 176, 177, 193, 280, 281

ラック，アンドリュー　㊦186
ラッセル，トム　㊤42, 53
ラッセル・セージ財団　㊦12, 15, 18, 24, 46
ラビン，マシュー　㊤198, 199　㊦19-22, 40, 237, 283
ラモント，オーウェン　㊦116, 117, 125, 293
ランダム化比較試験 (RCT)　㊤27　㊦262, 263, 265, 266, 269-271, 279, 283-285
リアルビジネスサイクル理論　㊦34
リー，チャールズ　㊦108, 109, 114
リーブス，リチャード　㊦249, 250, 253
リキテンスタイン，サラ　㊤73, 92, 93
リスク回避　㊤59, 60, 69, 149, 152　㊦28, 32, 34, 35, 200, 201, 204
リスク追求　㊤69, 146, 147, 151　㊦219
リスクプレミアム　㊦72, 86, 87
リスト，ジョン　㊦285
リセッション　㊤143, 171, 229, 230　㊦279
リベート　㊤212, 213, 300
留保価格 (reservation price)　㊤259, 260, 263, 265
理論による眩惑　㊤170, 224
リントナー，ジョン　㊤283　㊦87, 91
ルクレール，フランス　㊦135, 295
ルッソ，ジェイ　㊤213, 214
レイブソン，デヴィッド　㊤198, 199　㊦21, 225, 283
レヴィット，スティーブン　㊦285
レヴィン，クルト　㊦261, 265
レスター，リチャード　㊤86, 87
レダー，メル　㊤271
レトウィン，オリバー　㊦251
ローウェンスタイン，ジョージ　㊤161, 199, 302　㊦11, 13, 17, 18, 46, 237
ローウェンスタイン，ロジャー　㊤17, 33
ローゼン，シャーウィン　㊤33, 38, 40, 49, 71, 72, 82, 272　㊦234
ローマー，デヴィッド　㊦190
ロール，リチャード　㊤285　㊦59
ロス，アルビン　㊤227, 256
ロス，スティーブ　㊤285
ロス，リー　㊦19
ロゼット，リチャード　㊤41-43, 69, 89, 127, 135
ロット，ジョン　㊦148, 149
ロバロ，ダン　㊦25, 28
ロングターム・キャピタル・マネジメント（ＬＴＣＭ）　㊤17, 124, 125, 127

■わ
ワイル，ローマン　㊤130
ワナー，エリック　㊦12-14, 18, 23
割引効用（discounted utility）モデル　㊤163, 164, 180
指数関数型──　㊤170, 171
ワルドマン，ロバート　㊦109
ワンクリック介入　㊦267

原 注

1 Pareto ([1906] 2013), ch. 2, p. 21.

まえがき

1 Kahneman and Tversky (2000).
2 Lowenstein (2000).
3 Lowenstein (2001).

第 1 章

1 Smith ([1776] 1981, [1759] 1981).
2 ヒューマン農家がどう意思決定するかを示す科学的根拠については，Duflo, Kremer, and Robinson (2011), Suri (2011) および Cole and Fernando (2012) を参照．一方では，農民は情報を与えられればそれに敏感に反応する傾向がはっきりと認められるし，肥料を使うメリットも理解している．その一方で，エコンの行動には影響を与えないような単純なナッジに反応して，肥料の購入量や使用量も増やす．

第 2 章

1 Schelling (1958).
2 Thaler and Rosen (1976).
3 アラン・クルーガーは，第 35 回スーパーボウルで，チケットを額面の 400 ドル以下で買うことができたファンに，約 3000 ドルの市場価格で売買する意思があるかどうか質問した (Krueger, 2001)．大多数 (86%) が，（チケットを確保できていなかったとしたら）そんな値段で買う気はなかっただろうが，売る気もないと答えた．

第 3 章

1 Fischhoff (1975).
2 Tversky and Kahneman (1974).
3 DeSilver (2013)，アメリカ疾病予防管理センターの 2010 年のデータに基づく報告．

第 4 章

1 Kahneman and Tversky (1979).
2 Becker (1962, 1964) を参照.
3 英訳の文献については，Bernoulli ([1738] 1954) を参照.
4 von Neumann and Morgenstern (1947).
5 Baumol (1962).

第 5 章

1 Thaler (1980) として出版された.
2 Kahneman (2011).
3 Johnson (2010).
4 Smith (1976) を参照.

第 6 章

1 限界分析をめぐるこの論争の総括については，Mongin (1997) および Frischmann and Hogendorn (2015) を参照.
2 Lester (1946).
3 Machlup (1946).
4 Friedman (1953), p. 21.
5 Lichtenstein and Slovic (1973).
6 Grether and Plott (1979).
7 市場に消費者のバイアスが存在するために厚生の損失が拡大することは実際に起こりうる．ある種の状況下では，消費者が無知だと企業の利益が増えるので，企業には消費者のバイアスを取り除くインセンティブが働かないおそれがある．クレジットカードの遅延損害金 (Heidhues and Kszegi, 2010)，スポーツジムの会費 (DellaVigna and Malmendier, 2006)，プリンターのインクカートリッジとホテルの客室の隠れた料金 (Gabaix and Laibson, 2006) がその例である.
8 見えざる手という概念をどうとらえるかという問題を深く掘り下げた研究については , Ullmann-Margalit (1997) を参照.
9 利益を最大化しようとする企業がヒューマンである消費者とどう相互作用するかという問題は，行動産業組織論という注目される分野の研究テーマである．教科書での扱いについては，Spiegler (2011) を参照．第 13 章で議論されている例も関連がある.

10 この種の議論の綿密な分析については，Russell and Thaler (1985), Haltiwanger and Waldman (1985) および Akerlof and Yellen (1985) を参照.
11 Thaler and Shefrin (1981).

第 2 部

1 私の論文は Thaler (1980) で，エイモスとダニエルは Kahneman and Tversky (1984) で「メンタル・アカウンティング」という言葉を初めて使った.

第 7 章

1 Barbaro (2007).
2 Tuttle (2012).
3 Chernev (2012).
4 Clifford and Rampell (2013).
5 https://savingscatcher.walmart.com.（訳注／ saving catcher のサービスは 2019 年 5 月に終了した）

第 8 章

1 Staw (1976).
2 DellaVigna and Malmendier (2006).
3 Gourville and Soman (1998).
4 Arkes and Blumer (1985).
5 Shafir and Thaler (2006). この調査をめぐる議論については，Thaler (1999a) も参照.
6 この言葉に関する秀逸な考察に，Wickman (2013) がある.

第 9 章

1 Heath and Soll (1996).
2 Hastings and Shapiro (2013).
3 Mian and Sufi (2014).

第 10 章

1 Kahneman and Tversky (1979) に引用されている研究は，McGlothin (1956) である.

2 Thaler and Johnson (1990).
3 Chevalier and Ellison (1997).

第 11 章

1 Smith ([1776] 1981, p. 456): vol. 1, book 4, ch. 2, par. 9.
2 この点に関する詳細な議論については，Ashraf, Camerer, and Loewenstein (2005) を参照．この部分の議論は，彼らの研究，および George Loewenstein (1992) に多くを負っている．ローウェンスタインはこのトピックに長く関心を持っており，ぐうたらすぎて分厚い本を読まないような人間ではない．
3 Smith ([1759] 1981, p.190): part 4, ch. 2, par. 8. Ashraf, Camerer, and Loewenstein (2005) に引用．
4「またその変化は，われわれがその瞬間から遠ければ遠いほど緩やかになり，それに近づくにしたがって速やかとならなければいけない．1年後に起こるべきある出来事がわれわれに影響する程度は，平均すると毎日ほぼ同じであるが，いまから3日後に起こる重要な出来事は，日を追うごとにその前日よりもわれわれに強い影響を与えるようになるだろう」(Jevons [1871], 1957, ch. 2).
5 Pigou (1920)，時間選好の概念の変遷が見事に概括されている Loewenstein (1992) に引用．
6 Fisher (1930, p. 82): par. 9.
7 Ibid., p. 83: par. 9.
8 厳密に言うと，割引率は正確には 11.11...% である．来年の消費の価値が現在の消費の価値より 10%低いのであれば，割引率は通常，$1/(1+x)=.9$ を満たす x の値として定義され，したがって .11.... となる．つまり，来年の消費の価値が現在の消費の価値の 90%だと言うのは，現在の消費の価値は来年の価値の 111.11...% であると言っているに等しい．割引率がゼロに近いときは，この2つの値（この例では 10% と 11.11...%）の差が小さい．
9 Loewenstein and Prelec (1992) によって導入された一般化双曲割引関数は，一種の「壊れた望遠鏡」を基本前提としており，将来の異なる2つの日の間隔は，今日を起点とする同じ日数の間隔の何分の1かに見えるとされている．
10 経済学と心理学の分離でパレートが果たした重要な役割については，Bruni and Sugden (2007) を参照．

11 Keynes (1936).
12 Friedman (1957).
13 この例の分析は，Friedman (1963) にくわしい.
14 Modigliani and Brumberg (1954).
15 Barro (1974).
16 Thaler and Shefrin (1988).
17 Choi, Laibson, Madrian, and Metrick (2009).

第 12 章

1 Strotz (1955-56).
2 Mischel (1968), p. 146 および Mischel (1969), p. 1014. 縦断調査の更新情報については，Mischel et al. (2011) および一般書の Mischel (2014) を参照.
3 Ainslie (1975) はある種の双曲割引を提示しており，後にそれを発展させたものが Loewenstein and Prelec (1992) で示されている.
4 McIntosh (1969), p. 122.
5 2 システム・モデルはカーネマンが考案したものではない. 他の大勢の心理学者がそうしたシステムについて書いていた. たとえば Sloman (1996) および Stanovich and West (2000) を参照.
6 Thaler and Shefrin (1981).
7 Jensen and Meckling (1976).
8 心理学と神経科学の関連分野の概括については，Banich (2009) を参照.
9 Laibson (1997).
10 O'Donoghue and Rabin (1999).
11 時間選好問題に大きな影響を与えた調査論文は，Frederick, Loewenstein, and O'Donoghue (2002) である.
12 Loewenstein (2005).

第 13 章

1 Prelec and Loewenstein (1998).
2 在庫の積み上がりに拍車をかけたもう 1 つの要因は，ニクソン大統領が 1971～72 年に導入していた物価統制だった. 73 年に法的統制が解除されると，その反動で自動車メーカーは消費者が順当と感じる以上に急激に価格を引き上げた. それが原因で消費者の取引効用

は大幅なマイナスになったため，購買意欲が衰えて，在庫が積み上がった.

3 厳密に言うと，業界初のリベートはフォードが1914年に導入したが，その後廃止され，1970年代にクライスラーが在庫の積み上がりに対応した「カー・クリアランス・カーニバル」キャンペーンとして導入し復活した (Jewett, 1996).

4 GMは低金利ローンには乗り気ではなかったが，クライスラーとフォードが先行していたために仕方なく追随した.「GMは業界全体を巻き込むインセンティブ競争の引き金を引いてしまうことを懸念して，フォードとクライスラーに追随することをためらっていたと考えられる. 過去には，インセンティブ・キャンペーン期間内に車を買わなかった消費者の多くが次のキャンペーンが始まるまで購入を先送りしている」(Nag, 1985).

5 Buss (1986).

第 14 章

1 いまでは哲学者たちがそれを実践している. Knobe and Nichols (2013)，概説についてはKnobe et al. (2012) を参照.

2 Roth (2007).

3 Daly, Hobijn, and Lucking (2012); Kaur (2014).

4 Lohrn (1992).

5 Miller (1995).

6 McKay, Deogun, and Lublin (1999).

7 Halliday (2012).

8 "Apple accused of exploiting Whitney Houston's death after cost of albums soar on iTunes," *Daily Mail*, February 14, 2012.

9 Nielsen SoundScan (2012).

10 Brown (2014).

11 Kokonas (2014).

第 15 章

1 Güth, Schmittberger, and Schwarze (1982). 私はこれを含めて，最後通牒ゲームを研究した論文に関する調査論文を書いた (Thaler, 1988b).

2 Kahneman, Knetch, and Thaler (1986).

3 ペルーのアマゾン川流域に暮らすマチゲンガ族は，タダでお金をくれるという申し出を断ることはめったになく，相手に渡すと申し出る金額は小さい傾向がある (Henrich, 2000)．Henrich et al. (2002) も参照．一般に用いられている処置については，Watters (2013) を参照．

4 Hoffman, McCabe, and Smith (1996).

5 Cameron (1999). Slonim and Roth (1998) ではスロバキアで同様の結果が得られているが，Andersen et al. (2011) では，インド北東部で設計を変えて実験したところ拒否率が下がっている．

6 Sen (1977), p. 336.

7 Marwell and Ames (1981). Frank, Gilovich, and Regan (1993) も参照．3 人は，学生が経済学の訓練を受けると利己的にふるまうようになると主張している．

8 Andreoni (1988).

9 Fehr and Gächter (2000, 2002); Fischbacher, Gächter, and Fehr (2001); Fehr and Fischbacher (2003); Kocher et al. (2008).

10 Dawes and Thaler (1988).

第 16 章

1 Roth (1987).

2 Knetsch and Sinden (1984).

3 Kahneman, Knetsch, and Thaler (1991).

4 Samuelson and Zeckhauser (1988).

第 17 章

1 会議の議事録は，最初にジャーナル・オブ・ビジネス誌上で発表され (Hogarth and Reder, 1986)，後に『Rational Choice（合理的選択）』という書籍にまとめられ出版された (Hogarth and Reder, 1987).

2 Arrow (1986), p. S385.

3 アローは，この理論でさえある種の利益最大化を伴うと指摘している．実際，これ以降，経済学者は習慣に基づく理論を編み出しており，それらは「合理的」とされている．Becker and Murphy (1988) および Becker (1992) を参照．

4 Arrow (1986), p. S391.

5 Ibid., p. S397. Simon (1957), chs. 14-15 および Conlisk (1996) も参照.
6 Stigler (1977), p. 441.
7 Ibid., p. 442.
8 Thaler (1986), p. S283.
9 Modigliani and Miller (1958). Miller (1988) も参照.
10 Shefrin and Statman (1984).
11 Baker and Wurgler (2004) が，企業は投資家の配当要求に配慮し，株式市場で配当を支払っている企業の株価が高いときは配当を増やすことを示す証拠を提示している.
12 Lintner (1956).
13 Miller (1986), p. S467.
14 Ibid., p. S466.
15 Ibid., p. S467.
16 Shiller (1986), p. S501.

第 18 章

1 Kuhn (1962).
2 Thaler (1987a, 1987b).
3 Rozeff and Kinney (1976).
4 Thaler (1992).

本書は二〇一六年七月に早川書房より単行本として刊行された作品を二分冊で文庫化したものです。

訳者略歴　翻訳家　訳書にウルフ『シフト＆ショック』（早川書房刊），セイラー＆サンスティーン『実践　行動経済学』，マーティン『21世紀の貨幣論』，ブックステーバー『市場リスク　暴落は必然か』，ハーフォード『まっとうな経済学』ほか多数

HM=Hayakawa Mystery
SF=Science Fiction
JA=Japanese Author
NV=Novel
NF=Nonfiction
FT=Fantasy

行動経済学《こうどうけいざいがく》の逆襲《ぎゃくしゅう》

〔上〕

〈NF547〉

二〇一九年十月二十日　印刷
二〇一九年十月二十五日　発行

（定価はカバーに表示してあります）

著者　リチャード・セイラー
訳者　遠《えん》藤《どう》真《ま さ》美《み》
発行者　早川　浩
発行所　株式会社　早川書房

郵便番号　一〇一 - 〇〇四六
東京都千代田区神田多町二ノ二
電話　〇三 - 三二五二 - 三一一一
振替　〇〇一六〇 - 三 - 四七七九九
https://www.hayakawa-online.co.jp

印刷・三松堂株式会社　製本・株式会社明光社
Printed and bound in Japan
ISBN978-4-15-050547-9 C0133

本書は活字が大きく読みやすい〈トールサイズ〉です。